광고홍보학
캡스톤디자인

광고홍보학 캡스톤디자인

초판 1쇄 발행 2014년 2월 28일
초판 2쇄 발행 2015년 3월 9일
초판 3쇄 발행 2017년 3월 23일

지 은 이 이시훈 · 류진한
펴 낸 이 신일희
펴 낸 곳 계명대학교출판부
출판등록 제347-1998-1호(1970. 9. 1)
주 소 대구광역시 달서구 달구벌대로 1095
대표전화 053-580-6233
팩 스 053-580-6235
홈페이지 www.kmupress.com

ISBN 978-89-7585-659-4 93320 정가 19,000원

●이 도서의 국립중앙도서관 출판시도서목록(CIP)은 서지정보유통지원시스템 홈페이지(http://seoji.nl.go.kr)와 국가자료공동목록시스템(http://www.nl.go.kr/kolisnet)에서 이용하실 수 있습니다.(CIP제어번호: CIP2014006453)

본 교재는 교육과학기술부의 재원으로 한국연구재단의 지원을 받아 수행된 산학협력 선도대학(LINC) 육성사업의 연구결과입니다.

Capstone Design
for AD & PR

광고홍보학
캡스톤디자인

이시훈 · 류진한 공저

계명대학교 출판부

● 머리말

태어나서 처음으로 '캡스톤디자인'이라는 말을 듣고서 미술대학의 교과목이라고 생각했다. 그런데 과목 설명회를 공대 교수님이 하신다는 안내를 보고서 더 이상한 생각이 들었다. "아니, 왜 미대 과목을 공대 교수님이 가르치나……."라는 생각이 머릿속을 떠나지 않았다. 그래서 2012년 3월 27일 계명대 교수학습개발센터에서 개최한 제36차 Luncheon Teaching Conference에서 전자공학과 김범준 교수님을 만나는 역사를 경험하게 되었다.

그런데 김 교수님으로부터 캡스톤디자인에 대한 설명을 듣고 나서는 그것이 새로운 것이 아니라는 것을 알았다. 저자의 광고홍보학과에서는 '광고현장학습'이라는 과목을 개설하여 4학년 2학기 학생들로 하여금 대구지역 광고주를 위한 커뮤니케이션 제안서를 만드는 일을 지속해왔기 때문이다. 저자가 2002년부터 시작한 '광고홍보현장학습'은 학생들에게 마음에 맞는 사람끼리 조 편성을 한 후에, 지역 광고주를 물색하여 광고대행 계약을 하도록 요구하였다. 원활한 대행계약을 위하여 지도교수가 '본 대행계약은 학생들의 실습을 위한 것이고 일체의 비용이 들지 않으며 학기 말에 발표회에 오셔서 학생들의 결과물에 평가를 해달라'는 서신을 학생들을 통해 전달하였다.

반응은 폭발적이었다. 학생들은 이론적인 전공 공부만 하다가 그것을 적용해서 실제 광고주와 접촉해서 과제를 수행하는 과정에서 돈 주고도 살 수 없는 생생한 경험을 하였다. 또 소규모 광고주는 지금까지 받아보지 못했던 커뮤니케이션 진단 서비스와 향후 광고캠페인 방향을 듣고서 감격을 하였다. 광고현장학습 초창기에 각 기업에 1-2주씩 파견해서 교육을 받게 한 것보다 몇 배의 성과를 거둘 수 있었다.

인문사회계 학생이나 교수들에게 캡스톤디자인이라는 과목명은 낯설지만 아마 저자들처럼 각 전공에서 유사한 과목을 진행하거나 특별지도의 형태로 비슷한 일들을 해왔을 것이다. 2013년 광고홍보학과가 산학협력선도대학 사업의 참여 학과로 선정되면서 캡스톤디자인을 개설하게 되었고 저자들은 지체 없이 신규 교과목 개설신청과 교재개발 신청을 했다. 지금까지 해왔던 과목이고, 광고현업에 가장 최근에 있었기에 학생들에게 들려주고 싶은 이야기가 많았기 때문이다.

본 저서의 앞부분은 캡스톤디자인 과목을 개설하고 운영하는데 있어서 필요한 내용들을 주로 담았다. 캡스톤디자인의 개념과 수행방법을 시작으로 효과적인 팀원 구성 방법, 보고서 작성 방법, 예산 신청과 처리, 광고주 확보를 위한 제안과 멘토 선정 방법 등을 서술했다. 후반부에는 실질적으로 광고캠페인을 제안하기 위한 상황분석, 전략방향의 설정, 광고 크리에이티브 전략과 매체전략 등을 담았다. 또 프레젠테이션 방법 그리고 광고주와 광고대행사 관계 관리 등에 대한 내용도 담았다. 따라서 후반부의 내용은 광고기획론을 수강하는 학생이나 광고기획서 작성의 경험이 없는 사람들에게도 좋은 지침이 되리라 본다.

저서의 내용 개발과 집필의 시간이 길지 않아 내용상의 오류, 오탈자 등 형식상의 잘못이 있게 마련이다. 이는 저자들의 책임으로 독자 여러분의 비판과 비평을 환영한다. 새로운 광고기획의 트렌드를 반영하고 우수한 광고홍보학 캡스톤디자인 사례를 발굴하여 지속적으로 내용을 보완, 개선할 예정이다. 지금까지 광고홍보학 분야에서 캡스톤디자인과 관련된 서적이 없었기에 본 저서의 발간이 갖는 의미는 크다고 생각한다. 끝으로, 책의 짜임새 있는 구성을 위해 소중한 자료와 의견으로 도움을 주신 광고주협회 곽혁 본부장, 이노션 정해원 CD, 한컴 서상국 매니저, 전영섭 매니저에게 고마운 마음을 전한다. 또 계명대학교 산학협력선도대학 사업단 방대욱 단장님과 김경선 선생님께 감사 인사를 드린다. 또 변변치 않은 원고를 멋진 책으로 만들어주신 계명대학교 출판부 최상근 선생님께도 감사의 마음을 전한다.

2013년 12월

저자 이시훈 · 류진한

● CONTENTS

Capstone Des

Capstone Des

Chapter 1

캡스톤디자인의 개념

1. 캡스톤디자인이란 무엇인가

"캡스톤디자인이 뭔가요? 오토캐드 같은 프로그램인가요?"[1)]

저자와 같이 캡스톤디자인에 대해서 모르는 사람이 포털 사이트 다음에 질문한 내용이다. 우문현답이라고 했던가. 캡스톤디자인의 고수가 다음과 같이 답변을 하였다.

"Capstone Design은 '창의적 종합설계'로 표현하며 엔지니어를 양성하기 위한 교육프로그램으로 볼 수 있습니다. 예를 들면 제품 등의 설계과제를 학생들이 직접 수행하면서 제품의 개발에서 부터 생산까지의 과정을 이해하게 하는 것으로 학생들이 분야별로 습득한 지식을 바탕으로 지역산업체 등에서 실제 필요로 하는 작품 등을 학생 스스로 설계, 제작, 평가하여 봄으로써 창의성, 실무능력, 팀워크 능력, 리더십 등을 키우기 위한 교육프로그램을 의미합니다. 이러한 Capstone Design의 설계요소는 '목표설정(The establishment of objectives and criteria), 합성(Synthesis), 분석(Analysis), 제작(Construction), 시험(Testing), 평

1) http://k.daum.net/qna/view.html?qid=41Oci

가(e-valuation)'로 나누어 볼 수 있습니다."[2]

위 정의는 공학계열의 학생들에게는 이해가 쉽지만, 저자와 같은 인문사회계 학생들에게는 좀 더 풀어서 설명할 필요가 있다. "특정 전공의 학생이 실제 산업 현장에서 제기되는 다양한 문제를 해결하기 위하여 자신의 전공에서 배운 이론을 종합적으로 활용하여 해당 문제를 해결하기 위한 산출물을 기획, 제작하는 전 과정"[3] 이라고 하면 이해가 쉽지 않을까.

그렇다면 이러한 실습 교과목에 왜 캡스톤이라는 이름을 붙였을까. 캡스톤이 건물을 완성하면서 맨 위에 올려놓는 관석인 것처럼 이 과목을 통해서 교육의 종합적인 완성을 꾀하라는 깊은 뜻이 내재되어 있다. 따라서 광고홍보학 캡스톤디자인을 수강하는 학생은 광고홍보학의 종합적인 완성을 배우게 된다는 것이다. 즉 하산하기 바로 전에 배우는 마지막 수업이라는 것이다.

캡스톤디자인 과목의 기대효과는 다음의 세 가지로 요약할 수 있다. 첫째, 취업률 향상을 위한 실무형 인재양성을 할 수 있다. 관련 산업체의 수요를 반영한 캡스톤디자인 주제를 선정하고 수행하며 재학 중 산업체 업무를 익힐 수 있는 경험을 하고 팀 단위의 프로젝트를 통해서 팀워크 능력을 배양할 수 있다. 둘째, 관련 산업체와의 연계 강화 및 확대를 꾀할 수 있다. 공학이나 사회과학과 같은 응용학문은 관련 산업체 정보를 끊임없이 수집해야 하는데, 본 과목을 계기로 산업체와 끈끈한 네트워크를 구축할 수 있을 것이다. 마지막으로 학교 위상 제고를 할 수 있다. 캡스톤디자인을 통해서 산출한 결과물을 외부 전시회 등에 출품하여

---

2) http://k.daum.net/qna/view.html?qid=41Oci

3) 양근우, 이호형(2013), 전자무역학 캡스톤디자인, 계명대학교 출판부. p.11.

입상을 할 경우에, 학교 이미지를 제고할 수 있다.

캡스톤디자인에 대한 더 깊은 이해를 위해서 캡스톤디자인이 다른 교과목과 다른 몇 가지 특징을 살펴보자.

1) 캡스톤디자인은 팀 프로젝트

광고홍보학과에 입학하여 고학년이 되면서 수많은 팀 프로젝트 또는 조별 과제를 경험했을 것이다. 캡스톤디자인 역시 팀 중심의 프로젝트이다. 광고회사의 업무를 생각해 보아라. AE, CW, CD, PD 등이 기본적으로 협업을 한다. 한 학기동안 광고업계 종사자들의 문제해결을 해야 하니 독불장군처럼 혼자서는 당연히 업무를 못 낼 일이다. 졸업 후 취직을 하면 누구나 팀을 중심으로 일하는 팀 프로젝트를 하게 될 것이니 효율적인 팀 프로젝트를 미리 경험하는 소중한 기회를 가질 수 있다. 하지만 기존의 조별 과제나 팀 프로젝트보다 캡스톤디자인은 팀원 간에 일의 분배와 협력이 더 치밀해야 한다. 무임승차를 하거나 조장이나 대표가 업무를 독단적으로 진행해서는 곤란하다. 그 이유는 다음의 특징 때문이기도 하다.

2) 캡스톤디자인은 실제 문제 해결

캡스톤디자인에서 다루는 주제는 실제 현업에서 고민하고 있는 문제이다. 따라서 교실에서 조별 발표로 끝내고 학점을 받는 연습이 아니다. 실전이다. 실전이기 때문에 그 결과에 대한 완성도도 훨씬 높아야 한다. 그래서 앞서 이야기했듯이 팀원들의 업무 배분이 치밀해야 하고 맡은 바 일을 완수해야 팀 프로젝트의 성공을 바라볼 수 있다. 교실에서 이루어지는 프로젝트지만 현업에서 하는 일만큼이나 전문적이어야 하고 해결책이 실제 현장에서 적용될 수 있어야 한다. 그

동안 온실 속에서 자라왔다면 온실 밖으로 나가기 전에 적응력을 키워주는 단계라고 하겠다.

3) 캡스톤디자인은 종합 설계

현실에서의 문제해결은 답이 정해져 있지 않다. 또 정답이 상황에 따라서 오답이 될 수도 있고 오답이 정답이 될 수도 있는 변화무쌍한 세상이다. 따라서 캡스톤디자인은 여러 가지 대안을 고민해 보고 최적의 해결방안을 제안하는 종합 설계의 과정과 같다. 주어진 문제 해결을 위해서 입학 이후 지금까지 갈고 닦은 실력을 발휘하는 과정이다. 그런데 설계는 창의적인 혜안이 필요하다. 지식을 좌우전후로 돌려서 활용하고 때로는 다른 전공에서 배운 것도 활용할 줄 아는 능력이 필요하다. 종합적으로 지식을 모으고 종합적으로 해결의 대안을 모색해보고 가장 창의적인 해결책을 제안하는 과정이 캡스톤디자인인 것이다.

4) 캡스톤디자인은 실무 과목

캡스톤디자인은 새로운 이론을 배우는 과정이 아니다. 기존에 배운 이론을 적용하여 실무 업무를 해보는 것이다. 광고홍보학 캡스톤디자인의 경우 기업의 커뮤니케이션 문제에 대한 해결방안을 제안하는 것이 주된 주제가 된다. 커뮤니케이션 문제는 광고, PR, 이벤트, 촉진 등 기업의 모든 활동을 대상으로 한다. 따라서 캡스톤디자인은 가장 실무적인 과목이라고 해도 과언이 아니다. 조사 분석, 기획, 전략, 크리에이티브 작성에 이르는 광고실무 전반을 경험해 보는 실무 과목의 종합선물세트라고 하겠다.

2. 광고홍보학 캡스톤디자인

캡스톤디자인이 공학계열에서 시작하였지만 광고홍보학도 캡스톤디자인 과목을 적용하기 용이한 학문분야이다. 왜냐하면 시제품과 같은 물리적으로 관찰 가능한 작품을 출품할 수도 있고 커뮤니케이션 실행방안과 같은 관찰 불가능한 결과물을 도출할 수도 있다. 그럼 광고홍보학 캡스톤디자인의 주제와 결과물의 성격에 대해서 살펴보자.

1) 광고홍보학 캡스톤디자인의 주제

앞서 언급했듯이 광고홍보학 캡스톤디자인에서 다룰 수 있는 주제는 기업의 모든 커뮤니케이션 문제를 망라한다. 메시지, 모델, 로고, 카피와 같은 구체적인 크리에이티브에서부터 전략, 방안, 전술 등 보다 추상적인 차원의 계획까지를 포함한다.

2013년 2학기 광고홍보학 캡스톤디자인에서 다룬 주제는 다음과 같다.

- 어린이 한자 학습에 관한 소비자 조사 및 장원교육 리브랜딩 제안
- 포레스트12 브랜드 이미지 강화 방안
- ㈜옴니허브 새로운 분야 장류사업에 대한 마케팅 기획
- 뮤지컬 명성황후 온라인 마케팅 방안
- 펫마트 온라인 쇼핑몰 '복실이'에 대한 브랜드 마케팅 전략서
- 루이앤코 브랜드 이미지 강화를 위한 전략적 마케팅 방안
- 대구지역 대리운전 이용실태에 대한 소비자 조사 및 광고 아이디어 제안
- 만경관, 대구의 Love Mark로 거듭나다
- 썬팜의 새로운 브랜드네이밍 확립 및 커뮤니케이션 마케팅 방안

광고홍보학 캡스톤디자인의 주제들을 살펴보면 소비자 조사를 통한 마케팅 방안, 마케팅 전략서, 광고아이디어 제안, 브랜드 마케팅 전략 도출 등을 주로 하고 있음을 알 수 있다. 옴니허브, 썬팜과 같은 장류 및 식음료 기업에서부터 뮤지컬, 만경관 등 문화산업 기업, 장원교육과 같은 학습지 기업, 대리운전 서비스, 인터넷 유통사업자 등 매우 다양한 광고주들의 주제를 망라하고 있다. 따라서 광고홍보학 캡스톤디자인의 주제는 마케팅이나 광고를 하고 있는 모든 기업이 당면하고 있는 과제라고 할 수 있다. 그렇기 때문에 주제는 무궁무진하고 소비자와 시장이 끊임없이 변하기 때문에 동일한 주제를 가지고 매해 캡스톤디자인을 수행할 수도 있다.

2) 광고홍보학 캡스톤디자인을 통한 유형의 결과물 산출

광고홍보학 캡스톤디자인 과목을 수강한 학생들은 학기 말에 작품경진대회에 참가해야 한다. 제출한 작품 중에서 우수한 성과를 낸 팀에게는 추가 지원과 각종 교외 경진대회 나갈 수 있도록 지도를 받는다. 광고홍보학 캡스톤디자인에서

는 다음과 같은 유형의 작품들을 제출할 수 있다.

- 광고물(방송, 인쇄, 인터넷, 모바일 등)
- 이벤트, 프로모션물(티셔츠, 밴드, 연필, 열쇠고리, 모자 등)
- 작품 개요 포스터
- 소비자 조사 결과 보고서
- 각종 제안서 또는 기획서

3) 광고홍보학 캡스톤디자인을 통한 무형의 결과물 산출

광고홍보학 캡스톤디자인의 결과물은 앞에서 살펴본 유형의 것들일 수도 있지만 궁극적으로는 기업의 커뮤니케이션 문제를 해결해 줄 수 있는 솔루션이다. 즉 유형의 결과물들을 종합하여 당면한 문제를 해결해 주는, 실질적인 해결책이야말로 광고주들이 가장 고대하는 최종적인 산출물이다. 광고홍보학 캡스톤디자인에서는 다음과 같은 무형의 결과물을 산출할 수 있다.

- 마케팅 전략과 전술
- 광고 전략과 전술
- 이벤트/프로모션 전략과 전술
- 컨셉트와 슬로건 제안
- 광고매체 전략 및 전술

그런데 광고업계에서는 이러한 유형과 무형의 결과물을 종합하여 광고주에게 발표를 하는데, 이것이 바로 프레젠테이션이다. 광고회사 종사자들은 업무가 프레젠테이션에서 시작해서 프레젠테이션으로 끝난다고 할 정도로 프레젠테이션의 중요성이 높다. 아무리 결과물이 좋아도 그것을 효과적으로 광고주에게 설명하지 못한다면, 문제해결 방안을 써보지도 못하고 몇 개월간 고생하여 산출한 결과물이 서랍 속으로 들어가 버리는 신세가 된다.

그렇기 때문에 광고홍보학 캡스톤디자인은 학교 전체를 대상으로 하는 작품경진대회 보다는 과제를 준 광고주나 멘토만을 모시고 별도의 프레젠테이션을 하는 것이 바람직하다고 생각한다. 그래야만 결과물이 타당한지, 문제해결이 힘을 지니고 있는지, 문제에 대한 분석이 정확한지 등을 상세히 파악할 수 있다. 광고홍보학 캡스톤디자인에서는 프레젠테이션의 중요성이 큰 만큼 9장에서 이 부분을 상세히 설명하고 있다.

3. 캡스톤디자인의 참여 주체 및 역할

캡스톤디자인은 대학교에서 운영하는 프로그램이지만 외부 기업체와의 연계가 필수적이다. 또 참여하는 학생들과 지도교수 그리고 멘토의 역할도 중요하다. 캡스톤디자인의 참여주체 및 역할을 광고홍보학과를 중심으로 살펴보면 다음과 같다.

1) 광고주

캡스톤디자인 주제나 과제의 출발점은 광고주이다. 광고주가 지니고 있는 커뮤니케이션 문제에 대한 해결방안을 마련하는 것이 캡스톤디자인의 궁극적 목적이기 때문이다. 광고주는 삼성전자, KT와 같은 대형 광고주에서부터 학교 주변 작은 식당에 이르기까지 다양하다. 어떤 규모의 광고주를 택할지는 지도교수, 멘토와 협력해서 학생들이 스스로 정하게 하는 것이 좋다.

캡스톤디자인에 참여하는 광고주는 열린 마음으로 학생들을 대해야 한다. 자신들이 가지고 있는 문제점을 진솔하게 이야기해주고 대학생들의 신선한 아이디어를 채택할 준비가 되어있어야 한다. 따라서 본질적으로 가장 중요한 문제점을 알려주고 그 문제점을 알게 된 배경지식이나 조사 자료를 공유해야 한다. 광고주들이 많은 자료를 제공해 줄수록 더 창의적인 해결방안이 나오기 마련이다.

2) 멘토

멘토는 참여 학생들을 지도해 주는 사람이다. 지도교수가 있지만 지도교수가 모든 산업분야에 정통할 수 없고 소규모 팀을 지도하는데는 멘토가 더 효율적이다. 멘토는 광고주의 광고나 홍보팀에서 맡을 수도 있고, 광고회사 담당 AE가 맡을 수도 있다. 또 업계 경험이 많은 원로 광고인에게 찾아가 멘토를 요청할 수도 있다. 멘토에게는 소정의 지도비가 지급되지만, 경제적 보상보다는 학생들 교육에 일조를 할 수 있다는 사회봉사적 성격이 강하다. 따라서 광고계 원로 선생님을 찾아가 멘토를 부탁하는 것도 좋은 방법이다. 특히 최근에 광고주와 관련된 산업에서 일했던 광고팀이나 광고회사 경험이 있는 임원급을 멘토로 모시면 의외의 큰 성과를 얻을 수 있다.

멘토의 역할은 학생들의 문제해결 과정을 뒤에서 돕는 것이다. 적극적으로 해결책을 제안하는 것이 아니라, 참여 학생들의 아이디어에 대한 평가를 통해서 보다 창의적이고 문제해결 능력이 큰 대안을 찾을 수 있도록 안내하는 것이다. 이때 본인의 경험이나 노하우 또는 가지고 있는 최신 자료가 있다면 제공해 줄 수도 있다. 중요한 점은 멘토는 세세한 잔소리꾼이 아니라 큰 방향을 제시해 주는 등대와 같은 역할을 해야 한다는 것이다.

3) 지도교수

지도교수는 캡스톤디자인 강좌를 개설하고 이끌어 가는 주체이다. 다른 과목과 같이 강의계획서를 작성하고 수강 신청을 받으며 정해진 스케줄에 따라서 강의와 지도를 병행하고 학기 말에는 학점을 부여한다. 캡스톤디자인 과목에서는 지도교수의 역할이 매우 중요하다. 지도교수는 예상 광고주와 멘토 후보군을 학기가 시작되기 전에 준비해야 한다. 이번 학기 수강생 규모를 예측해 보고 몇 군데 광고주와의 사전 접촉을 통해서 참여 학생들이 수행할 과제를 사전에 점검해 보아야 한다. 또 멘토 후보군을 발굴하고 참여 학생들과 매칭을 시키는 것도 지도교수의 역할이다.

캡스톤디자인 과목은 다른 과목과 달리 비용을 집행하고 관리해야 한다. 참여 학생들이 서류 작업을 해오지만 확인을 하고 최종 결재를 하는 것도 지도교수의 몫이다. 따라서 서류작업에 대한 지도와 결재도 캡스톤디자인을 지도하는 교수의 역할인 것이다. 또 팀 구성이 어려운 참여 학생을 적절한 팀에 배치하여 조화를 추구하는 것도 지도교수의 역할이다. 끝으로 매주 주간업무 보고 등을 통해서 진도를 체크해주고 조언을 해주는 것도 지도교수가 해야 할 일이다.

4) 참여 학생

참여 학생은 캡스톤디자인 과목에 수강신청을 한 학생을 말한다. 다른 과목과 달리 사전에 팀을 구성하여 수강신청을 것이 좋다. 왜냐하면 팀 프로젝트를 추진하기 위한 팀원별 업무 분담 시 서로 간에 장단점을 알고 있어야 적절한 업무에 적절한 팀원을 배치할 수 있기 때문이다. 사전에 팀 구성이 안 되었을 경우에는 지도교수에게 본인이 잘 할 수 있는 역할과 관심 있는 산업분야나 광고업무 분야를 말씀드리는 것이 좋다. 지도교수는 이러한 참여 학생들을 적절한 팀에 배치해 줄 수 있다.

참여 학생은 캡스톤디자인 전체 과정을 이끌어가는 주체이다. 멘토와 지도교수의 도움을 받지만 그것은 어디까지나 도움이지, 핵심적인 일들은 모두 참여 학생들이 주체적으로 진행한다. 광고주 섭외, 멘토 선정 등도 지도교수 도움 없이 참여 학생 팀에서 정할 수 있다. 따라서 참여 학생의 역할은 광고주 개발, 주제 선정, 멘토 선정, 캡스톤디자인 진행, 최종 결과물 산출, 결과 발표 등의 역할을 담당하게 된다.

지금까지 설명한 캡스톤디자인 과목의 참여 주체를 도식화 하면 〈그림 1-1〉과 같다.

〈그림 1-1〉 캡스톤디자인 참여 주체

Capstone Desi

Capstone Desi

Chapter 2

캡스톤디자인 수행방법

1. 캡스톤디자인 수행 절차

●
●
●

캡스톤디자인의 수행절차는 일반적인 광고기획서 제작과정과 매우 유사하다. 또 수행과정에서 학교에서 요구하는 산출물이 있기 때문에 이에 대한 대응도 적절히 해야 한다. 선행연구들을 종합해 보면 캡스톤디자인은 다음과 같은 일반적인 절차를 거치게 된다(〈그림 2-1〉 참조).[4]

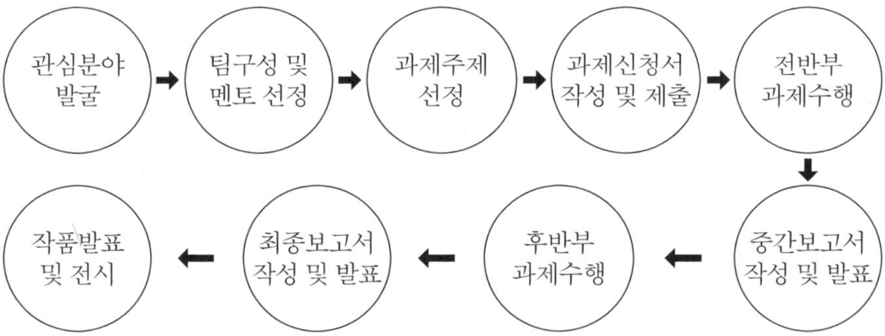

〈그림 2-1〉 캡스톤디자인 수행절차

4) 양근우, 이호형, 앞의 책, p.16.을 수정, 보완함.

1) 관심분야 발굴

관심분야 발굴은 캡스톤디자인에서 다루고자 하는 분야를 찾는 작업을 의미한다. 관심분야는 직접 기업체가 참여해서 제안하는 경우가 있고, 학생들이 직접 관심분야를 발굴하는 경우도 있다. 관심분야를 발굴하여 결정할 때에는 본인의 전공분야와의 관련성을 먼저 염두에 두어야 한다. 인문사회계 학생이면서 모바일 광고 앱을 개발하려고 한다면 진행과정에서 많은 무리가 따르기 때문이다. 따라서 관심분야는 무엇보다도 전공과의 관련성이 높아야 한다. 또 미래 자신의 희망하는 진로와의 적합성도 고려해야 한다. 캡스톤디자인의 결과물을 취업 포트폴리오로 바로 활용할 수 있기 때문이다. 관심분야를 결정하였다면 팀을 구성하고 멘토를 선정하는 단계로 넘어간다.

2) 팀구성 및 멘토 선정

캡스톤디자인을 위한 팀원들을 모아서 팀을 구성하고 조언을 받을 수 있는 멘토를 결정하는 단계이다. 캡스톤디자인은 지도교수 1명, 참여 학생 2-5명, 멘토 1명으로 구성하는 것이 일반적이다. 참여 학생이 2명이 경우에는 업무 과부하가 발생하고 5명인 경우에는 무임승차 자가 발생할 가능성이 높기에 참여 학생은 3-4명이 적절하다고 생각한다. 하지만 프로젝트의 성격이 많은 인원을 투입해야만 가능한 것이라면 사전에 지도교수와 상의하여 팀원의 수를 탄력적으로 운용할 수도 있다.

멘토는 앞서 설명한 관심분야의 발굴단계에서부터 도움을 받을 수 있다. 수행하려는 과제와 관련된 분으로 업계 경험이 풍부하고 학생들을 지도해 줄 수 있는 열정을 지닌 전문가이어야 한다. 멘토 선정에는 지도교수가 도움을 줄 수도 있고 참여 학생이 직접 찾아가서 멘토를 부탁드릴 수도 있다. 팀구성이 완료되고 멘토를 선정했으면 다음 단계인 과제 주제를 선정한다.

3) 과제 주제 선정

과제 주제를 선정하는 것은 한 학기동안 진행할 프로젝트의 주제를 결정하는 과정이다. 과제를 선정하는 방법에는 기업체가 직접 참여해서 해당 과제를 제안하는 방법과 학생들이 직접 과제를 도출하여 선정하는 방법이 있다. 기업체의 과제 제안은 주로 지도교수나 멘토와의 연계를 통해서 이루어진다. 학생들이 직접 과제를 선정할 때에는 동아리나 공모전 준비와 같은 공적인 영역에서 과제를 찾는 방법과 개인적으로 친분이 있는 회사를 찾아가 주제를 제안하고 협의해서 선정하는 경우도 있다. 또 전혀 관계가 없는 기업체라고 하더라도 학생들이 인식한 문제가 크다면 그 해결의 가능성을 담은 제안서를 제작하여 과제 수행의 의지를 보일 수도 있다.

2013년 광고홍보학 캡스톤디자인의 경우 5개 팀은 지도교수나 멘토를 통해서 기업체의 과제 제안을 받아서 과제의 주제를 선정하였으며, 4개 팀은 직접 광고주를 접촉해서 과제를 제안하고 지도교수와 협의 후, 주제를 결정하였다. 직접 광고주를 접촉해서 주제를 선정하는 작업이 어렵기는 하지만 매우 현실적인 주제를 선정할 수 있고 과제를 진행하는 과정에서 가시적인 효과를 거둘 수 있다는 장점도 있다. 어떤 방법으로 주제를 선정하든지 간에 전공 지식을 최대한 활용하여 문제해결을 할 수 있는 주제여야 한다.

광고주, 멘토, 지도교수의 도움으로 산학연계형 캡스톤디자인을 수행할 경우에는 〈표 2-1〉처럼 캡스톤디자인 주제 제안서를 작성해야 한다. 주제 제안서의 작성 주체는 보통 멘토가 된다. 지도교수는 가급적 많은 수의 산학연계형 주제 제안서를 확보하여 학생들의 선택권을 넓혀 주어야 한다. 주제 선정이 완료되면 프로젝트 신청서 작성 작업에 들어간다.

〈표 2-1〉 산학연계형 캡스톤디자인 주제 제안서

제안자 이름	소속/직위	Email	휴대폰

주제 명	

제안 주제의 목표 및 주요 내용

기대 효과

4) 과제 신청서 작성 및 제출

과제 신청서는 팀별로 수행할 과제의 세부적인 계획을 담아야 하는 공식적인 문서이다. 공식적인 문서라 함은 이후 프로젝트 수행과정의 기초가 되는 사항들을 적어서 공유하는 것이고, 변경을 위해서는 공식적인 변경 절차가 필요함을 의미한다. 과제 신청서에는 팀명, 작품제목, 멘토(선택 사항), 대표 참여 학생 및 참여 학생 인적 사항, 프로젝트 수행배경, 수행내용 및 범위, 활용방안 및 기대효과, 참여 학생 정보 및 업무분담, 소요비용 계획, 참고문헌 등의 내용을 적게 된다. 〈표 2-2〉는 캡스톤디자인 프로젝트 신청서 서식이다.

〈표 2-2〉

캡스톤디자인 프로젝트 신청서

지원번호	

<table>
<tr><td>팀 명</td><td colspan="4"></td></tr>
<tr><td>작 품 제 목</td><td colspan="4"></td></tr>
<tr><td>다학제간 여부</td><td colspan="4">□ 참여 학생의 소속 학과가 모두 동일한 경우
□ 참여 학생의 소속 학과가 둘 이상인 경우</td></tr>
<tr><td rowspan="2">멘 토</td><td>성명</td><td></td><td>소속 및 직위</td><td></td></tr>
<tr><td>TEL</td><td></td><td>e-mail</td><td></td></tr>
<tr><td rowspan="3">대 표
참 여 학 생</td><td colspan="2">성 명</td><td>학 번</td><td>소속 학과</td></tr>
<tr><td colspan="2"></td><td></td><td></td></tr>
<tr><td colspan="2">연 락 처</td><td colspan="2"></td></tr>
<tr><td rowspan="10">그 외
참 여 학 생</td><td colspan="2">성 명</td><td>학 번</td><td>소속학과</td></tr>
<tr><td colspan="2"></td><td></td><td></td></tr>
<tr><td colspan="2"></td><td></td><td></td></tr>
<tr><td colspan="2"></td><td></td><td></td></tr>
<tr><td colspan="2"></td><td></td><td></td></tr>
<tr><td colspan="2"></td><td></td><td></td></tr>
<tr><td colspan="2">-</td><td></td><td></td></tr>
<tr><td colspan="2"></td><td></td><td></td></tr>
<tr><td colspan="2"></td><td></td><td></td></tr>
<tr><td colspan="2"></td><td></td><td></td></tr>
<tr><td colspan="5">본 팀은 유사주제로 타사업의 지원을 받지 않음을 확인하고 귀 사업단에서 정한 캡스톤디자인 프로젝트 수행 관련사항을 준수할 것을 서약하며 과제신청서를 제출합니다.

20**년 *월 일
신 청 자 : (서명 또는 날인)
지 도 교 수 : (서명 또는 날인)</td></tr>
</table>

1. 수행배경

- 필수포함내용(페이지 제한 없음.)
  - 사전조사
  - 캡스톤디자인 수행 주제의 선정 이유
- 다학제간인 경우 선정된 주제와의 관련성에 대해서 최대한 상세하게 작성할 것
- 배경, 목적, 개발 내용 및 필요성 포함

2. 수행내용 및 범위

- 실제 수행 계획과 관련된 모든 사항을 최대한 상세하게 작성할 것(페이지 제한 없음.)
- 필수포함내용
  - 선정된 주제 관련 수행된 사례 및 기존 제품(기존의 관련 이론 및 현상)에 대한 조사
  - 수행된 사례 및 기존 제품(기존의 관련 이론 및 현상) 대비 개선된 점과 독창적인 점
  - 14주를 기준으로 하는 주간 별 계획 (1주차, 2주차, ... 14주차)

3. 활용방안 및 기대효과

- 수행 결과 예상되는 산출물의 의미, 활용방안 및 활용예, 기대효과에 대해서 최대한 상세하게 작성할 것(페이지 제한 없음.)

4. 참여 학생 정보 및 업무분담표

No	소속학과	성 명	학년	학번	휴대폰	업무내용
1						
2						
3						
4						
	총	(대표 외 명)				

5. 소요비용 계획서

(단위 : 원)

구 분	비 용		구성비율 (%)
	산출내역	금액	
재료비			
시제품 제작비			
교통비			
회의비			
합계 (구성비율, %)			100

6. 참고문헌

■ 과제제안서 작성 과정에서 참고한 모든 문헌, 논문, 웹사이트 등을 순서대로 정리

7. 기타(앞에 포함되지 못한 내용 가운데 필요 시 작성)

또 재료구입이나 시제품 제작이 필요할 경우에는 물품명, 상세스펙 및 사양, 활용계획, 단가, 수량 산정금액, 구입처 등의 정보가 담긴 재료구입 및 시제품 제작 계획서를 작성해야 한다. 〈표 2-3〉은 그 작성 서식이다.

〈표 2-3〉

재료구입 및 시제품 제작 계획서

(재료비 구입 및 시제품 제작은 미리 계획한 후 계획서 내에서만 구입, 지원 가능. 상세히 적을 것)

순번	물품명	상세스펙/사양	활용계획	단가	수량	산정금액	구입처
1							
2							
3			이하 생략				

1. 계획서와 상이한 물품 및 수량은 구매 불가.
2. 금액은 부가세 포함 한 금액을 기입.
3. 수량의 경우도 정확한 수량(개, 권, 다스, set 등)을 명시.
4. 물품에 대한 웹사이트 주소(캡처, 프린트물 첨부 등)를 명시.
5. 캡스톤디자인 프로젝트 신청서와 함께 제출.

201*. 00 . 00 .

대 표 학 생 : ○ ○ ○ ㊞

확 인 자 : 지도교수 ○ ○ ○ ㊞

과제 신청서는 보통 개강을 해서 3주 정도 조사와 연구 그리고 멘토와 지도교수와의 협의를 통해서 작성하게 된다. 작성이 완료된 과제 신청서는 경비지원 기관에 제출하게 된다. 산학협력선도사업의 일환으로 진행될 경우에는 그 사업단 행정팀에 제출하게 되며, 기업체의 지원이 필요한 과제는 별도 협의를 통해서 비용의 일부를 분담하게 할 수도 있다.

5) 전반부 과제 수행

과제 신청서 또는 프로젝트 제안서를 제출하여 산학협력선도대학 사업단 행정팀의 심사를 통과하고 나면 본격적으로 과제를 수행하게 된다. 전반부 과제 수행은 중간보고서 작성 및 발표 이전까지의 과제 수행을 의미한다. 과제의 수행은 보통 학기 단위로 짜인 일정표에 의해서 진행을 하게 된다. 따라서 앞서 소개한 과제 신청서의 수행내용에서 14주를 기준으로 주간별 계획을 세운 것에 맞춰서 과제를 수행하는 것이 좋다. 실제 산업현장에서도 일정관리가 매우 중요하고 모든 프로젝트에는 데드라인이 있기 때문에 일정에 따라서 그 주에 해야 할 과제를 꼭 수행하는 습관을 기르는 것이 좋다.

특히 캡스톤디자인 과목은 일정에 따라서 작성, 제출해야 하는 서류나 서식 또는 보고사항들이 있다. 예를 들어 매주 지도교수에게 보내는 주간보고 또는 중간보고, 프로젝트 개요 제출, 결과보고서 제출 등을 정해진 날짜에 꼭 해야 한다. 따라서 과제수행은 스케줄에 대응하는 작업이라고 해도 과언이 아니다.

6) 중간보고서 작성 및 발표

7-8주 차에 접어들면 지도교수는 팀장이나 팀원들에게 중간보고서의 작성과

발표를 요청하는 것이 좋다. 중간보고서는 실제 조사에 들어가거나 컨셉트의 도출과 같은 문제해결 방안이 나오기 전에 하는 것이 좋다. 왜냐하면 중간보고에서 전체적인 방향에 대한 지도교수의 확인이 중요하기 때문이다. 즉 실제 조사를 이미 수행했다면 빠트린 문제나 다른 더 좋은 대안에 대한 테스트를 할 수 없는 상황에 도달하게 된다. 따라서 비용이 발생하는 조사나 시제품의 제작 등은 중간보고 발표회 이후로 미루어 두는 것이 좋다.

중간보고서를 위한 별도의 양식은 없다. 하지만 최종 결과보고의 전초전이기 때문에 캡스톤디자인 수행결과보고서의 체계에 따라 준비하는 것이 좋다. 즉 캡스톤디자인의 수행배경에 해당하는 주제 선정의 이유부터 서술하는 것이 좋다. 그리고 수행과정에서 찾았던 자료를 정리해서 설문이나 조사의 기본 프레임, 커뮤니케이션 개선방안의 여러 가지 대안에 대한 소개, 향후 계획 등을 중심으로 보고서를 만들고 발표하는 것이 좋다. 중간보고서는 발표를 해야 하기 때문에 아래한글 파일보다는 PPT 파일의 형식으로 만드는 것이 좋다.

지도교수나 멘토는 중간보고 발표를 듣고 과제 신청서에 입각하여 프로젝트나 과제가 제대로 진행되고 있는지 확인하고, 학생들이 이야기한 문제점에 대한 해결방안이나 조언 등을 해주어야 한다. 또 학생들이 미처 발견하지 못한 문제점이나 새로운 대안 등을 제안해서 학생들의 인식의 폭을 넓게 만들어 주는 것이 좋다. 주의할 점은 해답을 알려주기 보다는 새로운 방향을 제시해 주어서 학생들 스스로 문제해결을 할 수 있도록 조력자 역할을 해야 한다는 점이다.

7) 후반부 과제 수행

후반부 과제 수행은 중간보고 발표회 이후의 과제 수행 과정을 의미한다. 중간보고가 주제에 대한 광범위한 조사를 통해서 보다 구체적인 문제를 도출하고 해결을 위한 사례조사 등을 중심으로 이루어진다면, 중간보고 이후의 과제 수행은 보다 구체적인 해결방안을 도출하는 과정이라고 하겠다. 특히 중간보고를 통해서 나타난 문제점에 대한 해결방안을 고민해 보는 것이 후반부 과제 수행의 출발점이라고 하겠다.

이공계 캡스톤디자인의 경우에는 시제품 제작과 관련된 비용을 후반부 과제 수행 단계에서 많이 집행하며 인문사회계 캡스톤디자인은 전문가 조사, 소비자 심층인터뷰, 설문조사 비용을 주로 집행한다. 또 최종보고서 작성을 위한 자료의 정리도 이 단계에서 수행해야 할 부분이다.

8) 최종보고서 작성 및 발표

과제 수행이 완료되면 팀별로 최종보고서를 작성한다. 최종보고서는 2개의 형태로 작성한다. 첫째는 산학협력선도대학 사업단 행정팀에 제출하는 캡스톤디자인 수행결과보고서이다. 아래한글 양식으로 되어 있으며, 팀명, 작품명 등을 담은 일반정보, 참여 학생 정보 및 업무분담표 등을 서술하게 되어 있다. 또 캡스톤디자인 수행 배경, 수행 과정, 수행 결과, 수행 후기 등을 서술하여야 한다. 수행결과보고서의 핵심은 캡스톤디자인 결과물에 대한 설명이다. 이공계의 경우에는 동작이나 실험결과물을 생생한 사진으로 제시해주는 것이 좋다. 또 결과만큼이나 중요한 것이 수행 과정에 대한 보고이다. 참고했던 논문이나 도서 그리고 만났던 전문가나 일반 소비자 조사 결과를 상세히 기록하는 것이 좋다.

또 다른 최종보고서의 형태는 PPT로 작성하는 것이다. 광고홍보학 캡스톤디자인은 광고주의 커뮤니케이션 문제를 해결하는 것이 초점이기 때문에 최종 보고는 광고주나 멘토를 대상으로 프레젠테이션을 해야 한다. 따라서 프레젠테이션용 PPT를 별도로 작성을 해야 한다.

9) 작품 발표 및 전시

캡스톤디자인의 성과를 공개적으로 발표하고 전시하는 행사를 최종적으로 개최한다. 전시는 시제품이나 주된 내용을 담은 포스터를 전시하고 참석자에게 설명을 한다. 광고홍보학 캡스톤디자인의 경우에는 최종보고서용으로 작성한 PPT 파일을 노트북이나 태블릿에 저장한 후 슬라이드 쇼 형태로 전시행사를 하는 것이 보편적이다. 이러한 전시회는 학교 차원에서 학과별로 부스를 만들어 놓고 실시한다. 따라서 부모님 등 지인들에게 전시회에 초청을 하고 한 학기동안 한 캠페인에 대한 설명을 하는 시간을 갖는 것이 좋다. 이때 최종결과물과 전시회 사진 등은 향후에 취업 포트폴리오에 활용할 수도 있다.

발표 및 전시회와 같은 개방된 공간 그리고 여러 팀이 혼재되어 있는 곳에서 광고홍보학 캡스톤디자인의 최종결과물을 발표하는 것은 공간적 제약이 많이 따른다. 주변의 소음으로 참석자들에게 제대로 결과물을 설명할 수 없기 때문이다. 그래서 발표회를 별도로 갖는 것이 좋은 대안이 된다.

2013년 광고홍보학 캡스톤디자인은 학교 전체 발표 및 전시회 이전에 별도로 발표회를 가졌다. 2명의 지도교수로부터 지도를 받은 총 9개 팀이 팀당 12분 내외로 발표를 하고 참석한 광고주와 멘토로부터 평가를 받는 시간을 가졌다. 충분한 시간을 가지고 작품에 대한 설명을 할 수 있고, 개별적인 피드백을 받을 수 있는 시간이었기 때문에 개별 발표회는 비이공계 캡스톤디자인에서는 권장할만하다고 하겠다.

지금까지 살펴본 9단계의 캡스톤디자인 수행절차 과정에서 별도로 표시하지는 않았지만, 지도교수의 지도와 멘토의 멘토링이 지속적으로 이루어진다. 지도교수는 수업시간 뿐만 아니라 학생들의 방문면담을 통해서 최종 성과물의 완성도를 높일 수 있도록 도와주어야 한다. 멘토는 관련 정보의 제공을 통해서 학생들이 문제의 본질에 쉽게 다가갈 수 있도록 지도를 해야 한다. 또 정기적으로 학생들과의 회의를 통해서 성과를 확인하고 향후 방안에 대한 조언을 아끼지 않아야 한다.

2. 캡스톤디자인 교과목 구성

광고홍보학 캡스톤디자인은 2013년 2학기에 처음으로 개설된 과목이다. 따라서 이 과목에 대한 이해가 부족한 학생들이 많을 것으로 사료된다. 2013년 과목의 강의계획서를 중심으로 교과목 구성에 대한 내용을 구체적으로 살펴보았다.

1) 교과목 개요

광고홍보학 캡스톤디자인 교과목은 학생들이 지금까지 학습한 전공지식을 토대로 실무적 문제해결을 다루는 과목이다. 실제 광고홍보 비즈니스에서 필요한 실질적인 업무중심으로 실습하고 체험하게 하는 수업을 진행함으로써 학생 스스로 하나의 프로젝트를 전체적, 체계적, 창의적으로 해결하는 과정을 체험할 수 있다. 궁극적으로 학문에서 실무로 가는 효율적인 연결고리의 역할을 하는 과목이며, 바로 취업을 해도 현장에서 실무능력을 발휘할 수 있도록 교과목을 구성하였다.

2) 교육목표

기존의 광고홍보 전공수업을 통해 습득한 이론적 지식의 바탕에 체계적이고 구체적인 실무적 역량을 강화함으로써 학생들이 졸업과 동시에 광고 및 홍보산업 실무에 쉽게 적응하고 역할을 발휘하게 하는 데 목적을 둔다. 따라서 학생들 스스로 광고홍보캠페인의 선정과 기획, 집행, 효과분석에 이르는 모든 과정에 실질적으로 참여하고 진행하여 광고홍보에 대한 통합적인 안목과 자신감을 부여하는 것을 수업의 목표로 하고 있다. 본 강의를 통해서 습득한 실무적 지식은 바로 광고홍보 업무 현장에 투입되어 활용할 수 있을것이다.

3) 수업진행

광고홍보학 캡스톤디자인은 강의 및 토론, 멘토링, 조별 활동 및 발표 등으로 수업 진행이 이루어진다. 강의 및 토론은 캡스톤디자인에 대한 이해와 주제선정 및 수행계획서 작성 등의 내용을 중심으로 지도교수가 강의를 하고 학생들과의 토론을 통해서 내용에 대한 이해를 제고시킨다.

멘토링은 과제해결을 위한 업계 전문가의 조언을 의미한다. 멘토가 있는 선정과제에 해당이 되지만, 멘토가 없는 과제는 지도교수가 멘토의 역할을 대신한다. 학생들은 각 수행단계마다 멘토의 조언을 듣는 것이 좋다. 따라서 정기적으로 만나는 시간을 정해서 과제를 수행하는 것이 바람직하다.

끝으로, 조별 활동 및 발표는 캡스톤디자인의 가장 주된 수업진행 방법이다. 선정된 주제에 대한 실질적인 프로젝트 수행 과정이고 그 결과를 강의실에서 또는 전시회장에서 발표하는 작업이기 때문이다. 지도교수는 매주 조별 활동의 내용을 점검하고 다음 주 추진 업무 내용도 살펴보고 조언을 해야 한다. 조별 활동은 조장을 중심으로 조원들의 적극적인 참여가 필수적이다.

4) 학습평가

캡스톤디자인은 3학점의 정규 교과목이지만 학습평가 방식은 'Pass/Fail' 방식을 택할 수도 있다. 일반적인 학점을 주는 평가방법을 택할 경우에는 학생들 간의 경쟁을 강화시켜 더 나은 결과물을 얻을 수 있는 장점이 있다. 하지만 단점으로는 상대평가를 할 정도로 정교하게 개별 학생을 평가할 수 없다는 점이 지적되고 있다. 또 4학년 2학기에 개설되는 과목의 특성상 상대평가를 적용하기 어려운 점이 있다.

2013년 광고홍보학 캡스톤디자인은 'Pass/Fail' 방식으로 성적을 주었다. 세부적으로는 출석 10%, 수행계획서 20%, 최종보고서 20%, 프레젠테이션 20%, 중간고사 20%, 광고주 및 멘토 참여 10%로 학습평가를 하였다. 총점 60점 이상이 Pass 학점을 주었다.

5) 교과목 활용

광고홍보학 캡스톤디자인은 광고홍보관련 기업의 문제를 발굴하고 그 해결방안을 학생들 스스로 독창적으로 제안함으로서 실무적인 실전지식을 배양한다. 따라서 본 교과목의 활용은 소규모 광고주, 중소기업 광고홍보실, 대기업 광고팀 등의 당면과제를 해결하는 데 활용할 수 있을것이다.

6) 주별 강의 계획

2013년 주별 강의는 다음과 같이 진행되었다. 중간고사는 꼭 필요한 경우가 아니라면 생략할 수 있으며, 외부 전문가 초청 특강도 필수적인 사항은 아니라고 하겠다.

<table>
<tr><td rowspan="3">1주차</td><td colspan="2">- 강의소개</td></tr>
<tr><td>첫째시간</td><td>1) 캡스톤디자인의 개요
2) 주제 설명 및 주제 선정</td></tr>
<tr><td>둘째시간</td><td>3) 조편성
4) 향후 진행일정</td></tr>
<tr><td rowspan="3">2주차</td><td colspan="2">- 팀 구성 및 팀별 캡스톤디자인 주제 발표
- 산업체 요구 과제 수행서 검토 및 추진 여부 결정</td></tr>
<tr><td>첫째시간</td><td>1) 팀별 역할 분담
2) 팀별 주제 발표</td></tr>
<tr><td>둘째시간</td><td>3) 팀별 주제에 대한 토론
4) 개선 사항 제안</td></tr>
<tr><td rowspan="3">3주차</td><td colspan="2">- 산업체 요구 과제 수행계획서 작성
- 광고주 섭외 및 수행계획서 작성</td></tr>
<tr><td>첫째시간</td><td>산업체 요구 과제 분석</td></tr>
<tr><td>둘째시간</td><td>광고주 요구 과제 분석</td></tr>
<tr><td rowspan="3">4주차</td><td colspan="2">- 팀별 캡스톤디자인 수행계획서 초안 작성 및 발표</td></tr>
<tr><td>첫째시간</td><td>팀별 수행계획서 작성 및 발표</td></tr>
<tr><td>둘째시간</td><td>토의를 통해서 팀별 수행계획서, 과제신청서 완성 및 제출
(9월27일까지)</td></tr>
<tr><td rowspan="3">5주차</td><td colspan="2">- 과제수행팀 선발 공고(10/1)
- 캡스톤디자인 수행 과정에 대한 점검 1주차</td></tr>
<tr><td>첫째시간</td><td>수행 과정 보고 및 토의</td></tr>
<tr><td>둘째시간</td><td>외부 전문가 멘토링 지도</td></tr>
<tr><td rowspan="3">6주차</td><td colspan="2">- 캡스톤디자인 수행 과정에 대한 점검 2주차</td></tr>
<tr><td>첫째시간</td><td>수행 과정 보고 및 토의</td></tr>
<tr><td>둘째시간</td><td>외부 전문가 멘토링 지도</td></tr>
<tr><td rowspan="3">7주차</td><td colspan="2">- 캡스톤디자인 수행과정에 대한 점검 3주차</td></tr>
<tr><td>첫째시간</td><td>수행 과정 보고 및 토의</td></tr>
<tr><td>둘째시간</td><td>외부 전문가 멘토링 지도</td></tr>
<tr><td rowspan="3">8주차</td><td colspan="2">- 중간정리 및 중간고사</td></tr>
<tr><td>첫째시간</td><td>팀별 진행상황 보고 및 향후 계획점검</td></tr>
<tr><td>둘째시간</td><td>중간고사</td></tr>
</table>

9주차	- 캡스톤디자인 수행 과정에 대한 점검 4주차	
	첫째시간	수행 과정 보고 및 토의
	둘째시간	외부 전문가 멘토링 지도
10주차	- 전문가 초청 세미나	
	첫째시간	광고 홍보 관련 전문가 초청 특강, 최근 업계 동향 소개 등
	둘째시간	멘토링 및 최종결과물에 대한 보완
11주차	- 과제 수행 결과 프레젠테이션 1	
	첫째시간	완성된 팀 순서로 프레젠테이션
	둘째시간	토론을 통한 개선사항 도출 및 멘토링
12주차	- 과제 수행 결과 프레젠테이션 2	
	첫째시간	완성된 팀 순서로 프레젠테이션
	둘째시간	토론을 통한 개선사항 도출 및 멘토링
13주차	- 과제 수행 결과 프레젠테이션 3	
	첫째시간	완성된 팀 순서로 프레젠테이션
	둘째시간	토론을 통한 개선사항 도출 및 멘토링
14주차	- 과제 수행 결과 프레젠테이션 4	
	첫째시간	포스터제작을 위한 작품 요약서 제출(12/4) 완성된 팀 순서로 프레젠테이션
	둘째시간	토론을 통한 개선사항 도출 및 멘토링
15주차	- 산업체, 광고주 초청 최종 프레젠테이션(12/10)	
	첫째시간	산업체 초청 최종 프레젠테이션(12/10 예정)
	둘째시간	최종 결과보고서, 멘토링 일지 작성 및 제출(12/11-12/18)
16주차	-학기 내용 정리 및 우수프레젠테이션 전시	
	첫째시간	학기 내용 정리
	둘째시간	우수 캡스톤디자인 사례 전시

Capstone Des

Capstone Des

Chapter 3

캡스톤디자인의 실제

성공적인 캡스톤디자인의 수행을 위해서는 적절한 주제의 선정과 함께 적용력이 높은 해결방안을 도출할 수 있는 능력이 무엇보다 필요하다. 하지만 캡스톤디자인은 팀 작업이기 때문에 효과적인 팀원 구성 역시 매우 중요하다. 또 과제를 도출하고 광고주를 섭외하여 과제를 받아오는 작업도 실질적으로 중요한 역할 중 하나이다. 특히 실제 업무에서는 광고주를 영입하는 작업이 어떤 업무보다 중요하다. 따라서 캡스톤디자인의 실제에서는 효과적인 팀원 구성, 과제 도출의 두 가지 방법, 그리고 광고주 확보와 제안 방법 등을 설명하였다.

1. 효과적인 팀원 구성

캡스톤디자인의 성패는 결국 참여하는 팀원들의 능력에 달려있다. 팀은 개인의 능력의 총합으로 이루어지지만 팀워크의 형성에 따라서 개별 팀원 능력의 총합보다 더 큰 수행 능력을 발휘할 수도 있고, 반대로 팀워크 부족으로 팀원의 역량이 제대로 발휘되지 않을 수도 있다. 따라서 팀원을 효과적으로 구성하는 것이 캡스톤디자인의 중요한 출발점이라고 하겠다.

캡스톤디자인의 팀구성은 수강신청 단계에서부터 준비하는 것이 좋다. 다른 과목과 달리 캡스톤디자인의 팀구성은 지도교수가 주도적으로 하는 것이 아니라 수강생들이 주로 하기 때문이다. 그렇기 때문에 평소에 잘 모르는 학생을 팀원으로 할 경우에는 위험 부담이 있다. 왜냐하면 팀원의 역량을 제대로 파악할 수 없기 때문에 효율적인 업무 배분이 이루어지지 않는다.

팀원의 수는 앞서 말했듯이 4인 내외가 이상적이다. 2013년 광고홍보학 캡스톤디자인 수강생들의 팀원 수는 최소 3인, 최대 5인이었고 4명으로 팀을 구성한 경우가 가장 많았다. 광고홍보학 캡스톤디자인은 4학년 과목이기 때문에 1학년-3학년까지 학교 수업이나 조별 과제를 하면서 마음이 맞는 학생들로 팀을 구성하면 된다. 하지만 친하다고 해서 같은 팀이 되는 것이 꼭 좋지만은 않다. 친한 경우에 오히려 조원에 대한 객관적인 평가가 어려울 수 있으며, 비슷한 강점을 가진 학생들로만 한 팀이 구성될 수도 있기 때문이다. 따라서 팀원들의 역량을 분석하여 다양한 영역에서 능력 있는 사람들로 팀을 구성하는 것이 바람직하다.

1) 팀원의 역량 분석

팀 조직에 앞서서 선행되어야 할 것이 팀원의 역량분석이다. 역량은 특정한 상황이나 직무에서 지속적으로 우수한 성과를 내게 하는 개인의 내적 특질을 말한다. 역량에는 다음과 같이 전사 공통 역량, 직급별 리더십 역량, 직무역량 등이 있다.[5]

첫째, 전사 공통 역량은 전체 조직의 비전 및 경영 목표 달성을 위해 모든 구성원들에게 요구되는 역량이다. 둘째, 직급별 리더십 역량은 업무 수행에서 직급별 역할에 따라 요구되는 일반적인 관리자의 역량을 말한다. 끝으로, 직무역량은 직무 분류상의 대표 직무를 수행하는 데 요구되는 공통 직무 역량과 해당 직무를 수행하는데 요구되는 보다 전문적인 역량인 개별 직무 역량으로 나눌 수 있다.

팀을 구성하기 위해서는 이러한 각 역량별로 팀원들이 가지고 있는 역량에 대한 1차적인 분석을 해야 한다. 보다 쉽게 이야기해서 팀원들이 어떤 능력을 가지고 있고 어떤 특정한 분야의 업무에 능한지를 먼저 생각해 보라는 것이다. 캡스톤디자인을 수행하기 위해서는 직무역량 분석에 초점을 두어야 한다. 특히 보다 전문적인 역량인 개별 직무 역량에 대한 분석을 주로 하여야 한다. 왜냐하면 캡

5) http://blog.naver.com/PostView.nhn?blogId=jskimco&logNo=60201295186

스톤디자인의 팀은 과제수행을 위한 일시적 조직이기 때문에 전사 공통 역량이나 직급별 리더십 역량은 크게 중요하지 않다.

만일 팀을 이루고자 하는 팀원들의 역량 분석결과, PPT나 디자인 업무와 관련된 개별 직무 역량을 가진 사람이 없다면 완성도 높은 광고기획서를 만들기 어려울 것이다. 따라서 팀원의 역량 분석을 통해서 각각의 역량을 갖춘 팀원들이 골고루 포진하고 있는 지를 먼저 살펴보아야 한다. 팀원의 역량 분석이 끝나고 나면 구성하려고 하는 팀원들에게 구체적인 역할과 업무를 배분하여야 한다.

2) 팀원 역할 및 업무 배분

일시적인 조직이라고 하더라도 팀원 간의 역할 및 업무가 명확하게 정의되고 팀원 간 인식을 하고 있어야 다툼이 없다. 특정 업무를 누가 수행할 것인지가 불분명한 경우, 그 일이 제대로 진행되기 어렵기 때문이다. 팀원 역할 및 업무 배분은 팀원 간의 협의를 통해서 결정한다. 팀장이 일방적으로 배분을 해서는 안 되며 특정인에게 역할이나 업무가 집중되어서도 곤란하다.

팀장은 팀원 중 가장 먼저 선정할 사람이다. 팀장은 팀원 간의 의사소통을 원활히 하고 과제의 수행 전체를 조율하는 지휘자 역할을 해야 한다. 또 팀원에게 역할과 업무를 배분하는 초안을 마련하는 것도 팀장의 몫이다. 팀장은 또 멘토 또는 지도교수와 약속을 잡거나 면담을 진행하는 과정에서도 팀원을 대표하여 현재 팀이 겪고 있는 문제점이나 과제 수행과정에서 애로 그리고 현재까지 진도 등을 요약하여 전달할 수 있는 능력을 지녀야 한다. 최종 보고서 발표도 팀장이 하는 경우가 많다. 권력과 업무가 팀장에게 집중되지만, 팀장을 지원하여 목표한 과업을 수행하는 것은 팀원의 노력과 도움이 없이는 불가능하다.

팀원의 역할과 업무 중 다음으로 정해야 하는 영역이 기록 담당자이다. 캡스톤디자인은 수많은 회의의 연속이다. 주제를 찾고 과제를 발굴하고 적절한 해결방안을 찾기 위해서 밤낮으로 회의가 계속된다. 이러한 회의 내용을 기록, 관리하는 기록 담당자의 역할이 매우 중요하다. 또 캡스톤디자인 과목을 수강하면서 주간업무보고, 중간보고, 최종보고, 출장보고 등 각종 서식에 맞추어 서류를 작성해서 제출해야 한다. 기록 담당자가 이러한 업무를 함께 수행해야 한다. 또 PPT 작업과 같은 문서 및 디자인 작업에도 능하다면 팀구성을 하기가 한결 손쉬워진다.

세 번째 팀원은 영업 부분에 특화된 인물이면 좋다. 캡스톤디자인을 하기 위한 광고주 영입, 멘토 물색 등은 팀원들이 발로 뛰어서 이루어야 하는 사항들이다. 팀원 전체가 다 영업사원이지만, 영업을 전문적으로 하는 팀원을 두면 광고주나 멘토와의 작업관련 커뮤니케이션이 일관성을 지닐 수 있다. 또 영업담당자가 팀원들에게 광고주의 의견을 정확히 전달하여 커뮤니케이션의 정확성과 효율성을 높일 수 있다.

네 번째 팀원의 역할과 업무는 기획과 관련된 것이다. 기획은 문제의 분석-자료의 수집과 대안의 모색-해결방안의 제안 등의 과정을 총괄하는 업무이다. 캡스톤디자인이 기업이 당면한 문제에 대한 해결방안을 찾는 과정이기 때문에 기획업무 역시 핵심적인 팀원의 역할이 된다.

끝으로, 재무적 역할을 담당하는 팀원이 필요하다. 일반 대학교 전공강좌와 달리 캡스톤디자인은 학교에서 자금지원이 되는 프로젝트이다. 그런데 각 자금집행에 대한 증빙을 해야 하기 때문에 자금을 관리하고 영수증을 챙기고 비용 신청 양식을 작성하여 경비를 신청하는 업무를 수행해야 한다. 그런데 학생들은 지금까지 이러한 업무를 해 본 경험이 없기 때문에 가장 어려운 업무 중 하나이다. 또 캡스톤디자인 지원금이 국고인 경우가 많기 때문에 자금 정산의 문제가 일반 자금보다 훨씬 까다롭고 어렵다. 자금 정산을 맡은 팀원은 아주 사소한 것이라도 행정팀에 질의를 하여서 실수를 하는 일이 없도록 해야 한다. 자금 정산에서의 실수는 자금 부정사용과 같은 도덕적 문제에서부터 자금을 다시 회입해야 하는 경제적 손실까지 가져온다는 점에서 더욱 유의를 해야 한다.

3) 효과적인 의사소통 방법

일반적인 기업에서 과제나 프로젝트를 수행하는 팀원들은 출근과 동시에 만나고 퇴근을 하면서 헤어진다. 즉 최소 7시간에서 최대 12시간 이상을 함께 하면서 과제를 수행한다. 그렇기 때문에 면대면 커뮤니케이션뿐만 아니라 컴퓨터를 매개로 하는 커뮤니케이션 등 다양한 의사소통의 방법들을 가지고 있다. 하지만 학생들이 수업 중에 하는 캡스톤디자인 과제는 이러한 장기간의 그리고 자연스러운 의사소통의 기회가 드문 편이다. 따라서 팀원들 간에 효과적인 의사소통 방법을 구축하는 것이 무엇보다 중요하다.

계명대학교 캡스톤디자인 팀은 구글플러스를 통해서 팀원 간에 커뮤니케이션을 하도록 유도하고 있다. 구글플러스는 페이스북과 유사하며 카톡과 비슷한 그리고 문자 메시지 기능 등을 통합해 놓은 구글의 서비스이다. 안드로이드를 운영체제로 하는 스마트 폰에는 자동적으로 설치가 되며, PC에서는 G메일 계정을 통해서 로그인 하면 스마트폰과 PC의 내용을 모두 공유할 수 있다. 또 팀원들과 그 내용을 공유할 수 있어서 효과적인 의사소통의 툴이라고 하겠다. 〈그림 3-1〉은 구글플러스 화면의 예시이다.

캡스톤디자인 참여 학생들이 의사소통방법으로 또 많이 사용한 것이 카톡의 그룹채팅이다. 구글플러스가 낯선 어플이라면 카톡은 학생들에게 매우 친숙하고 사용이 간편하다는 장점을 지니고 있다. 또 그룹 채팅에 멘토나 지도교수를 초청하여 실시간으로 그룹 회의를 할 수도 있다. 2013년에 카톡 PC버전이 출시되었기 때문에 문서나 PPT 자료, PDF 보고서 등을 공유하는 것이 편리해졌다.

〈그림 3-1〉 구글플러스의 화면 예시

2. 과제 도출의 두 가지 방법

캡스톤디자인의 출발은 해결해야 할 과제를 도출하는 것이다. 또 과제의 난이도에 따라서 캡스톤디자인 수행에 커다란 차이가 있기 때문에 한 학기 동안에 해결할 수 있고, 과제와 관련된 자료의 접근이 비교적 용이한 과제를 도출해야만 한다. 캡스톤디자인의 과제를 도출하는 방법은 크게 두 가지가 있다. 첫째, 기업체가 직접 참여하는 경우이고, 둘째, 팀원이 직접 과제를 도출하는 경우이다. 각각에 대해서 조금 더 자세히 살펴보자.

1) 기업체가 참여하는 경우

기업체가 참여해서 과제를 도출하는 것은 주로 광고주나 멘토의 참여로 이루어지게 된다. 광고주는 새로운 시각에서 지금 당면하고 있는 문제점을 해결할 수 있기 때문에 적극적으로 과제를 도출해서 캡스톤디자인 참여 팀에게 전달할 수 있다. 광고주가 직접 참여하여 과제를 도출할 때에는 멘토나 지도교수를 통해서 과제를 전달받아야 한다. 이를 산학연계형 캡스톤디자인이라고도 한다. 멘토는 광고주가 직접 담당할 수도 있고 광고회사 광고주 담당자가 광고주를 대신해서 멘토가 될 수도 있다.

〈표 3-1〉은 기업체가 직접 참여해서 과제를 도출한 사례이다. 광고주는 대구사랑 대리운전이고 멘토는 대구사랑 대리운전의 신문광고를 대행하고 있는 광고회사의 대표이다. 주제 제안서를 보면 제안하는 주제의 목표 및 주요 내용 그리고 기대효과 등을 포함하고 있다.

〈표 3-1〉 산학연계형 캡스톤디자인 주제 제안서

제안자 이름	소속/직위	Email	휴대폰
이**	*** / 대표이사	***8@ad.co.kr	01*-****-****

주제 명	대구지역 대리운전 이용실태에 대한 소비자 조사

제안 주제의 목표 및 주요 내용
■ 광고주 : 대구사랑 대리운전(1544-7979) ■ 목표 : 대구지역의 대리운전시장 점유율 1위인 대구사랑대리운전의 새로운 광고전략을 제안하는데 필수적인 대리운전 이용 시의 고객의 생각과 행동분석 ■ 주요내용 : 음주운전과 교통사고 예방에 필수적인 대리운전 이용의 핵심고객인 '30~50대 남자'들의 대리운전 이용실태(업소에 부탁하는지? 직접 전화하는지? 길콜을 이용하는지?)와 이용 시의 심리(요금 / 불안감/ 보험 등)를 조사

기대 효과
■ 대리운전 시장이 영세업자 위주로 운영되다보니 치열한 경쟁국면 속에서도 소비자 편의 및 안전에 대한 개선 없이 영업경쟁 일변도로 많은 사회문제가 야기되고 있다. 특히, 믿을 수 없는 대리회사를 이용함으로써 일어나는 사고 시의 보험처리문제와 서비스의 질적 수준에 대한 불만이 팽배해져있다. 이러한 현실에서 본 조사는 신뢰로운 대리운전 서비스를 제공하여 고객만족으로 연결될 수 있는 마케팅 전략을 수립하는데 많은 도움이 될 것이다.

지도교수는 산학연계형 캡스톤디자인 주제 제안서를 가급적 많이 받아서 수강 학생들에게 제공하고 수강 학생들은 팀별로 본인들이 수행하기 적절한 주제를 찾아야 한다. 산학연계형 과제가 학생들이 직접 과제를 도출하는 것보다 손쉽다. 또 시급히 해결해야 할 과제들이기 때문에 과제수행 결과의 유용성도 높은 편이다.

2) 팀원이 직접 과제를 도출하는 경우

지도교수로부터 산학연계형 캡스톤디자인 주제 제안서를 받지 못한 팀은 직접 과제를 도출하기 위해서 광고주를 접촉해야 한다. 팀원이 직접 과제를 도출하는 경우가 사실 실제 광고업무와 유사하다. 왜냐하면 광고실무에서는 누가 광고주를 가져다주지 않고 광고회사 스스로 광고주를 개발해야 하기 때문이다. 따라서 팀원이 직접 과제를 도출하는 경우가 수강 학생들에게 더 많은 실무 경험을 하게 하는 것이 된다.

팀원이 직접 과제를 도출할 때에는 인맥을 활용하는 것이 좋다. 생판 모르는 학생들이 찾아와서 기업의 광고홍보 전략을 수립해 준다고 하면 신뢰할 사람이 많지 않기 때문이다. 따라서 친인척, 부모님의 친구, 형제의 부모 등 동원 가능한 인맥을 총체적으로 활용해야 한다. 또 자신이 자주 다니는 소규모 자영업을 대상으로 주제를 제안할 수도 있다. 학교 근처의 옷가게, 커피전문점, 주점 등도 대상이 될 수 있다. 지역 영화관, 휴양시설, 아동보호센터와 같은 사회적 시설, 구세군과 같은 구호단체 등도 과제 도출을 위해 접촉할 수 있는 대상이다.

2013년 광고홍보학 캡스톤디자인 과목에서는 총 9팀이 활동하였는데, 이중 5개 팀은 산학연계형 캡스톤디자인으로 기업체가 직접 참여한 경우였으며, 나머지 4개 팀이 직접 과제를 도출한 경우이다. 재미있는 것은 최종 결과보고서 발표회 때 참여한 광고주나 멘토가 산학연계형 캡스톤디자인에 집중되었다는 것이다. 즉 기업체가 직접 참여하여 과제를 도출하여 제공할 경우가 최종 결과보고에 대한 궁금증이 높아서 결과발표회에 참석할 가능성이 높다는 것이다. 팀원들이 직접 발굴하여 과제를 수행한 기업의 경우에는 최종 결과보고에 관심이 적거나 결과보고까지도 팀원들이 방문하여 해 주기를 기다렸는지도 모르겠다.

3. 광고주 확보와 제안

산학연계형으로 기업체가 주도적으로 과제를 제안하든지 아니면 참여 팀이 주도적으로 과제를 도출하든지 관계없이 궁극적으로 광고홍보학 캡스톤디자인을 통해서 문제를 해결해야 할 기업, 즉 광고주와의 접촉은 필수적이다. 산학연계형으로 진행할 경우에는 광고주 물색 작업은 필요 없고, 바로 광고주와의 접촉을 시도하면 된다. 하지만 그렇지 않을 경우에는 광고주를 물색하고 접촉하는 작업을 해야 한다. 또 광고주를 처음 만나서는 업무의 내용이나 방향에 대한 협의를 하여야 한다. 특히 광고주가 원하는 최종 결과물이 무엇인지에 대한 상호 확인이 필수적이다. 또 업무의 내용이나 질에 따라서 광고주들이 현물이나 현금 등이 지원이 필요한 경우가 있다. 이때에도 지원 조건, 지원 내용 등에 대한 사전협의가 있어야 나중에 문제가 발생하지 않는다.

1) 광고주 물색 및 접촉

광고주 물색의 가장 좋은 방법은 주변의 네트워크를 이용하는 것이다. 학연, 지연, 혈연, 인연과 같은 자신의 사회적 자본을 적극 활용해야 한다. 부모님 회사,

부모님 친구 분의 회사, 친인척 어른이 운영하는 회사는 손쉽게 물색할 수 있는 광고주이다. 꼭 규모가 큰 회사나 기업으로 물색 리스트를 협소하게 가져갈 필요는 없다. 학교 주변의 상점이나 소규모 가게도 좋은 광고주가 될 수가 있다.

규모가 작은 광고주를 물색해서 영입할 경우에 이점이 많다. 첫째, 규모가 작은 광고주들은 지금까지 제대로 된 광고홍보기획 서비스를 받아본 경험이 없을 가능성이 높다. 주변권유로 현수막을 걸거나 신문 삽지 광고를 하거나 학생회 행사에 협찬 정도를 했을 가능성이 높다. 이러한 광고주들에게 한 학기 동안 커뮤니케이션 문제를 분석하고 해결책을 제안해 주겠다는 제안에 호의적으로 반응할 가능성이 높다. 두 번째 이점은 실행프로그램이 될 가능성이 높다. 규모가 작은 소규모 상점은 장기적인 광고투자보다는 즉각적으로 매출에 반응하는 프로모션 프로그램을 선호한다. 또 프로모션 비용이 감내할 수준이라면 바로 시행할 가능성이 높다.

소규모 광고주들에게 커뮤니케이션 기획안을 제안하고 실행하게 하는 것은 광고산업의 발전을 위해서도 고무적인 일이다. 그들은 롱테일(long-tail) 효과를 발휘하여 광고산업의 구조를 튼튼하게 하는 효과를 발휘할 것이다. 그 예가 검색광고 시장이다. 검색광고는 소규모 광고주들에게 광고에 대한 이해와 광고효과를 맛볼 수 있는 기회를 제공했고, 그 결과 지금까지 광고를 하지 않던 수많은 영세 광고주들을 광고시장으로 이끌었다. 검색광고는 지금 그 규모가 디스플레이 광고를 훨씬 앞서고 있고 인터넷 광고산업을 지탱해 주는 역할을 하고 있다.

광고주를 물색하여 예상 광고주 리스트를 만들었다면 직접 접촉하는 일이 다음 단계이다. 광고주를 접촉할 경우에는 몇 가지 사전 작업을 해야 한다. 첫째, 접촉하려고 하는 광고주에 대한 조사를 해야 한다. 조사라고 해서 거창할 것 같지만 처음으로 광고주를 만나기 전에 광고주 정보를 확인하는 간단한 절차 정도로 이해해 두는 것이 좋다. 광고주의 업종, 업황, 주요 제품이나 서비스, 주요 경쟁자, 현재의 커뮤니케이션 전략이나 크리에이티브, 주변 지인들의 평가를 대략적으로 알아보고 가는 것이 좋다.

둘째, 사전 약속을 꼭 해야 한다. 광고주 영입을 위해서는 광고주와의 첫 만남이 매우 중요하다. 따라서 언제 어디서 어떤 사람들과 함께 가서 누구누구와 만나고 싶다는 의견을 피력하는 등의 사전 약속작업이 필요하다. 사전약속은 광고주들에게 준비하는 자세를 갖게 한다. 외부에서 그것도 학생들이 우리 회사를 위해서 일하고자 하는 의사를 밝혔기에 그들에게 어떤 과제를 주는 것이 좋은 것인지를 준비하게 만들 수 있다.

셋째, 복수의 광고주와 접촉을 해야 한다. 예상 광고주 리스트에서 가장 만나고 싶은 광고주에게 먼저 연락해서 약속을 잡고 그 다음 차 순위 접촉 광고주도 결정해 두어야 한다. 여러분이 접촉했다고 그 광고주가 여러분에게 주제나 과제를 준다는 보장이 없기 때문이다. 따라서 접촉 우선순위를 정하고 그 순서에 따라서 차례로 광고주와의 접촉을 시도해야 한다. 지도교수나 멘토의 도움으로 광고주를 찾았을 경우에는 복수의 광고주를 놓고 고민할 필요가 없다. 아무것도 없는 상황에서 광고주를 구할 경우에만 복수의 광고주를 접촉해야 한다. 만약 접촉 리스트가 끝나기도 전에 광고주가 선정되었다면 나머지 접촉 예상 광고주는 다른 학생들에게 넘기거나 방학 때 현장학습을 제안하기 위한 후보자로 두는 것이 좋다. 광고주 물색에도 시간과 노력이 필요하기 때문에 아깝게 그것을 폐기할 필요가 없는 것이다. 따라서 지도교수는 학기 초에 팀별로 광고주 물색 리스트와 접촉 결과를 확인하고 매칭이 되지 않은 광고주 리스트를 관리하는 것이 좋다. 그것은 이번 학기 광고주 확보에 실패한 팀에게 제공할 수 있고, 나아가서 내년 캡스톤디자인을 위한 광고주로도 활용할 수 있기 때문이다.

마지막으로 지도교수의 추천 서신을 지참하고 가는 것이 좋다. 큰 규모의 기업일수록 학생들의 능력에 대한 신뢰도가 낮은 편이다. 또 나중에 인건비나 재료비를 청구하지는 않을까 하고 의심의 눈초리로 학생들을 대할 수 도 있다. 따라서 지도교수가 자기소개, 캡스톤디자인 교과목의 취지, 학생들의 열정과 능력, 비용이 없으며, 광고주에게 좋은 기회와 경험이 될 것이라는 확신이 담긴 편지를 써서 팀별로 제공해 주는 것이 좋다. 2002년 실제로 필자가 추천 서신을 써서 지역 광고주인 모다아울렛 광고를 학생들이 유치한 경험이 있고, 그 팀원 중 한명이 모다아울렛에 취업을 하기도 하였다.

2) 효과적인 제안법과 조건 협의

광고주가 일단 캡스톤디자인 프로그램에 참여하기로 결정을 하면 세부적인 업무내역과 경비 부담에 대한 조건을 협의해야 한다. 캡스톤디자인은 광고주에게 경제적 부담을 지우지 않는 것을 원칙으로 한다. 왜냐하면 학생들이 영리를 목적으로 일을 하고 있지 않으며, 프로젝트 소요되는 실비는 학교 측으로부터 지원을 받는 경우가 많기 때문이다.

하지만 광고주들이 원하는 과업이나 과제가 큰 경우에는 학생들이 학교로부터 지원받는 자금 이상으로 비용이 발생할 가능성이 높다. 인문사회계 캡스톤디자인의 경우에는 보통 70만원 내외의 지원금을 받아서 과제를 수행하고 이공계의 경우에는 시제품을 제작하는 경우가 많기 때문에 200만원을 넘는 경우도 있다. 제대로 된 소비자 조사를 하려고 해도 500만원이 넘게 들어가는 현실이다. 따라서 광고주가 퀄리티 높은 소비자 조사를 원한다면 비용지원을 받아서 조사를 수행하는 것이 바람직하다.

따라서 광고주에게 제공해 줄 수 있는 서비스의 범위와 내용을 목록화 하여 제안하고, 추가적인 요구가 있다면 그것을 수행하기 위해서 발생한 비용에 대한 조건 협의를 하여야한다. 학생들이 예상한 추가 과업일 경우에는 비용의 규모를 그 협상의 자리에서 바로 답해도 좋지만, 전혀 예상하지 못했던 과업이라면 그 과업 수행에 들어가는 비용을 조사한 후에 답변해 주는 것이 좋다. 캡스톤디자인은 영리를 추구하는 프로젝트가 아니기 때문에 추가적인 비용도 실제 소용되는 비용을 기준으로 산출하여야 한다. 그래야만 광고주들이 학생들이 제안한 조건에 쉽게 동의를 표할 가능성이 높다.

이러한 과제의 범위와 수행 주체, 광고주의 지원 조건에 대한 협의가 끝났다면 그 내용을 문서화 해 놓은 것이 좋다. 계약서를 쓸 필요까지는 없고 협의 내용에 대한 내용을 정리해서 광고주에게 메일로 보내고 의견이나 이견을 구하면 된다. 메일 자체가 내용을 문서화해서 기록한 증빙이 되기 때문이다.

Chapter 4

캡스톤디자인 문서 작성법

캡스톤디자인에 참여하는 학생들이 가장 어려워하는 것이 상황에 맞는 서식을 작성하는 것이다. 특히 과제지원금을 쓰기 위해서는 해당 문서를 작성하여 신청을 하고 집행 후 영수증 증빙을 통해서 정산을 해야 한다. 선 구입 후 재료비를 신청하는 경우도 있다. 또 회의비를 집행하기 위해서는 회의록을 작성하여야 하고 때로는 모여서 참석한 사람들의 사진이나 사인이 필요하기도 하다. 이렇게 까다롭게 문서 작성과 증빙을 요구하는 것은 그 이유가 있다.

첫째, 실제 회사 업무와 동일한 작업 환경을 경험하는 것이다. 회사에서도 과제를 진행하기 위해서는 계획을 입안하여 결재를 받아서 추진하며, 자금을 집행하기 위해서도 내부결재를 통하는 등의 절차가 필요하다. 또 자금정산과 같은 결과보고, 지출원인행위 등 모든 업무에는 서류작업 즉 페이퍼 워크(paper work)가 필요하다. 귀찮고 까다로운 일이지만 모든 공적 조직에서는 필수적인 요소인 만큼 즐거운 마음으로 서류를 꾸미고 경비 신청을 하는 긍정적인 자세가 필요하다.

둘째, 캡스톤디자인 과제지원금은 대부분 국고를 기반으로 한다. 국민의 세금으로 캡스톤디자인 과제를 수행하는 만큼 과제 지원금의 집행이 합목적성을 지녀야 한다. 계획에 따라서 집행을 해야 하고 집행에 대한 증빙이 확실해야 한다. 〈표4-1〉은 과제지원금의 지원 여부를 정리한 것이다. 과제지원금은 재료비, 시제품제작비, 교통비, 회의비 등으로 구분할 수 있다. 각 비목에 맞게 지원 내용을 확인하고 지원이 되는 부분만 집행해야 한다. 특히 지원이 불가능한 항목은 꼭 확인할 필요가 있다. 예를 들어 재료비로 사무용품이나 컴퓨터 관련 용품을 구매해서는 곤란하다. 설문조사 사례품으로 복권이나 상품권 등을 구입해서 주는 것이 금지되어 있다. 또 회의비도 하루에 2회 이상 집행하거나 1인당 10,000원 이상 집행하는 것을 금지하고 있다.

〈표 4-1〉 세부 비목별 과제 지원금 지원여부

세부비목	지원 내용	지원 불가
재료비	• 해당과제와 관련 있는 순수 재료비 • 내용연수 1년 내의 시약 · 재료구입 • 시험분석에 필요한 경비	• 사무용품성 재료 (복사용지, CD, 잉크 및 토너 등) • 컴퓨터관련 용품 (외장하드, CPU, RAM, SSD 등) • 과제수행과 무관한 재료 구입 • 동일품목의 과다 구입
시제품 제작비	• 학생들이 직접 할 수 없는 부분의 외주가공	• 학생들이 직접 제작할 수 있음에도 불구하고 제작비를 들여 제작하는 경우 • 학생들이 직접 수행하는 것 보다 시제품 제작 비율이 높은 경우 • 시제품제작비가 너무 높은 경우
교통비	• 과제 수행을 위한 출장 (멘토 및 기업체방문, 조사활동 등) ※ 시외 출장 : 운임비(실비)	• 해당과제와 관련 없는 활동 경비 • 동일 장소 과다 출장 • 영수증으로 증빙이 되지 않는 경우
회의비	• 과제수행을 위한 멘토와의 회의비 • 지도교수, 팀원과의 회의비(팀 구성원에 한하여 1인당 최대 10,000원 지원)	• 해당과제와 관련 없는 활동 경비 • 동일일자 2회 이상 회의비 • 산학협력단 사업자번호(503-82-09622)로 현금영수증이 발급되지 않았을 경우

끝으로, 문서화는 팀원들 간의 정보를 공유하는 역할을 한다. 회의록을 정리해 놓으면 지금까지의 추진 사항을 일목요연하게 알 수 있고 다음주 팀원 각자가 할 일을 알게 해준다. 또 어떤 부분이 현재 부진한 지도 팀원 간에 공유할 수 있다. 그리고 경비 집행 현황도 파악할 수 있어서 잔여 예산의 집행을 서두를 수도 있다.

캡스톤디자인 문서작성 방법을 캡스톤디자인 과제 수행 이전, 수행 중 그리고 수행 이후로 나누어 각각 살펴보자.

1. 캡스톤디자인 과제 수행 이전 작성 문서

캡스톤디자인 과제가 시작되기 전에도 작성해야 하는 문서가 있다. 그것은 캡스톤디자인 프로젝트 또는 과제신청서와 주제제안서이다. 2가지 문서 양식에 대해서는 제2장 캡스톤디자인 수행방법과 제3장 캡스톤디자인의 실제에서 이미 설명한 바 있다. 주지하고 있듯이 주제제안서는 참여 학생들이 작성하는 것이 아니라 멘토나 광고주가 작성하는 것이다. 각각의 작성문서를 사례 중심으로 살펴보자.

1) 주제제안서

주제제안서는 멘토가 작성하는 것으로 앞서 제3장 캡스톤디자인의 실제에서 대구사랑 대리운전의 주제제안서를 소개한 바 있다. 여기에서는 또 다른 사례로 ㈜옴니허브의 새로운 분야 장류사업에 대한 마케팅 기획을 중심으로 설명해 보겠다.

㈜옴니허브는 한방약재 유통을 주된 사업으로 하는 회사이다. 최근에는 허브

차를 생산, 판매하고 있으며 간장, 고추장, 된장 등 장류사업에도 진출하려는 계획을 하고 있는 회사이다. 이 프로젝트의 멘토는 계명대학교 학교기업인 스탠딩에그커뮤니케이션의 이** 실장이다. 그는 〈표 4-2〉와 같은 주제제안서를 지도교수에게 보내왔다. 주된 내용은 주제 제안자의 인적사항, 주제명, 광고주 이름, 주제의 목표, 주요내용, 기대효과 등으로 구성되어 있다.

〈표 4-2〉 주제제안서 사례 (㈜옴니허브)

제안자 이름	소속/직위	Email	휴대폰
이**	스탠딩에그커뮤니케이션/관리실장	I****@***.**.***	010-***4-4***

주제 명	㈜옴니허브 새로운 분야 장류사업에 대한 마케팅 기획

■ 광고주 : ㈜옴니허브

■ 목표 :
대구 한방약재유통 1위 기업 ㈜옴니허브가 새로운 장류시장 성공적인 진입을 위해 필요한 장류제품의 브랜드 마케팅전략 기획

■ 주요내용 :
옴니허브에서 개발한 친환경적 장제품이 장류시장에서 살아남기 위해 필요한 신제품 네이밍 제작과 소비자에게 효과적으로 메시지를 전달하고 인식에서 재구매까지 이어질 수 있는 효과적인 커뮤니케이션 전략 제시

기대 효과
현재, 고추장, 된장과 같은 장류시장에는 TOP브랜드가 있는 시점, 부동한 리더가 자리한 시장에 안착하기 위해 중소기업 옴니허브가 도전하기에는 다소 어려워 보이나 소비자의 시각에서 바라본 마케팅 전략으로 구매 결정적인 Point를 맞춘 전략들은 장류시장이 옴니허브의 새로운 매출창출이 될 것이며 한약재가 가진 특성으로 장류에서도 웰빙 브랜드로서 확립될 것이다.

이처럼 산학연계형 캡스톤디자인을 할 경우에는 지도교수가 주제제안서를 접수하여 학생들에게 공개한다. 어려 개의 주제제안서를 살펴보게 한 후 그 중에 가장 잘할 수 있는 주제를 토대로 캡스톤디자인 프로젝트 신청서를 작성하는 것이다.

2) 캡스톤디자인 프로젝트 신청서

캡스톤디자인 프로젝트 신청서의 사례로 앞서 언급한 주제제안서인 ㈜옴니허브의 새로운 분야 장류사업에 대한 마케팅 기획안을 소개하고자 한다. 지도교수가 올린 5개의 주제제안서 중 ㈜옴니허브의 과제를 선택한 팀은 6699 팀이었다. 6699팀은 멘토와의 만남을 통해서 〈표 4-3〉과 같은 캡스톤디자인 프로젝트 신청서를 제출하였다.

캡스톤디자인 프로젝트 신청서는 팀명, 작품제목, 멘토, 대표 참여 학생, 그 외 참여 학생의 정보를 담은 서식과 수행배경, 수행내용 및 범위, 활용방안 및 기대효과, 참여 학생 정보 및 업무분담표, 소요비용 계획서, 참고문헌 등을 기입한 부속서류로 이루어져있다. 다음의 사례를 살펴보고 각 구성내용별로 어떻게 서술해야 하는지를 이해하기를 바란다. 다만 주별 계획을 보다 엄밀하게 1주차, 2주차, 3주차 등으로 구분하여 보다 세밀하게 수립하는 것이 좋다. 또 참고문헌도 양이나 질적으로 부족해 보인다.

〈표 4-3〉 캡스톤디자인 프로젝트 신청서 사례

<table>
<tr><td colspan="3"></td><td>지원번호</td><td></td></tr>
<tr><td>팀 명</td><td colspan="4">6699</td></tr>
<tr><td>작 품 제 목</td><td colspan="4">㈜옴니허브 새로운 분야 장류사업에 대한 마케팅 기획</td></tr>
<tr><td>다학제간 여부</td><td colspan="4">□ 참여 학생의 소속 학과가 모두 동일한 경우
□ 참여 학생의 소속 학과가 둘 이상인 경우</td></tr>
<tr><td rowspan="2">멘 토</td><td>성명</td><td>이**</td><td>소속 및 직위</td><td>관리실장</td></tr>
<tr><td>TEL</td><td>010-4***</td><td>e-mail</td><td>***n@***.ac.kr</td></tr>
<tr><td rowspan="3">대 표
참 여 학 생</td><td colspan="2">성 명</td><td>학 번</td><td>소속 학과</td></tr>
<tr><td colspan="2">도**</td><td>***04</td><td>광고홍보학과</td></tr>
<tr><td colspan="2">연 락 처</td><td colspan="2">010-****-****</td></tr>
<tr><td rowspan="10">그 외
참 여 학 생</td><td colspan="2">성 명</td><td>학 번</td><td>소속학과</td></tr>
<tr><td colspan="2">박**</td><td>****39*</td><td>광고홍보학과</td></tr>
<tr><td colspan="2">박**</td><td>****40*</td><td>광고홍보학과</td></tr>
<tr><td colspan="2">이**</td><td>****57*</td><td>광고홍보학과</td></tr>
<tr><td colspan="2"></td><td></td><td></td></tr>
<tr><td colspan="2"></td><td></td><td></td></tr>
<tr><td colspan="2"></td><td></td><td></td></tr>
<tr><td colspan="2"></td><td></td><td></td></tr>
<tr><td colspan="2"></td><td></td><td></td></tr>
<tr><td colspan="2"></td><td></td><td></td></tr>
<tr><td colspan="5">본 팀은 유사주제로 타사업의 지원을 받지 않음을 확인하고 귀 사업단에서 정한 캡스톤디자인 프로젝트 수행 관련사항을 준수할 것을 서약하며 과제신청서를 제출합니다.

2013년 9월 24일
신 청 자 : 도** (서명 또는 날인)
지도교수 : 이*훈 교수님 (서명 또는 날인)</td></tr>
</table>

1. 수행배경

■ 한약재 전문기업 옴니허브

옴니허브는 한약재의 신뢰성을 회복하기 위해 지난 2002년 설립됐으며, 50여종의 한약재와 70여종의 한방차를 생산하고 있는 한약재 전문기업이다. 특히 안심하고 먹을 수 있는 한약재를 만들기 위해 옴니허브의 연구개발(R&D)에 대한 끊임없는 노력은 한의학계에서도 약초연구의 새로운 지평을 열었다는 평가까지 받고 있다. 이를 토대로 기업의 지식재산 창출역량을 강화하고 글로벌 성장기반을 확대하기 위해 대구시와 특허청이 추진하는 사업인 '2013 대구시 지식재산(IP) 스타기업'에 선정되기도 했다. 한의사 출신 허 대표는 "옴니허브의 가장 큰 성장동력은 무엇보다 약초에 대한 사랑에서 비롯된다고 강조한다. 실제 옴니허브 임직원들은 약초가 있는 곳이라면 국내외를 가리지 않고 찾아 다닌다. 이들의 약초기행은 중국 · 일본 · 몽골 · 티베트 등 동북아를 비롯해 남방약재의 보고로 알려진 베트남 · 라오스 등 동남아를 넘어 러시아, 카자흐스탄, 인도, 터키까지 이어진다. 특히 약초의 본고장이라 할 수 있는 중국은 24개 성을 샅샅이 훑고 다닐 정도로 유별나다. 옴니허브는 설립 10년만에 200여억원의 매출을 올리는 중소기업으로 자리매김 했고, 특히 한의사뿐만 아니라 제약회사, 약업사 등으로부터도 약재의 투명성을 확보하는데 선도적 역할을 했다는 세평까지 얻고 있다. 이처럼 옴니허브가 단기간에 한방산업을 선도하는 기업에 올라설 수 있었던 비결은 지속적인 연구개발로 믿을 수 있는 상품을 생산, 소비자들에게 믿음을 준 때문이다.

■ 캡스톤디자인 수행 주제의 선정 이유

저희가 선택한 주제는 옴니허브의 새로운 분야 장류사업에 대한 마케팅 기획안을 쓰는 것입니다.
광고홍보학과 학생으로서 지난 3년간 기획서를 쓰는 방법, 마케팅과 광고에 대한 공부를 해왔지만 기업 관계자와 접촉하면서 기획안을 제시해 볼 기회를 가져 본 적은 없었습니다. 그래서 배워온 내용을 토대로 기업에게 마케팅 기획서를 제안해보는 경험을 하고 싶었습니다. 또한 교내기업인 '스탠딩 에그'가 지난 학기 봉경관에서 옴니허브의 프로모션을 열어 학생들에게 옴니허브를 알린 적이 있어 그 후로 옴니허브라는 기업에 대해 관심을 가지고 있었습니다. 그러던 중 마침 캡스톤디자인 수행 주제로써 옴니허브의 마케팅 기획안 작성이 있었고 조원들의 동의하에 이 주제를 선정하게 되었습니다.

■ 배경 및 목적

현재 옴니허브의 사업 현황은 약재사업부, 문화컨텐츠 사업부, 식품사업부, 한의유통 사업부 총 네 가지로 나누어져 있습니다. 옴니허브가 장류사업이라는 새로운 사업 영역으로 사업을 확장하게 되어 그에 따른 적절한 마케팅이 필요하다고 여겨졌습니다. 장류사업은 고추장, 간장, 된장 등을 만드는 사업입니다. 최근 순창군이 장류산업에 새로운 바람을 불어넣기 위해 전문가 워크숍을 개최하고 활로를 모색했습니다. 이종린 한국관광공사 전북협력단장은 성공적인 장류밸리 조성을 위해서는 운동, 식사, 치유, 숙박, 체험과 쇼핑을 해결 할 수 있는 창조적 장소로써 구성되어야 한다며, 많은 전문가들이 이제는 장류를 단순한 먹거리에서 힐링과 연계시킨 발효상품 개발의 중요성을 강조했습니다. 또한 홍승우 감동공간연구소 이사는 이제는 시설이 아닌 경험을 상품으로 개발해야 하며 많은 전문가들이 전통장류가 살아남기 위해서는 B2C(소비자 대상)의 형태로는 기존의 대기업과 경쟁할 수도 없고 경제성도 없다며 B2B(기업)을 대상으로 하는 전략과 집중이 필요한 시점이라고 강조한 바 있습니다. 이처럼 전통장류가 살아남기 위해서는 B2C를 넘어서 B2B의 범위까지 확대된 마케팅이 필요하다고 여겨집니다. 따라서 수행 과제의 목적은 옴니허브에게 대학생 특유의 참신한 사고로 새로 시작하는 장류사업의 마케팅에 바람직한 전략을 제시하는 것입니다.

2. 수행내용 및 범위

옴니허브의 다양한 사업부 중에 식품사업부에서의 신제품 즉, 장류사업에 대한 시장진출을 준비 중에 있습니다. 현재 옴니허브에는 한약, 약재 관련 전문 사업으로써 약초나 약재에 관한 사업과 마케팅은 잘하고 있는 실정입니다. 하지만 새로운 장류사업 시장의 개척을 위한 옴니허브만의 마케팅이 필요한 실정입니다. 지금 장류사업 시장을 분석해 본 결과, 국내 장류 전체 시장의 규모는 2010년 7412억원에서 2012년 8167억원으로까지 확대 되었습니다.(출처 : 대상기업 통계자료) 먼저 고추장 관련 사업으로는 CJ제일제당의 해찬들과 대상의 순창고추장이 엎치락 뒤치락 1위 자리를 차지하고 있습니다.

이 두 회사의 고추장 시장점유율은 90%가 넘습니다. 두 회사는 경쟁사에 대한 공격적인 마케팅 전략을 통해 1위 자리 탈환을 위해 노력하고 있습니다. 그리고 간장 관련 사업에서는 샘표 간장이 부동의 1위 자리를 차지하고 있습니다. 샘표 간장은 17여개의 다양한 입맛에 맞는 종류의 간장을 출시하고 있으며, 간장은 향을 중요시하는 마케팅 전략으로써 소비자들의 소비를 이끌고 있습니다. 된장 관련 사업으로는 현재 2013년 기준 CJ제일제당의 된장이 10년 연속 판매 1위를 달리고 있습니다. 2013년 현재 대상기업에서도 CJ제일제당의 독주를 막기 위한 된장 사업을 시작하였고 내년 식약청 인증을 준비하고 있는 상황입니다. 대략적인 국내 장류시장을 파악해본 결과, 대상기업과 CJ제일제당은 전체시장의 TOP2를 차지하고 있으며 새로운 기술 발전과 다양한 마케팅을 통해 소비자와 끊임없이 소통하고 있습니다. 이러한 상황속에서 옴니허브는 한약과 약재 전문 사업이라는 점을 강조하여 STP를 새롭게 하여 건강에 관심이 많은, 한약과 약재에 관여도가 높은 틈새 시장을 노려야 할 것으로 생각됩니다. 옴니허브만의 전문성을 강조하여 장류사업에 새로운 마케팅 판도를 바꿀 수 있도록 노력해야 합니다.

주간별 계획은 1~2주 옴니허브나 관련 업체, 경쟁 업체의 장류 사업에 대한 전반적인 자료조사 습득과 이해를 할 예정이며 3~4주 동안은 직접 소비자와 접촉하여 통계자료 확보를 위한 1, 2차 조사 그리고 옴니허브와 직접 의견을 조율하며 미팅을 가질 예정입니다. 6~12주에는 본격적인 기획안을 작성하기 시작하며 멘토에게 의견 및 수정사항 피드백을 받을 것입니다. 마지막 13~14주에는 기획안 수정 및 세부사항 추가를 하여 기획서를 완성할 것입니다.

3. 활용방안 및 기대효과

■ 활용방안

1. 소비자들에게 옴니허브의 장류사업을 인지하도록 직접마케팅을 시행할 것입니다.
2. 현재 해찬들은 처음에 '대전' 지역에서 시작된 인식이 낮은 브랜드였음에도 불구하고 지금 현재 전국 브랜드가 된 해찬들을 활용하여 소비자들의 인식을 바꾸도록 끊임 없는 노력을 하게될 것입니다.
3. 소비자들의 인식을 변화시키기 위해 구매 결정적인 Point를 통해 옴니허브를 재탄생 시킬 것입니다.

옴니허브의 장류사업을 위해 끊임없는 애정을 쏟아부어야합니다. 앞서 말씀드렸다시피, 현재 옴니허브에는 한약, 약재 관련 전문 사업으로써 약초나 약재에 관한 사업과 마케팅은 잘하고 있는 실정입니다. 하지만 더 나은 마케팅으로 많은 소비자들에게 브랜드 인지도를 높여야 할 것입니다. 마케팅과 각종 프로모션을 통해 옴니허브 기업의 장류사업에서 소비자들이 인지하고 있는 풀무원, 청정원의 비슷한 선상에 설 수 있도록 애정을 쏟아 부을 것입니다. 현재 옴니허브는 각종 한약재를 이용하여 여러 차들이 나오고 있고, 프로모션을 통해 성장해나가고 있는 기업입니다. 그렇듯 장류사업의 전통인 다른 브랜드와 비슷한 선상에서 옴니허브만의 오랜 장, 소비자가 만족하는 장이 될 수 있도록 활용할 것입니다. 그러기 위해서는 예를 들어 각종 대형마트에서는 시식효과를 통해, 고객들의 입맛을 사로잡고 소비자들을 끌어오는 큰 힘을 가지고 있습니다. 즉, 직접마케팅을 활용하여 소비자들의 인식을 바꿀 것입니다. 기존 소비자들은 기존의 브랜드를 인지하고 제품을 구매하고, 새로운 소비자를 만들기에는 오랜 시간이 걸립니다. 하지만, 기존의 소비자들도 좋은 브랜드 좋은 제품을 통해 이동할 수 있는 능력을 가지고 있습니다. 21C 소비자들의 소비행태를 살펴보면, 새로운 것으로 바꾸기를 꺼려하는 소비행태를 가지고 있습니다. 하지만 직접마케팅을 한다면, 소비자들이 좋은 제품임을 판단하고 충분히 이동가능성을 보일 것이라고 생각합니다.

■ 기대효과

현재, 고추장, 된장과 같은 장류시장에는 TOP브랜드(청정원, 해찬들)가 있는 시점입니다.
부동한 리더가 자리한 시장에 안착하기 위해 중소기업 옴니허브가 도전하기에는 다소 어려워 보이나 소비자의 시각에서 바라본 마케팅 전략으로 구매 결정적인 Point를 맞춘 전략들은 장류시장이 옴니허브의 새로운 매출창출이 될 것이며 한약재가 가진 특성으로 장류에서도 웰빙 브랜드로서 확립될 것입니다.

4. 참여 학생 정보 및 업무분담표

No	소속학과	성 명	학년	학번	휴대폰	업무내용
1	광고홍보학과	도**	3	510****	010-3***-****	프로젝트 총괄
2	광고홍보학과	**진	3	510****	010-3***-****	기획안 작성
3	광고홍보학과	박**	3	510****	010-3***-****	비용 관리
4	광고홍보학과	**연	3	510****	010-3***-****	업체 커뮤니케이션 담당
5						
6						
7						
8						
9						
10						
	총	4명 (대표 도** 외 3명)				

5. 소요비용 계획서

(단위 : 원)

구 분	비 용		구성비율 (%)
	산출내역	금액	
재료비	인쇄, 홍보물 및 사은품, 참고문헌	20만원	27.5%
시제품 제작비	-	-	0%
교통비	타지역 장류사업 업체 탐방 (서울 : 청정원 / 대전 : 해찬들)	30만원	45%
회의비	팀 회의	20만원	27.5%
합계 (구성비율, %)		70만원	100

6. 참고문헌

■ 과제제안서 작성 과정에서 참고한 모든 문헌, 논문, 웹사이트 등을 순서대로 정리

[1] 소비자에게 믿음 심어, 한약재 전문기업 (주)옴니허브 / 2013. 04. 09일자 파이낸셜 뉴스

[2] 옴니허브 홈페이지 http://www.omniherb.com

소요비용 계획서 상에서 재료 및 시제품 제작과 관련된 비용은 별도의 서식에 따라서 계획서를 제출해야 한다. 〈표 4-4〉는 재료구입 및 시제품 제작 계획서 사례이다.

〈표 4-4〉 재료구입 및 시제품 제작 계획서 사례

순번	물품명	상세스펙/사양	활용계획	단가	수량	산정금액	구입처
1	참고문헌	한방업체 또는 장류 사업과 관련한 논문 또는 책	기획서 작성에 참고	10,000원~20,000원	3~4권	최대 40,000원	교보문고 등의 대형서점
2	인쇄	인쇄물	자료조사 결과물 인쇄 혹은 프로모션 진행 시 나누어 줄 종이 인쇄비	50원	1,000장	약 50,000원	교내 인쇄소 혹은 동문 앞 인쇄소

3	홍보물 및 사은품	옴니허브에서 판매되고 있는 여러 종류의 차들 또는 그 밖의 사은품 (정확한 품목 미정)	시음회 및 홍보 프로모션 진행시 사람들에게 나누어 줄 상품	36,000원(6종 세트 기준)	약 7세트	약 200,000원	신세계몰 (http://mall.shinsegae.com/item/item/itemDetail.do?item_id=14593424&sale_shop_id=0&sale_shop_gubun_code=12)및 옴니허브 본사
4			이하 여백				
5							

1. 계획서와 상이한 물품 및 수량은 구매 불가.

2. 금액은 부가세 포함 한 금액을 기입.

3. 수량의 경우도 정확한 수량(개, 권, 다스, set 등)을 명시.

4. 물품에 대한 웹사이트 주소(캡처, 프린트물 첨부 등)를 명시.

5. 캡스톤디자인 프로젝트 신청서와 함께 제출.

201*. 00 . 00 .

대표학생 : 도** ㊞

확 인 자 : 이*훈 교수님 ㊞

2. 캡스톤디자인 과제 수행 중 작성 문서

캡스톤디자인 프로젝트 신청서를 제출하여 과제로 선정되고 나면 실제 경비를 집행하기 위해서 많은 문서작업을 해야 한다. 예를 들어 재료비를 집행하기 위해서는 구입의뢰 및 청구서, 검수사진, 견적서, 타견적서, 영수증, 거래명세표 등을 제출해야 한다. 또 전자세금계산서나 학교 산단 사업자번호가 입력된 현금영수증 등이 필요하다. 시제품제작비, 교통비, 회의비 집행을 위한 제출서류 및 증빙서류, 집행방법은 〈표 4-5〉를 참조하기 바란다.

〈표 4-5〉 지원금 지출을 위한 제출서류 및 집행방법

세부 비목	제출서류 및 증빙서류	집행방법	비고
재료비	• 구입의뢰 및 청구서 • 검수사진 포함 • 견적서, 타견적서 • 영수증 • 거래명세서	• 전자세금계산서 • 현금영수증 (503-82-09622) • 학생(직불)카드 • 사업단 카드결재	계획서 상의 물품 구매에만 해당 하며 물품 구입 후 검수사진을 포함하여 사업단 제출
시제품 제작비	• 구입의뢰 및 청구서 ※ 견적서, 타견적서, 영수증, 거래명세서, 검수사진1부, 설계도	• 전자세금계산서 • 현금영수증 (503-82-09622) • 학생(직불)카드 • 사업단 카드결재	계획서 상의 물품 구매에만 해당 하며 물품 구입 후 검수사진을 포함하여 사업단 제출
교통비	• 출장 신청서(출장 전 제출) • 출장 복명서(출장 후 제출) • 영수증 (KTX기차표) ※ 조사활동 관련 영수증 및 관련 사진, 브로슈어 등 첨부	• 출장신청서 접수 (사업단) → 출장 (참여 학생) → 출장복명서 제출 (사업단) → 정산	신청자 계좌로 사업단에서 사후 정산 하여 지급함
회의비	• 회의록 • 현금영수증 • 회의사진	• 현금영수증 (503-82-09622) • 학생 (직불)카드	신청자 계좌로 사후 정산하여 지급

다음으로 구체적으로 캡스톤디자인 과제 수행 중에 작성해야 하는 문서들에 대해서 살펴보자.

1) 주간 업무보고서

주간 업무보고서는 캡스톤디자인 과제에서 공식적으로 요구하는 것은 아니

다. 지도교수가 각 팀별로 진행사항이나 애로사항을 파악하기 위해서 한 주간의 업무를 정리하고 다음주 계획을 수립하도록 유도하기 위해서 주간 업무보고서의 작성을 팀별로 하게 하는 것이 좋다. 또 실제 회사에서도 주간 업무보고, 월간 업무보고, 분기보고, 신년 업무보고 등 주기적인 보고체계를 갖추고 있다.

주간 업무보고서도 팀원이 공유를 하면서 팀의 현재 위치와 미래의 방향에 대한 이해도를 높일 수 있다. 주간 업무보고서 작성은 팀원 중 한 사람이 맡고 보통 금요일 오후에 작성해서 교수학습시스템에 올리도록 지도한다. 금요일 오후까지 주간 업무보고서를 작성하려면, 각 팀원들은 주간 업무보고자에게 목요일 밤이나 금요일 오전까지 자신이 금주에 한 일과 다음주에 할 일을 알려주어야 한다. 보고자는 그 내용들을 취합하여 주간 업무보고를 하는 것이다.

〈표 4-6〉을 보면 주간업무 보고서 사례가 있다. 언제 어디에서 모여 회의를 했는지를 적고, 금주의 주요 추진 내용을 적는다. 주요 추진 내용은 가급적 자세히 적는 것이 좋다. 그 다음으로는 다음주 추진계획이다. 이는 추진 내용만큼 자세히 적을 필요는 없고 키워드 중심으로 정리하는 것이 좋다. 마지막으로 특기 및 보고사항에서는 지도교수에게 특별히 보고할 것이나 피드백이 필요한 것을 적는다. 본 사례에서는 멘토와의 회의 시에 지도교수의 참석 여부를 묻고 있다.

〈표 4-6〉 주간업무 보고서 사례

회사명	6699
회의 일시 및 장소	1. *** 강의실 **월 *일 12:00~13:15 2. *** 커피숍 **월 *일 16:30-18:00
주요 추진 내용	1. 아직 장류사업에 관련한 제품이 시장에 출시되지 않았고 옴니허브로부터 자료를 받을 수 없어서 케이스 스터디와 옴니허브가 제품을 출시했을 때 시장에서의 가능성 등을 기획서로 만드는 것으로 정하였습니다.(제품이 출시되었을 때 어떤 프로모션을 하면 좋을지 같은 것도 기획서 안에 포함) 2. 해찬들이 지역(대전)에서 출발한 장류사업 업체라는 점에서 벤치마킹 할 수 있는 점이 있다고 판단, 대전에 해찬들 본사에 출장을 갈 지 조원들과 의논 끝에 확실한 일정은 정하지 않았지만 대전으로 가는 것으로 정했습니다.
다음주 계획	캡스톤디자인 팀장 참석 설명회 청정원, 해찬들과 같은 장류업체 케이스 스터디 업계 현황에 대한 기초적인 조사 이** 멘토님과의 만남
특기 및 보고사항	다음주 멘토님과 만남에 같이 참석가능하신지요?

2) 재료구입 및 시제품 제작 계획서

재료구입 및 시제품 제작 계획서는 프로젝트 수행을 위해서 재료를 구입하거나 시제품 제작을 위해서 재료를 구입할 경우에 작성하는 것이다. 구입하는 물품명, 상세스펙, 활용계획, 단가, 수량, 신청금액 등을 적게 되어 있다(〈표 4-7〉 참조). 재료구입 및 시제품 제작 계획서는 프로젝트 신청서와 함께 제출해야만 한다는 점을 꼭 기억해야 한다.

〈표 4-7〉 재료구입 및 시제품 제작 계획서

순번	물품명	상세스펙/사양	활용계획	단가	수량	산정금액	구입처
1							
2							
3							
4							
5							
6							
7							
8							
9							
10							
11							
12							

1. 계획서와 상이한 물품 및 수량은 구매 불가.
2. 금액은 부가세 포함 한 금액을 기입.
3. 수량의 경우도 정확한 수량(개, 권, 다스, set 등)을 명시.
4. 물품에 대한 웹사이트 주소(캡처, 프린트물 첨부 등)를 명시.
5. 캡스톤디자인 프로젝트 신청서와 함께 제출.

2013. 00 . 00 .

대 표 학 생 : ○ ○ ○ ㊞

확 인 자 : 지도교수 ○ ○ ○ ㊞

3) 재료구입 변경 신청서

재료구입 변경 신청서는 앞서 제출한 재료구입 및 시제품 제작 계획서의 내용을 변경할 경우 작성하는 서식이다. 프로젝트 신청서와 함께 제출했던 재료구입 및 시제품 제작 계획서는 프로젝트 수행 과정에서 변경을 할 사유가 발생한다. 이때에 당초 계획과 대비하여 변경된 재료구입 내역을 적어서 제출하는 것이 재료구입 변경신청서이다(〈표 4-8〉 참조).

〈표 4-8〉재료구입 변경 신청서

1. 당초 계획

	물품명	단가	수량	금액
1				
2				
3				
4				
5				
6				
7				
8				
9				
10				

2. 변경 사항

순번	물품명	상세스펙/사양	활용계획	단가	수량	금액	구입처
1							
2							
3							
4							
5							
6							
7							
8							

※ 재료 구입 및 시제품제작이 추가 될 경우에는 변경사항에 품목만 추가.
※ 일부품목 변경 시에는 재료구입 및 시제품 제작 계획을 변경 사항란에 모두 기입할 것.

가. 당초계획서와 변경신청서 이외의 재료구입 및 시제품 제작은 불가합니다.

나. 금액은 부가세 포함한 금액을 기입하십시오.

다. 수량의 경우도 정확한 수량(개, 권, 다스, set 등)을 명시하시기 바랍니다.

라. 물품에 대한 웹사이트 주소(캡처, 프린트물 첨부 등)를 명시하시기 바랍니다.

2013. 00 . 00 .

대 표 학 생 : ○ ○ ○ ㊞

확 인 자 : 지도교수 ○ ○ ○ ㊞

4) 구입의뢰 및 청구서

구입의뢰 및 청구서는 재료나 물품 또는 소모품을 구입하고 나서 지급을 의뢰하는 서식이다. 캡스톤디자인 지원금은 선 지급하고 후 정산을 하는 시스템이다. 즉 팀별로 지급을 하고 학교 행정팀에 비용을 청구하여 받는 시스템이다. 따라서 구입의뢰 및 청구서라고 되어있지만, 구입을 의뢰하는 것은 아니다. 구입 후 청구서라고 보는 것이 적당하다.

〈표 4-9〉를 살펴보면, 과제명, 팀명, 지급관련 정보를 적고, 구입품, 규격, 수량, 단가, 총 금액을 기입하게 되어있다. 또 구입 영수증과 구입 사진 그리고 견적서와 타견적서 등을 첨부해야 한다.

〈표 4-9〉 구입의뢰 및 청구서

예산부서	산학협력선도사업단(6441)			
예산출처	국고-교육과정개발비-교육프로그램개발운영비 (422201)			
과제명				
팀명				
지급처	이 름		학 번	
	계좌번호		은행명	

다음의 물품 · 용역등을 구입(업체선정), 청구 하고자 합니다.

연번	구 입 품(건)	규 격	수량	금 액	
				단 가	금 액
1					
2					
3					

합 계					

○ 용도 및 사용계획

* 영수증, 검수사진, 견적서, 타견적서, 거래명세서 첨부

2013. 00. 00

청 구 자 : 대표학생 (인)

확 인 자 : 지도교수 (인)

* 영수증
(해당영수증을 겹쳐지지 않게 풀칠하여 붙임. 공란이 부족할 경우 별첨하여 붙임.)

* 검수사진
(검수사진을 첨부)

5) 멘토링 일지

멘토링 일지는 학생들이 작성하는 것이 아니라 참여 멘토가 작성하는 것이다. 하지만 주요 내용에 대해서는 학생들이 미리 적어가서 멘토로부터 지도를 받고 기록을 남겨두는 것이 멘토링 일지를 작성하는 좋은 방법이다.

〈표 4-10〉에 제시된 멘토링 일지를 보면, 먼저 멘토링 일시와 장소를 적고 참여 학생 명단을 기록한다. 그리고 멘토링의 목적과 멘토링 내용을 구체적으로 적도록 되어있다. 즉 멘토의 지도내용을 중심으로 멘토링 일지를 적으면 된다고 하겠다.

〈표 4-10〉 멘토링 일지

<table>
<tr><td>일 시</td><td colspan="2">2013년 월 일 (시 ~ 시)</td><td>장 소</td><td></td></tr>
<tr><td rowspan="8">참여명단
(부족한 경우
별지 작성)</td><td>성 명</td><td>소 속</td><td>성 명</td><td>소 속</td></tr>
<tr><td></td><td></td><td></td><td></td></tr>
<tr><td></td><td></td><td></td><td></td></tr>
<tr><td></td><td></td><td></td><td></td></tr>
<tr><td></td><td></td><td></td><td></td></tr>
<tr><td></td><td></td><td></td><td></td></tr>
<tr><td></td><td></td><td></td><td></td></tr>
<tr><td></td><td></td><td></td><td></td></tr>
<tr><td>멘토링 목적</td><td colspan="4">•</td></tr>
<tr><td>멘토링 내용
(구체적으로
작성)</td><td colspan="4">•</td></tr>
<tr><td>작성자</td><td colspan="4">멘 토 : (서명 또는 날인)</td></tr>
</table>

6) 캡스톤디자인 출장신청서 및 출장복명서

캡스톤디자인 출장신청서 및 출장복명서는 과제 수행을 위해서 출장을 가게 될 경우에 제출하는 서식이다. 출장신청서는 출장 전에 제출하는 것이며, 출장복명서는 출장 후에 결과보고를 하면서 제출하는 것이다. 출장신청서만 제출할 경우에는 출장비를 지원받지 못한다. 따라서 출장 후에는 꼭 출장복명서를 제출해야 한다.

〈표 4-11〉은 캡스톤디자인 출장신청서 서식이다. 출장자 명단, 출장 일자 그리고 출장장소, 출장사유 등을 기입하면 된다. 〈표 4-12〉는 캡스톤디자인 출장복명서이다. 출장신청서에 출장결과 출장증빙(영수증, 관련 사진, 자료 등)을 추가한 이외에는 큰 차이가 없다.

〈표 4-11〉 캡스톤디자인 출장신청서

		구분	시외
팀 명			
작 품 명			
대 표 참 여 학 생	성 명	학 번	소속학과
	연 락 처		
출장자 명단	성 명	학 번	소속학과
출장일자	년 월 일		
출장장소			
출장사유	상세히 작성할 것		

위와 같이 캡스톤디자인 출장을 신청합니다.

2013년 월 일

신 청 자 : (서명 또는 날인)

담 당 교 수 : (서명 또는 날인)

〈표 4-12〉 캡스톤디자인 출장복명서

구분	시외

팀 명			
작 품 제 목			
출장자 명단	성 명	학 번	소속학과
출장일자	*예시) 2013년 10월 4일 목요일 10:30 ~ 11:30*		
출장장소	*예시) 전자관 (대구 산격동 소재)*		
출장결과	상세히 작성할 것		
청구금액	*※ 공란으로 비워둘 것*		

위와 같이 캡스톤디자인 출장복명서를 제출합니다.

2013년 월 일

청 구 자 : (서명 또는 날인)

증 빙 자 료 첨 부 철

지출항목	교통비

※ *교통영수증, 브로슈어 및 책자, 출장사진 등 첨부*
※ *교통비는 출장대상자계좌로 입금됨(웹정보시스템 등록 계좌(대구은행)로 입금 처리함)*

7) 회의록

회의록은 팀원들 간의 회의를 하고서 그 내용을 기록하는 서식이다. 회의비를 사용하는 것을 전제로 서식이 구성되어 있다. 따라서 회의비를 집행하지 않을 경우에는 회의록을 작성하지 않는 경우가 많다. 하지만 회의록의 역할은 회의 내용을 기록해서 보관하고 팀원들 간에 회의결과를 공유하는 것이다. 따라서 비용집행과 관계없이 회의록을 작성하는 것이 바람직하다.

〈표 4-13〉은 회의록 서식이다. 회의 참석자들의 서명이 필요하며, 회의안건, 회의내용, 회의사진 등을 첨부하도록 되어있다. 경비를 집행했다면 다음 페이지의 영수증 철에 비용 영수증을 붙여서 제출해야 한다. 앞서 말했듯이 비용을 집행하지 않았다면 회의록 양식에 회의 내용만을 기록해두면 되고, 참석자 서명도 필요 없다. 지도교수의 사인을 받아서 회의비를 청구할 경우에만 참석자 사인이 필요하다. 공학관련 캡스톤디자인에서는 최종결과보고서에 회의록을 첨부하기도 한다.

〈표 4-13〉 회의록

<table>
<tr><td>일 시</td><td></td><td>장 소</td><td>*예시) 공학관 1102호*</td></tr>
<tr><td>학과명</td><td></td><td>팀 명</td><td></td></tr>
<tr><td>참석자
명 단</td><td colspan="3">성 명 : ㉫ 소 속 :
성 명 : ㉫ 소 속 :
성 명 : ㉫ 소 속 :
성 명 : ㉫ 소 속 :
성 명 : ㉫ 소 속 :</td></tr>
<tr><td>회의안건</td><td colspan="3">1.
2.
3.</td></tr>
<tr><td>회의내용
(구체적으로 작성)</td><td colspan="3">1.
2.
3.</td></tr>
<tr><td>회의사진</td><td colspan="3"></td></tr>
<tr><td>입금계좌</td><td colspan="3">*예시) 대구은행 000-00-12345 홍길동 (학번 : 0000000)*</td></tr>
</table>

지 도 교 수 : (서명 또는 날인)

영 수 증 첨 부 철

지출항목	회의비

※ 영수증은 겹치지 않게 본양식에 부착을 하고, 스테플러 사용은 하지 말 것.
※ 풀칠로 영수증 첨부 (영수증 세로로 하여 내역 보이도록 풀칠)

3. 캡스톤디자인 과제 종료 후 작성 문서

캡스톤디자인 과제를 마치고 나면 최종적으로 수행결과보고서를 작성해서 제출해야 한다. 수행결과보고서는 공학계열과 비공학계열 등 전공에 따라서 차이가 있다. 광고홍보학 캡스톤디자인은 비공학계열에 해당되므로 상대적으로 간략한 수행결과보고서를 제출한다.

본서에서는 대구사랑 대리운전과 산학연계형으로 캡스톤디자인을 수행한 팀의 최종보고서를 우수사례로 소개하였다. 본 팀은 본선에 진출하였고 장려상 등을 수상하였다. 이어서 공학계 캡스톤디자인 수행결과보고서는 작성 양식만을 제시하였다.

2013년도

캡스톤디자인 수행결과보고서

캡스톤디자인 작품명 : 79가 79에게 추천하는 대구사랑 대리운전

계명대학교 산학협력선도사업단(LINC)의 지원으로 수행된
캡스톤디자인 최종 수행보고서를 다음과 같이 제출합니다.

팀 명	김둘이둘
지도교수	이*훈

1. 일반 정보

<table>
<tr><td>팀 명</td><td colspan="4">김둘이둘</td></tr>
<tr><td>작품 명</td><td colspan="4">79가 79에게 추천하는 대구사랑 대리운전</td></tr>
<tr><td colspan="2" rowspan="3">대 표
참 여 학 생</td><td>성 명</td><td>학 번</td><td>소속학과</td></tr>
<tr><td>이*소</td><td>50****</td><td>광고홍보학과</td></tr>
<tr><td>연 락 처</td><td colspan="2">010 - 7*** - 1***</td></tr>
</table>

<table>
<tr><td>지도교수</td><td>성 명</td><td>이*훈</td><td>학 과</td><td>광고홍보학과</td></tr>
<tr><td>멘토</td><td>성 명</td><td>이태*</td><td>소 속</td><td>애드 ***</td></tr>
</table>

2. 참여학생 및 업무분담표

No	소속학과	성 명	학년	학번	업무내용
1	광고홍보학과	이**	4	50*****	팀장, 슬로건 및 아이디어 도출
2	광고홍보학과	김**	4	50*****	주간업무보고서, SPSS 분석
3	광고홍보학과	김**	4	50*****	멘토링, 회계, PPT 제작
4	광고홍보학과	이**	4	50*****	회의록, 설문지 제작 및 통계
5					
6					
7					
8					
9					
	총	(대표 이** 외 3 명)			

3. 캡스톤디자인 수행 배경

※ 수행계획서에 이미 작성했던 아래의 내용을 요약하여 작성

■ 필수포함내용 (페이지 제한 없음.)

• 캡스톤디자인 수행 주제의 선정 이유 (중요)

최근 무보험가입 대리운전업체 또는 길거리 대리 운전자를 이용함으로써 일어나는 현금도난, 접촉 사고 후 뺑소니, 웃돈 요구로 인한 시비와 폭행, 성폭행, 핸드폰 분실 등으로 술에 취해 대리운전을 이용하는 고객들은 무방비 상태로 범죄에 노출되고 있으며 안전귀가 문제는 가정과 직장에 심각한 사회문제로 대두됨에 따라, 소비자들의 안전에 대한 인식도 함께 높아지고 있어 서비스의 양적 향상보다 질적 향상에 초점을 맞춰야 한다.

이와 같은 현시점에 대구지역 내에서 대리운전 1위 업체인 대구사랑 대리운전 또한 더 나은 서비스를 제공하고자 새로운 마케팅 전략을 필요로 하고 있다. 이에 본 팀은 이 프로젝트를 수행하고자 한다.

4. 캡스톤디자인 수행 과정

※ 다음과 같은 내용을 중심으로 작성

4.1 캡스톤디자인 수행 과정에서 전공 지식의 활용 사례

• 전공기초등 전공 관련 과목 모두 포함

• 건 단위로 작성

1) 광고조사 방법론 : 설문지 제작 방법 및 SPSS 프로그램 활용, 조사 결과 분석

2) 광고기획론 1 : 광고기획서 작성에 대한 기초적이고 전반적인 지식 활용

3) 광고기획론 2 : 광고기획론 1의 심화과정으로 실무적인 광고 기획서 작성 방법 활용

4) 광고카피작성론 : "79가 79에게 추천하는 대구사랑 대리운전" 슬로건 도출

5) 이벤트기획론 : 프로모션 및 이벤트 구성 방법 활용

6) 소비자행동론 : 대리운전 이용 실태에 대한 소비자 행동 및 심리 조사, 분석

4.2 캡스톤디자인 수행 과정에서 참고한 문서 자료

- 논문이나 도서 명
- 일련 번호를 붙여서 나열

1) 대구사랑 대리운전 홈페이지

2) 한국대리운전협회

3) 권익위원회, 대리운전 관련 발표자료

4) 교통문화운동본부, 대리운전 이용 피해 관련 자료

5) 국토교통부, 대리운전 실태 조사 및 정책연구

6) 한국교통연구원

7) 검색엔진 https://www.google.co.kr

https://www.naver.com

4.3 캡스톤디자인 수행 과정에서 고려한 요구 사항과 제한 사항

- 캡스톤디자인 결과물을 위한 요구 사항
- 캡스톤디자인 결과물이 가지는 현실적인 제한 사항
- 각각 건 단위로 작성

〈 요구사항 〉

1) 친구와 관련된 아름다운 사연, 이벤트, 응모, 대회 등등 신문광고를 보고

술자리나 모임에서 회자 될 수 있는 스토리를 만들어라

2) 주요 타겟 30 - 50대

3) 흥미성 - 흥미를 가지고 참여할 수 있고, 보는 사람 또한 재미있는 아이디어
연속성 - 1회성 단발이 아니라 소재를 변경해서 지속가능한 시리즈
현실성 - 실현가능하고 예산에서 큰 문제가 없는 아이디어

4) 이벤트나 행사가 대구사랑 대리운전, 혹은 친구와 연관성이 있어야 하고 홈페이지를 활용한 프로모션이 이루어지면 좋다.

〈 현실적인 제한 사항 〉

1) 대리운전 할인이나 무료행사 불가

2) 사은품은 가능

4.4 캡스톤디자인 수행 과정에서 발생한 문제점과 이의 해결 사례

- 기술적, 공학적인 문제 혹은 그 외에 발생한 문제와 이의 해결 사례
- 건 단위로 작성

1) 설문지 : 1차 설문지의 문항수가 너무 많아 설문 응답자의 불만 발생
1차 설문지 문항 완성도 부족 및 오탈자
→ 1차 설문지 미흡한 점을 보완 수정 후 설문지 2차 배부

2) 1차 타깃팅 범위 오류 → 2차 타깃팅 범위 재조정(대리운전 이용자 → 대구사랑 대리운전 이용자)

5. 캡스톤디자인 수행 결과 및 고찰

5.1 캡스톤디자인 결과물에 대한 설명

- 캡스톤디자인 결과물의 기본적인 동작, 검증 결과 등에 대한 설명
- 사진, 실험 결과 등의 추가 자료 제시

대구사랑 대리운전이 실질적으로 가지고 있는 현재의 문제점에 대해 고찰하고, 설문조사로 소비자 인식을 알아본 결과 업체에 대한 인지도는 높았지만 대리운전 업계의 부정적인지로 인해 충성고객 확보가 아닌 1회성 소비에 불과한 소비자 태도를 알 수 있었다. 이런 상황에서 대구사랑 대리운전은 감성적 소구가 필요한 것으로 판단되었고, 그에 대한 결과물로 '친구가 친구에게 추천하는 대구사랑 대리운전'이라는 슬로건을 확보하게 되었으며 이를 바탕으로 한 프로모션을 계획하였다. 매체 선정은 주 타겟층인 30대~50대의 정보 소비 루트를 보았을 때 현재 가장 많이 이용되고 있는 4대 전통 매체 중 하나인 신문과 카카오톡 플러스 친구와 카카오 스토리였으므로 이를 토대로 프로모션을 구성해 보았다.

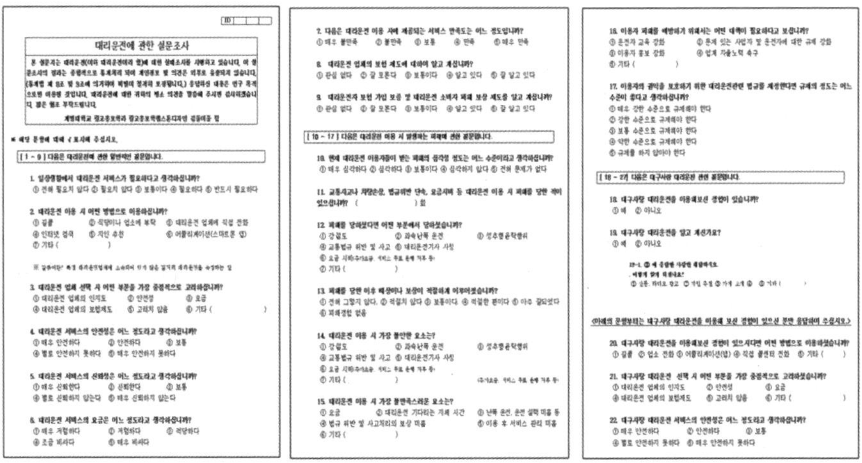

〈 실제 집행된 설문조사 1 〉

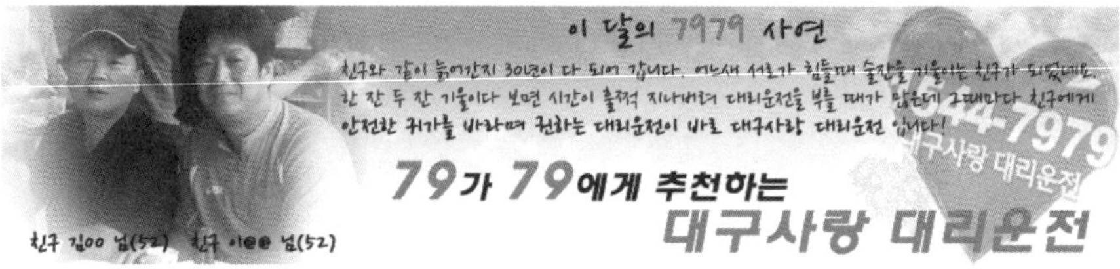

〈 신문지면 광고 예시 1 〉

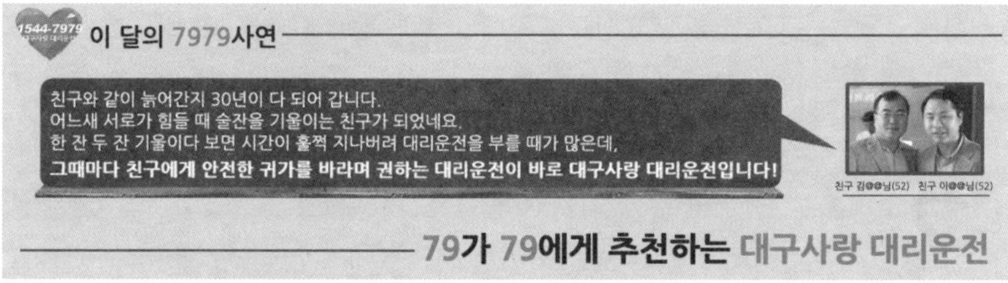

〈 신문지면 광고 예시 2 〉

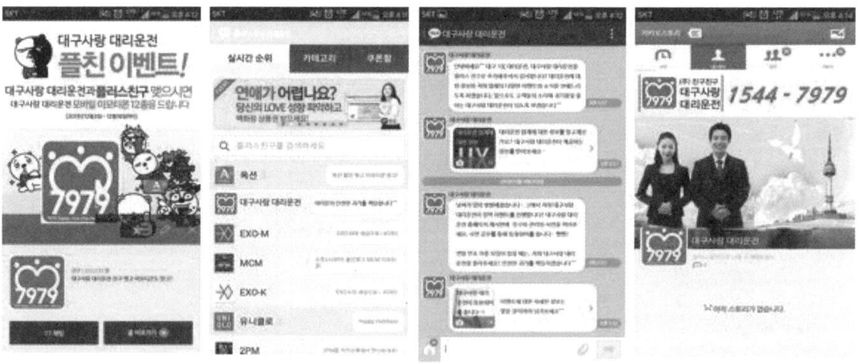

〈 왼쪽부터 플러스 친구 / 카카오 스토리 예시 3, 4, 5, 6 〉

5.2 캡스톤디자인 결과물의 향후 개선 사항

- 향후에 개선될 여지가 있는 점에 대한 기술

  - 소비자 태도를 조사하기 위하여 대구사랑 대리운전을 이용해본 고객들에 한하여 설문조사를 시행했었다. 설문지에 참여하는 사람들에게 소정의 사은품을 제공했었지만, 전문 리서치 기관도 아니고 학생이 진행하는 프로젝트다보니 참여도가 낮았다. SPSS 프로그램을 통해 설문조사 결과를 분석했지만, 신뢰하기에는 표본이 많이 부족하였다. 좀 더 많은 사람들을 대상으로 설문조사를 하여 프로모션에 대한 신뢰 있는 근거를 도출해서, 그것을 바탕으로 프로모션에 반영한다면 좀 더 나은 결과물을 도출할 수 있었을 것이다.

  - 프로모션을 실제로 진행하지 않았기 때문에 실제 고객들의 참여나 반응을 알지 못한다. 프로모션을 실제로 진행할 시간적 여유가 있었다면 결과물에 반영할 수 있었을 것이다. 그러므로 만약 향후에 실제로 진행이 된다면 고객들의 반응을 살펴보고 다시 프로모션을 수정 보완하여 개선하도록 한다.

  - 광고주가 원했던 것은 소비자 태도에 초점을 맞추어 캡스톤을 진행하는 것이었다. 하지만 막상 프로젝트를 시작하니 소비자 태도 조사에 필요한 표본을 구하는 것이 상당히 어려웠다. 그래서 소비자 태도보다는 프로모션 기획서와 같은 결과물이 나오게 되었다. 그래서 향후에 설문조사, FGI, 개인 심층인터뷰 등을 통해 좀 더 심층적인 진행을 한다면, 소비자 태도를 심도 있게 분석할 수 있을 것이다.

• "만약 내년에 다른 팀이 이 주제로 캡스톤디자인을 한다면 어떤 것을 추가하면 좋을까?" 혹은 "좀 더 시간이 있었다면 어떤 것을 더 했으면 좋았을까?"라는 취지의 질문을 스스로에게 하고 이에 답하는 형식으로 작성

Q. 만약 내년에 다른 팀이 이 주제로 캡스톤디자인을 한다면 어떤 것을 추가하면 좋을까?

A 1) 프로모션 기획만 하는 것이 아니라, 실제로 프로모션을 짧게라도 진행해보았으면 좋겠다. 그래서 그 반응을 분석하고 다시 수정 보완하여 그것을 바탕으로 좀 더 나은 결과를 도출했으면 한다.

A 2) 이번 캡스톤 수업에서는 모든 조가 각기 다른 주제로 진행을 하였다. 그런데 다음 학기에는 같은 주제로 2, 3개의 조가 진행하여 결과물을 비교하였으면 좋겠다. 아무래도 한 주제로 1개의 조만 진행하다보니, 스스로 잘하고 못한 부분을 검토하기가 어려웠다. 만약 같은 주제로 다른 조에서도 진행했다면 우리 조에 대해서 객관적으로 검토할 수 있었을 것이다.

Q. 좀 더 시간이 있었다면 어떤 것을 더 했으면 좋았을까?

A. 사실 굉장히 아쉬웠던 것이 다양한 설문조사를 해보지 못했다는 것이다. 시간적 여유가 없었고 표본을 구하기가 너무 어려웠다. 그래서 좀 더 시간적 여유가 되고 충분히 신뢰할 만한 표본으로 조사를 진행했다면 더 좋았을 것 같다. 설문지만 돌리는 것이 아니라, FGI도 하고 개인 심층인터뷰도 하고 다양하게 접근한다면 소비자 태도 조사에 여러 가지 근거를 도출할

수 있었을 것이다.

6. 수행 후기

※ 앞에 포함되지 못한 내용 혹은 수행과정에서 느낀 점, 건의하고 싶은 점에 대해서 자유롭게 기술

- 캡스톤 교육 일정에 구글플러스 교육이 좀 더 많이 포함되었으면 합니다. 구글플러스를 배워보니 팀 프로젝트를 진행함에 있어서 굉장히 유익한 프로그램이라는 생각이 들었습니다. 그래서 캡스톤 진행을 10월에 하니까, 그 전에 9월 한 달 동안 구글플러스 드라이브를 이용하여 팀 프로젝트를 진행하는 방법을 익혔으면 합니다. 이번 캡스톤 교육에서는 사전, 사후로 2번씩만 진행하여 사실 구글플러스를 충분히 익히기엔 시간이 부족하였던 것 같습니다. 다음 학기 진행에서는 사전 한 달 동안 교육을 충분히 하여 많은 학우들이 구글플러스를 통해 프로젝트 진행에 많이 이용하였으면 좋을 것 같습니다.

- 비공학 계열은 실제 어떤 물체를 만들기보다는 컴퓨터작업(PPT, 포토샵 등)을 통해 결과물을 만들어내는 것이 많습니다. 실제적으로 재료비를 사용한다하더라도 설문지 복사비나 설문지 사은품 정도입니다. 차라리 재료비의 비율을 낮추고 스터디룸을 비공학 캡스톤디자인 팀들에게 제공하는 것이 나을 것 같습니다. 매번 PC실이나 빈 강의실을 찾기가 어려웠습니다. 스터디룸을 따로 신청하려니, 이미 다 차있어서 그마저도 어려웠습니다. 그래서 비공학 계열에게는 모여서 아이디어를 논의하고 컴퓨터 작업을 할 수 있는 스터디룸을 제공해주었으면 좋겠습니다.

- 캡스톤디자인을 진행함에 있어서 시간적, 공간적 제한을 둔 것이 너무 불편했습니다. 모든 학생들이 성서에만 사는 것도 아니고, 동성로에서 만나는 경우가 많습니다. 그리고 평일에는 다른 학업으로 인해 야간이나 주말에 만나는 경우도 많았는데, 그때는 회의비도 못 쓰고 여러 제약이 많아서 굉장히 불편했습니다. 또 하루에 두 번, 세 번 모임을 가질 수도 있는데, 영수증 발부를 하루에 한 번만 가능하도록 제한해두어서 불편했습니다. 향후에는 주말과 야간에도 영수증 발부가 자유롭고 좀 더 유연하게 진행되었으면 하는 바람입니다.

- 김** : 캡스톤디자인이라는 것은 우리 스스로가 설계부터 완성까지 직접 프로젝트 하나를 완수해 나가는 것인데 그런 의미에서 공모전보다 더 심도 깊은 체험이 되었던 것 같다. 공모전은 단순히 가정 하에 이루어지는 미션이라면 캡스톤은 실제 클라이언트와 접촉하고 광고대행사 관계자분들까지 함께 만나 실무적인 경험을 해 볼 수 있었던 것이었기 때문에 의미 깊었다.

- 김** : 학교에서 주어진 과정에 맞추어 과제 수행을 하는 것이 아니라 산업체에서 실제로 필요로 하는 과제를 학생 스스로가 기획하여 결과를 도출해봄으로써 실제 광고 회사에서 인턴해보는 것과 같은 과정을 겪었다. 이를 통해 협력의 중요성에 대해 다시 한 번 느낀 소중한 시간이었다.

- 이** : 여타 공모전들과는 달리 실제 업체에서 요구하는 사항에 맞추어서 프로젝트를 진행함으로써 실무 경험을 할 수 있어서 유익했다. 또 한학기동안 진행하면서 프로젝트를 완수하기 위해 여러 가지 시도를 해 볼 수 있어서 좋았다. 그리고 학교에서 재정적으로 지원해주어서 더 여유롭게

진행할 수 있었다. 앞으로 비공학계열도 캡스톤디자인이 많이 활성화되길 바란다.

- 이** : 캡스톤디자인이 공모전과는 또 다른 배움이 있어서 4학년 끝자락에 많은걸 배워가고 얻어가는 것 같다. 기업과 매칭 하여 직접 클라이언트와 얘기도 나누고 아이디어를 제출하고 또 팀원들과 자료조사와 정리. 아이디어를 도출하는 그 과정이 앞으로 내가 나아가야 할 길을 미리 보고 체험할 수 있어 참 좋은 밑거름이 되었다. 감사합니다.

② 캡스톤디자인 수행결과보고서(공학)

2013년도

캡스톤디자인 수행결과보고서

캡스톤디자인 작품명 : ______________________

계명대학교 LINC사업단 지원으로 수행된

캡스톤디자인 최종 수행보고서를 다음과 같이 제출합니다.

<table>
<tr><td colspan="2">팀 명</td><td></td></tr>
<tr><td colspan="2">지도교수</td><td></td></tr>
<tr><td rowspan="2">참가자</td><td>학과</td><td></td></tr>
<tr><td>대표학생</td><td></td></tr>
</table>

계명대학교 LINC사업단 귀하

목 차

1. 일반 정보

<table>
<tr><td>팀 명</td><td colspan="5"></td></tr>
<tr><td>작품 명</td><td colspan="5"></td></tr>
<tr><td colspan="2" rowspan="3">대 표
참 여 학 생</td><td>성 명</td><td colspan="2">학 번</td><td>소속학과</td></tr>
<tr><td></td><td colspan="2"></td><td></td></tr>
<tr><td>연 락 처</td><td colspan="3"></td></tr>
<tr><td>지도교수</td><td>성 명</td><td></td><td>학 과</td><td colspan="2"></td></tr>
</table>

2. 참여학생 및 업무분담표

No	소속학과	성 명	학년	학번	업무내용
1					
2					
3					
4					
5					
6					
7					
8					
9					
	총	(대표 외 명)			

3. 캡스톤디자인 수행 배경

※수행계획서에 이미 작성했던 아래의 내용을 요약하여 작성

3-1 현황

3-2 목적 및 필요성

3-3 주제 선정을 위한 브레인스토밍

4. 설계요소

4-1 목표설정

4-2 개념설계 및 평가

4-2-1 개념설계

4-2-2 현실적 제한조건을 반영한 설계안 평가

설계안	현실적 제한조건	평가내용	비고
	경제성		
	실행가능성		
	생산용이성		
	안전성		
	내구성		
	심미성		

4-3 상세설계

4-4 작품제작

4-5 시험 및 평가

5. 캡스톤디자인 수행과정을 통한 학습성과 자체평가

(※5. 학습성과 자체평가 항목은 공학인증 참여학과에 해당)

※캡스톤디자인 수행 과정에서 아래 다섯 가지 측면에서 스스로의 수준 및 능력을 평가하되 반드시 그 평가 근거를 제시(아래 5-1 ~ 5-5에 대한 내용을 표 등을 활용하여도 됨)

5-1 활용된 수학, 기초과학, 공학적 지식과 이론의 수준

5-2 수집된 자료의 양과 수준

5-3 고려된 설계 요건 및 제한 조건의 타당성

5-4 제기하고 해결한 문제의 수준

5-5 상호 의사 전달 능력 수준

6. 캡스톤디자인 수행 결과 및 고찰

6-1 캡스톤디자인 결과물에 대한 설명

- 캡스톤디자인 결과물의 기본적인 동작, 구현된 결과 등에 대한 설명
- 사진, 실험 결과 등의 추가 자료 제시

6-2 캡스톤디자인 결과물의 향후 개선 사항

- 향후에 개선될 여지가 있는 점에 대한 기술
- "만약 내년에 다른 팀이 이 주제로 캡스톤디자인을 한다면 어떤 것을 추가하면 좋을까?" 혹은 "좀 더 시간이 있었다면 어떤 것을 더 했으면 좋았을까?"라는 취지의 질문을 스스로에게 하고 이에 답하는 형식으로 작성

7. 팀 기본 규칙

8. 회의록

Capstone Des

Capstone Des

Chapter 5

상황분석

모든 기획서는 상황분석에서 시작된다. 상황분석을 통해서 해결해야 할 문제점을 도출하고 적절한 해결방안을 제안하는 것이 기획서의 요체이기 때문이다. 상황분석이 바르게 되어야 문제점을 제대로 파악할 수 있다. 무엇이 문제점인지를 정확하게 진단하는 과정이 상황분석이라고 하겠다. 또 정확한 문제진단이 올바른 해결방안을 도출하는 출발점이기 때문에 상황분석을 광고기획에서 있어서 가장 중요한 단계라고 하겠다.

기업의 커뮤니케이션 문제해결을 위해서 분석을 해야 할 요소들은 매우 다양하다. 즉 상황분석의 대상이 광범위하고 제대로 된 분석을 하기 위해서는 많은 시간과 노력이 필요하다는 뜻이다. 본서에서는 환경분석, 소비자분석, 제품분석, 경쟁자분석, SWOT분석을 중심으로 상황분석에 대해서 살펴보았다.

1. 환경분석

환경분석은 기업을 둘러싸고 있는 모든 요소에 대한 조사를 의미한다. 기업을 둘러싸고 있는 환경은 매우 변화무쌍하게 움직인다. 기업은 이러한 환경에 적절히 대응하지 못할 경우, 그 생존까지 위협을 받을 수 있다. 불과 20년 전만 해도 필름 제조회사로 전 세계를 호령하던 코닥은 지금 그 존재감이 거의 없다. 휴대폰 시장의 영원한 1월 노키아는 마이크로소프트에 인수되는 비극을 겪었다. 두 회사 모두 변화하는 환경에 제대로 대응하지 못해서 생긴 결과이다.

그렇다면 기업의 커뮤니케이션 기획을 위한 환경분석에는 어떠한 것들이 있을까?

1) 경제 지표

광고만큼 경기에 민감한 기업 활동도 없다. 불황기에는 대다수 기업들이 광고비를 줄이면서 몸집을 가볍게 한다. 따라서 지금이 호황기인지, 불경기인지 경기 사이클을 분석하는 것이 중요한 일인 것이다. 호황기에는 과감한 투자가 필요하고 불황기에는 불요불급한 비용을 줄이면서 선별적인 투자를 하는 전략이 바람직하다.

그렇다고 기업의 커뮤니케이션 활동이 불황기에 위축되는 것만은 아니다. 불황기를 오히려 기회로 삼아서 성장하는 기업들도 많다. 특히 불황기에 적극적으로 광고를 하면 경기가 다시 회복되었을 때 시장에서 선두로 치고 나갈 수 있는 기회를 만들 수 있다.

경기 분석은 주로 경제 지표를 중심으로 한다. GDP 성장률, 경상수지, 무역외수지, 실업률, 금리, 환율, 부동산 가격, 채권 동향, 주식시장 현황 등이 경기를 분석하는 요인들이다. 국민들의 소득수준이나 가처분 소득과 같은 개념도 기업의 환경분석에서 꼭 살펴보아야 할 요인들이다. 이러한 경제 지표들과 친숙해지기 위해서는 경제신문을 읽는 것이 좋다. 경제신문을 읽다보면 경제에 대한 감각과 경기 사이클에 대한 이해를 보다 폭 넓게 할 수 있게 된다.

2) 기술 발전

기업의 경영환경으로 기술 발전을 추적하는 일도 끊임없이 해야 한다. 새로운 기술이 그 기업 고유의 상품이나 서비스에 미치는 영향이 크기 때문이다. 예를 들어 지금의 모바일 기기는 블루투스 기술을 통해서 서로 무선으로 연결이 된다. 그런데 가전제품을 기획하면서 블루투스 기술에 대해서 무지하다면, 경쟁사보다 좋은 제품을 만들 수 없게 된다. 휴대전화 통신기술의 발전은 호출기를 시장에서 퇴출시켰다. 이 또한 기술 발전이 만들어낸 변화인 것이다.

특히 최근에는 인터넷 통신 기술의 발전이 모든 기업의 업무나 상품에 영향을 미치고 있다. 사물 인터넷, 웨어러블 PC와 같은 새로운 개념이 등장하고 선도적인 상품들이 등장하면서 제품의 사이클이 점차 짧아지고 있다. 따라서 기술 발전 양상을 끊임없이 모니터링 하면서 우리 기업에 미칠 영향을 분석하고 대응 방안을 마련하는 작업을 쉼 없이 해야 하는 것이다.

대리운전 사업도 기술 발전에 따라서 변화를 보일 가능성이 높다. 2013년 캡스톤디자인에 참여했던 대구사랑 대리운전은 신문광고 등 매체의 확대를 주로 요구했지만, 기술발전에 따라서 대리운전 비즈니스가 어떻게 변할 것인지도 한번 살펴볼 필요가 있다. 이용자가 대리운전 앱을 작동하면 주변에 대리운전 기사의 위치, 그리고 가격 등이 보이는 서비스를 개발한다면 대리운전 회사를 거치지 않고 소비자와 대리운전 기사가 직접 커뮤니케이션하는 시대가 올 수도 있다. 이러한 앱이 개발되고 소비자와 대리운전 기사 간에 신뢰의 네트워크가 형성된다면 대리운전 회사의 입지는 매우 좁아 질 것이다.

3) 문화와 유행

문화는 특정 사회 속에서 구성원들이 습득한 사고나 행동의 집합으로 무형적이고 비가시적이며, 놀이문화나 패션처럼 사람들의 욕구를 충족시켜 준다.[6] 따라서 문화는 사람들의 소비행동에 큰 영향을 미치며, 특정 문화가 유행을 만들어서 소비의 동조현상을 만들어내기도 한다. 문화와 유행을 분석하면 그 사회 그 시대의 트렌드를 예측할 수 있다. 트렌드에 적응하고 때로는 트렌드를 리드하는 것이 소비자를 대상으로 하는 기업에게는 필수적인 요소인 것이다.

또 어떤 문화권에 사는 지가 광고활동에 영향을 미치기도 한다, 우리나라와 같은 동양권의 나라들은 서양에 비해서 고맥락 문화를 지니고 있다. 고맥락 문화는 커뮤니케이션의 내용보다는 관계에 치중한다. 따라서 무엇을 이야기했나 보다

6) 남승규(2009), 『소비자 분석』, 서울 : 학지사, p.120.

는 누가 특히 나와 어떤 관련이 있는 사람이 어떤 관계로 이야기했는지를 중시한다. 서양의 저맥락 문화가 메시지와 내용 위주로 커뮤니케이션 하는 것과 상대적이다. 그 결과 동양에서는 빅 모델전략을 더 많이 활용한다. 광고카피보다 광고모델에 더 신경을 쓴다는 것이다. 서양에서도 빅 모델을 활용하기는 하지만, 그 활용 정도가 우리나라와 같은 동양권과 비교가 되지 않을 정도로 적은 편이다.

4) 사회와 정치

사회의 변화 양상도 기업의 환경분석의 대상이 된다. 인구가 증가한다든지 노인인구의 증가 또는 1인 가구의 증가와 같은 사회적 변화는 특정 기업에게 기회 또는 위기 요인으로 작용한다. 중대형 평형 위주로 아파트를 짓고 있는 건설회사에게 1인 가구의 증가는 매우 부정적인 뉴스가 될 것이다. 혼자서 큰 평수의 아파트에 살 사람이 많지 않기 때문이다. 노인인구의 증가는 양로원, 헬스케어, 노인용품 사업 등 실버산업을 준비하는 사람들에게는 매우 좋은 정보가 될 수 있다. 이러한 사회구조의 변화를 모니터링해서 기업의 경영에 대응하는 것이 필요한 것이다.

우리 사회가 지금 당면하고 있는 문제 중 하나가 저출산이다. 학령인구의 감소로 대학정원을 지금보다 5년 이내 10만 명 이상 줄여야 한다. 그렇지 않으면 입학생이 없어서 문을 닫는 대학이 생길 수밖에 없다. 따라서 저출산의 사회구조가 우리 기업에 어떤 영향을 미칠지를 세밀히 분석해야 한다.

끝으로 정치 제도나 환경에 대한 분석도 해야 한다. 대통령 선거, 지방 선거와 같은 정치적 이벤트가 있는 해에는 현금이 많이 풀려 인플레를 가져올 수 있다. 또 보수정당이 집권할 경우, 아니면 진보정당이 집권할 경우에 따라서 기업 운영

환경이 바뀐다. 보수정당은 경제발전에 방점을 찍는다면 진보정당은 경제민주화나 공정한 분배에 더 관심을 갖게 된다. 또 정치적으로 불완전한 시기에는 기업 활동이 위축되기도 한다. 따라서 정치 제도나 환경 나아가서 정치적 안정화 여부도 기업이 분석해야 할 환경으로 작용한다.

2. 소비자분석

•
•
•

'훌륭한 타자는 투수처럼 생각하고 훌륭한 투수는 타자처럼 생각해야 한다.'는 말이 있다. 또 '훌륭한 낚시꾼은 물고기처럼 생각한다.'라는 말도 있다.[7] 이 말들이 뜻하는 바는 소비자의 시각에서 생각하지 않고서는 제대로 된 커뮤니케이션 기획을 할 수 없다는 것이다. 그래서 소비자분석은 앞서 언급한 환경분석 이상으로 중요하다. 광고홍보 활동은 결국 소비자에게 적절한 메시지를 제공해 주는 것이다. 메시지가 공감을 얻고 효과를 발휘하기 위해서는 소비자가 어떤 사람인지를 파악하는 것이 급선무라고 하겠다.

1) 소비자의 구매행동 분석

소비자분석에서 가장 먼저 해야 할 것이 소비자의 구매행동을 분석하는 것이다. 어떤 문제인식이 될 때 우리 제품을 구매하는지, 그 전에 어떤 정보탐색과 대안평가를 하는 지 등을 분석해야 한다. 또 얼마나 주기적으로 얼마나 많이 구매하는지 또는 사용하는지와 같은 구매행동 분석은 소비자분석의 출발점이다. 많은 양을 잦은 빈도로 구매하는 소비자가 가장 먼저 공략해야 할 대상이 된다.

---

7) 신강균(2011), 『광고기획론』, 서울 : 한경사. p.48.

소비자가 우리 제품이나 서비스를 어떤 이유로 구매하는 지도 분석을 해야 한다. 반대로 어떤 이유로 우리 제품이나 서비스를 구매하지 않는 이유도 함께 분석해야 한다. 그래서 구매하지 않는 소비자에게는 어떤 메시지를 전달해야 효과적인지, 구매를 하는 소비자들에게 어떤 메시지로 강화를 시켜야 효과적인지를 분석해야 한다. 또 구매이유가 확실하더라도 구매를 꺼리에 하는 요인이 있는지도 살펴보아야 한다. 예를 들어 가족이나 준거집단 또는 사회적 규범이 구매행위에 영향을 미칠 수 있기 때문이다. 또 유통의 문제와 같이 구매하고 싶어도 소비자들이 잘 접근하지 못할 수도 있기 때문에 구매상황에 대한 분석도 실시해야 한다.

2) 브랜드 접점 분석

최근 들어 소비자분석에서 많이 도입되는 개념이 소비자들의 브랜드 점촉점을 찾는 것이다. 브랜드 접촉이란 소비자가 브랜드나 제품, 서비스에 관한 정보를 얻는 모든 접촉 경험을 말한다. 브랜드 접점 분석에서는 먼저 브랜드 접점을 찾아내고 커뮤니케이션을 하기 위해 찾아낸 브랜드 접점들 중에서 어떤 것이 중요한 것인지를 평가하는 작업이 수반된다.[8)]

매체가 다양해지면서 브랜드 접점 관리는 중요성이 더 높아지고 있다. 소비자들이 브랜드를 접촉할 수 있는 매체가 증가했기 때문이다. 따라서 증가된 접점을 효율적으로 관리하기 위해서는 정기적인 매체 조사가 필요하다. 시청률, 열독률, 이용률 등 매체조사 자료를 분석해서 소비자들의 매체이용 행태의 변화를 추적해야 한다. 특히 인터넷과 모바일 광고 비중이 증가하고 BTL 활동이 활발하게 증

8) 신강균, 앞의 책, p.54-55.

가하는 추세에 있기 때문에 브랜드 접점 관리를 더 정교하게 수행해야만 한다.

3) 정기적 소비자 조사

소비자분석은 정기적인 조사를 지속적으로 실시하여 그 변화 추이를 함께 파악해야 한다. 그래서 한국방송광고진흥공사와 같은 미디어렙이나 제일기획과 대형 광고회사들은 매년 소비자 조사를 실시한다. 정기적인 소비자 조사는 주로 라이프 스타일, 구매행동, 매체접촉행동과 같은 세 가지 영역을 중심으로 이루어진다. 각 영역별로 주로 조사하는 내용은 다음과 같다.

- 라이프 스타일
  - (1) 한국인은 어떤 사람인가?
  - (2) 한국인의 의식구조
  - (3) 한국인의 의식주
  - (4) 한국인의 소비생활
  - (5) 한국인의 여가생활
  - (6) 한국인의 사회생활
  - (7) 한국인의 생활유형 등에 관한 내용

- 구매행동
  - (1) 식품
  - (2) 제약
  - (3) 화장품과 생활용품
  - (4) 의류와 제화
  - (5) 수송 기기

(6) 전기전자

(7) 가정용품과 주택용품

(8) 서비스 업종의 구매행동 등

- 매체접촉행동

(1) 매체 이용량

(2) 목적에 따른 매체접촉행동

(3) 광고선호도

(4) 구매 시 광고 영향력 등

4) 디지털 매체 효과 조사

소비자 조사에서 최근 변화하고 있는 모습은 디지털 매체의 등장과 확산으로 기존 시청률이나 광고효과 측정의 방법을 개선하고 보다 정확한 측정을 위한 노력들이 국내외에서 이루어지고 있다는 점이다. 특히 기존 광고효과 측정 방식을 개선하는 노력과 크로스 플랫폼 광고효과 측정을 위한 측정지표 개발을 목적으로 하는 움직임이 활발하며 그 측정은 TV 프로그램을 대상으로 하거나 광고 캠페인을 대상으로 하고 있다.[9] 〈표 5-1〉은 국내외 광고효과 측정지표 개발 현황을 요약한 것이다. 이중 몇 가지를 구체적으로 살펴보았다.

9) 이승엽(2013), 스마트 광고효과 측정지표 개발 관련 업계 동향, 『트렌드 포커스』

〈표 5-1〉 국내외 광고효과 측정지표 개발 현황

목적 \ 대상	TV 프로그램	광고 캠페인(TV · PC · 온라인)
기존 광고효과 측정방식의 개선	• Twitter TV Ratings (美, Nielsen) • CoB(韓, CJ E&M) • PEI(韓, Kobaco)	• Online Campaign Ratings (美, Nielsen) • Brand Activate Initiative (美, Google) • 3MS Initiative(美, IAB, ANA, 4A's)
크로스플랫폼 광고효과 측정지표 개발	• Digital Program Ratings (美, Nielsen) • 다매체 통합시청률 측정지수 개발(韓, 닐슨코리아) • CIMM(美, 기업연합체)	• Cross-Platform Campaign Ratings(美, Nielsen) • CIM(韓, CJ E&M)

출처 : 이승엽(2013)

① Cross-Platform Campaign Ratings(XCR)

닐슨은 TV와 온라인의 각기 다른 특정방법을 통일시키기 위해서 OCR(Online Campaign Ratings)을 개발한바 있다. 이에 따라 TV와 온라인이 결합되어 두 가지가 동시에 노출되는 크로스플랫폼의 광고효과가 어떠한 영향을 미치는지 알아보고자 2012년 10월 Cross-Platform Campaign Ratings(XCR)을 발표하였다. Cross-Platform Campaign Ratings는 광고주 및 대행업체들이 TV, 온라인 광고 캠페인을 위한 가장 적합한 미디어 조합을 찾아낼 수 있도록 하는데 목적을 두고 Cross-Platform 광고 예산 대비 브랜드 효과를 극대화 시킬 수 있도록 하였다. TV와 온라인의 중복노출 이용자를 측정하기 위해 TV의 경우 기존의 NPM(Nielsen People Meter)를 통하여 광고에 닐슨 오디오 코드(Nielsen audio code)을 삽입하여 광고를 구별 수집하였고, 온라인 광고의 경우 OCR을 통한 광고 태그(Tag)를 삽입(Nielsen Online Campaign Ratings tag)하여 광고를 노출을 분석하였다.

이것은 각기 매체의 특성에 따른 가중치를 주어 통합적 효과를 조사하기 보다는 TV는 기존의 피플미터 패널을 사용하고 온라인 또한 OCR 조사로 측정하여 TV+온라인 중복 노출을 별도의 싱글소스패널(cross platform home panel)을 구성하여 각각의 광고효과를 개별적으로 측정하여 제시한 것이라고 할 수 있다.

② 3MS(Making Measurement Make Sense) Initiative

3MS(Making Measurement Make Sense) Initiative는 IAB(Interactive Advertising Bureau, 미양방향광고협회), ANA(Association of National Advertisers, 미광고주협회), 4A(American Association of Advertising Agencies, 미국광고대행사협회)가 공동으로 다양한 디지털 미디어의 광고효과를 비교, 측정하는 것을 목적으로 2011년 2월에 설립하였다. 즉 3MS는 디지털 미디어 광고를 측정하기 위해 크로스 플랫폼 환경에서 디지털 미디어에 대한 명확하고 일관된 측정지표의 표준을 개발하여 업계에 보급함으로써 급격한 변화가 이루어지는 미디어 환경에서 대응하는 것을 설립의 목적이라고 하겠다.

3MS Initiative는 디지털 미디어의 광고효과 측정지표로 Viewable impression과 Digital GRP을 사용하였는데 Viewable impression은 화면상에 광고 면적의 50% 이상이 최소 1초 이상 노출된 회수를 1회로 측정하는 것으로 정의하였다. 이를 위하여 미디어 평가 협회(Media Rating Council, MCR)가 음향검색을 통한 예비조사를 통하여 가능성을 실험하고 반영하였으며, 많은 광고매체에 적용할 수 있도록 측정표준을 개발하여 다양한 방법으로 유효성을 계속적으로 검증하

고 있다. Digital GRP는 Viewable impression을 바탕으로 광고의 도달률(reach)과 빈도(frequency)를 측정한 자료에 연령, 성별, 인종 등 인구통계학적 특성을 더하여 GRP를 산출하는 방식을 사용하였다.

③ CIMM(Coalition for Innovative Media Measurement)

미국에서 2009년 10월, 대형방송사, 광고주, 광고대행사 15개사가 기존의 TV 시청률 조사방식을 개선하고 새로운 조사방법을 개발하기 위한 연합체로 CIMM을 결성하였다. CIMM은 두 가지 상황을 개선하기 위해서 개발되었는데 첫 번째로는 TV 시청률 조사방식에서 리턴패스 데이터를 이용하여 시청률 조사방법을 향상시키는 것이었고 두 번째로는 크로스 플랫폼의 측정 문제를 해결하는 것이었다. 적용되는 플랫폼은 TV 셋탑박스를 이용한 TV시청 및 노출, 웹 태그를 이용한 웹 사용과 노출, 모바일 기기를 이용한 모바일 웹 사용 및 노출, PC 온라인 패널을 이용한 데모, 검색, 사이트 방문 등에 대한 기록을 측정하고 다중 매체 이용과 캠페인 노출의 정도를 이해하고 사용자의 이용을 분석하여 캠페인 효과를 극대화하기 위해서 개발되었다.

ComScore에서는 2011년 가을에 5주에 걸쳐 CIMM에 대해서 주요 22개 주의 패널 가구 조사를 실시하였다. 이 연구에서는 10,000명의 시청자와 1,000명의 모바일 인터넷 사용자를 조사하였다. 여기서 모바일 인터넷 참여자의 경우 아이폰에서 애플리케이션을 다운받아 매일 매시 30분마다 "주로 보는 방송 채널은 무엇인가?", "방송은 어떤 기기로 시청하는가?", "지금 보고 있던 뉴스 사이트는 무엇인가?"등을 질문에 조사를 하였다. 조사결과 TV만 사용하는 사람은 72%, 디지털 매체만 사용하는 사람은 11%, 다중 매체 사용자는 17%로 나타났으며, TV 시청자를 100으로 봤을 때 TV와 온라인을 모두 이용하는 사람은 125로 다중 매체를 이용하는 사람에게 더 많은 영향력을 미치는 것으로 나타났다.

앞서 이야기한 바같이 TV시청률측정에서 기존의 피플미터(people Meter)을 이용한 패널조사가 아닌 디지털 셋톱박스를 이용한 전수조사 방식을 취하였는데 이 조사방식은 셋톱박스의 신호인 리턴패스데이터(Return Path Data, RPD)를 이용하여 셋톱박스 이용가정의 모든 TV의 시청률을 조사하는 방식이다. 이러한 리턴패스데이터 방식은 피플미터를 이용한 패널조사 방식에 비해서 더 많은 장점을 가지고 있는데 전수조사에 근접한 시청률 표본을 조사하여, 롱 테일(long-tail) 시청형태를 측정할 수 있고 또 피플미터 패널을 유지하기 위해 필요한 비용과 노력을 절약할 수 있다. 또한 시청자에서 가입자 입력 등의 별도의 조작 행동을 필요로 하지 않기 때문에 피플미터 패널의 의식적 행동이나 비협조, 참여 피로감의 편향을 줄일 수 있다는 특징을 가지고 있다. 또한 맞춤형 데이터 분할이 가능해 기본적으로 초단위 데이터 측정이 가능하지만 고객의 요구에 따라 5초, 1초 단위의 데이터 제공이 가능하다는 것이다.[10] 이후 방송사업자 뿐만 아니라 통신 사업자의 셋탑박수 데이터까지 확보할 수 있게 된다면 Trick Play 및 DVR, VOD 등의 방통융합서비스까지 측정이 가능해 질 수 있다.

하지만 단점으로는 개인의 TV 프로그램 시청내역과 같은 개인적 자료를 수집하는 것으로 개인정보 침해의 소지가 있고, 개인이 아닌 셋톱박스 하나의 가구 단위로 측정을 하기 때문에 개인의 시청행태를 조사하는 데는 어려움이 있다는 문제가 있다. 또 케이블 MSO, IPTV, 위성방송사의 각각의 셋톱박스의 리턴패스데이터가 표준화되지 못하고 각기 다른 형태를 취하고 있기 때문에 특정 방송형

10) 최양수(2010). 미디어렙 시대의 새로운 시청률 측정 방법 개발에 관한 연구. 한국방송광고공사 보고서.

태의 데이터와 공중파 TV의 시청률이나 다른 형태의 매체와 비교하기 곤란하다는 문제점을 지니고 있다. 그리고 셋톱박스 전원을 끄지 않았을 경우에도 시청률이 측정되고 유료 방송이 아닌 지상파 TV의 시청의 경우 측정이 되지 않는 문제점을 가지고 있다.[11)]

④ CIM

우리나라 CJ E&M은 2013년 7월 TV, 컴퓨터 등의 이종매체에서의 통합효과측정 모델인 CIM(Crossmedia Campaign's Integrated Measurement)를 개발하였다. CIM은 매체/광고유형별 영향력과 가중치를 반영한 Impact GRPs, Reach 및 Frequency로 측정을 하는데 Impact GRPs는 TV와 PC, 모바일의 GRPs를 매체(플랫폼)/광고유형별 영향력의 가중치를 반영하여 측정하고, Impact GRPs는 TV와 PC, 모바일의 세 개 매체에서 TV와 PC의 중복노출 및 통합노출효과(중복률)과 모바일의 incremental Reach를 반영하여 측정하는 방식이다.

먼저 Impact GRPs을 산출하기 위해서 닐슨사에서 보유하고 있는 광고효과 측정 모듈인 Ad Impact/Brand Lift에 근거하여 광고기억도, 광고유형선호도, 브랜드 기억도, 메시지 전달력, 제품/브랜드 구매의향의 5가지 주요광고 유형을 조사하여 산출하였다. 광고매체 및 유형으로는 TV 광고, PC 배너, PC 동영상, 모바일 배너, 모바일 동영상으로 5 가지의 유형으로 구분하였고, 소비자 및 전문가 조사를 추가하여 소비자 인식평가 및 실험조사를 통해 광고유형별 광고물을 제시한 다음 각 매체별 상대평가와 전문가 평가를 하였다. 소비자 실험조사 상대평가와 전문가 평가의 경우 유사한 결과를 보였는데 TV광고를 100을 기준으로 했을 때

11) 이승엽, 앞의 보고서.

매체(플랫폼)/광고 유형별 영향력은 TV 〉 PC 동영상 〉 모바일 동영상 〉 PC 배너 〉 모바일 배너 순으로 나타났다.

Reach를 측정하기 위해서 닐슨의 TV+PC(2-Screen)를 통한 Single Source 패널을 통해 TV와 PC의 Reach 중복률을 산출하였고 모바일의 경우 CJ E&M 메조미디어의 TV+PC+모바일 패널의 매체 이용률을 통한 모바일 Incremental Reach를 산출하였다. TV와 PC 통합데이터는 2012년 12월부터 2013년 4월까지 4회에 걸쳐 2,873명(12년 12월 : 673명, 13년 1월 711명, 2월 696명, 3명 793명)을 대상으로 하였고, TV+PC+모바일 패널의 경우 2013년 5월 355명을 통하여 진행하였는데 TV+PC+모바일 측정을 경우 패널조사를 한차례만 실행하였고 패널수가 TV+PC에 비해서 적은 수의 조사였기 때문에 중복률을 직접 적용하기 힘든 한계점을 지니고 있다.

CIM이 가지고 있는 단점으로 싱글소스 패널 구축에서 지상파 TV/IPTV, 온라인/IPTV와 집계되지 않은 TV 시청행위에 대해서는 분석을 할 수가 없고, TV의 경우 패널을 통한 노출을 측정하고 온라인(PC, 모바일)의 경우 디바이스 기준으로 노출효과를 측정해 온라인에서 쿠키를 삭제하거나 패널이 여러 PC를 사용하는 경우 도달률이 과대 측정되거나 빈도가 낮아지는 문제가 발행하였다.

⑤ TEM(TV Effectiveness Measurement)

한국방송광고진흥공사(KOBAKO, 이하 코바코)는 2009년 7월 TV광고 효과지수(TV Effectiveness Measurement, TEM)조사를 발표했다. 이 조사는 제품 구매자의 시청형태와 구매행동 간 연관성을 파악하여 광고를 본 시청자가 광고 상품을 얼마나 인지하고 구입할 가능성이 높은지 예상하기 위해 조사하였는데, 구체적으로 소비자의 매체접촉과 제품구매행동의 상관관계 조사를 통해서 지상파 프로그램 및 광고노출, 제품 구매행동의 사이의 관련도를 조사하는 것으로 광고인지도, 상표인지도, 상표선호도, 구입 시 구매영향요소, 구입희망도, 구입율, 재구매율 등을 주요 요소로 두었다.

첫 조사는 2009년 3월 전국 11개 도시 15~55세 남녀 3천명을 대상으로 TV 시청률 조사기기인 피플미터와 웹 다이어리를 이용해 시청행태와 구매기록을 조사했으며 조사품목은 우유, 요구르트, 커피, 라면, 맥주, 화장품, 이동통신, 자동차, 생명보험 등 9개 업종을 대상으로 하였으나 2011년 4차 조사에서는 35개 제품군, 142개 브랜드에 대한 조사를 진행하였으며, 그 결과 14개 커뮤니케이션 접점별 접촉률, 제품군별 비중복인지도달율, 제품군별 브랜드 호감도 및 구매의향에 대한 순 기여도에 대한 데이터 및 분석자료를 측정하였다. 분석매체의 경우 9개 매체(지상파TV, 케이블TV, 신문, 인터넷, 라디오, 잡지, 지상파DMB, IP-TV, 위성)를 기본으로 하였고 광고인지율을 조사하기 위해서 영화 스크린, 옥외, 매장, 입소문 등 다양한 경로를 측정하였다.

분석에서는 단순한 타깃의 커뮤니케이션 접점뿐만 아니라 광고물에 대한 정인지 여부, 게임이론을 접목한 필요도와 보상도(requirement and reward)차원의 영향력, 실제매출 자료를 종속변수로 한 다변량회귀분석(multi-variate regression)등 입체적 분석을 사용하고 있다. 2012년부터는 프로그램 몰입도지수(PEI, Program Engagement Index)의 개발에 치중하여, 더 이상 조사되고 있지는 않다.

6) 소비자의 인구통계적 특성과 심리통계적 특성

소비자 조사에서 소비자를 구분하는 기준으로 가장 많이 사용하는 것이 인구통계적 특성과 심리통계적 특성에 따라서 소비자를 구분하는 것이다. 이것은 향후 타깃팅을 할 때도 필요한 내용이다. 따라서 우리 기업 소비자의 인구통계적 특성과 심리통계적 특성을 파악하는 일도 중요하다.

인구통계적 특성은 성별, 연령, 학력, 출신지역, 혼인여부 등을 중심으로 소비자를 구분하는 것이다. 심리통계적 특성은 가치관, 라이프 스타일, 사회계층, 개인의 성격 등을 기준으로 소비자를 분류하는 것이다. 인구통계적 특성은 주로 양적인 분석에 많이 사용하며 라이프 스타일은 질적인 분석에 주로 사용한다.

3. 제품분석

제품분석은 제품 그 자체가 갖고 있는 본질과 실체를 파악하는 작업이다.[12] 우리가 광고하려는 제품에 대해서 제대로 알고 있지 못하다면 좋은 광고를 만들 수 없다. 제품이 가진 편익과 장점, 단점 그리고 소비자 평판 등을 종합적으로 살펴보는 작업이 필요하다. 제품분석은 손자병법에서 이야기하는 '자신'을 아는 길이다. 백전백승을 위해서는 자신에 대한 분석부터 엄밀히 해야 할 것이다.

1) 컨셉트 조사 및 분석

광고학회의 정의에 따르면 컨셉트는 "특정 제품이나 서비스가 소비자들에게 제공하는 편익에 대한 기본적인 아이디어"라고 할 수 있다. 컨셉트는 제품이 가진 여러 가지 혜택이나 편익 중에서 광고에서 사용할 한 가지 혜택을 의미한다. 따라서 컨셉트를 도출하거나 분석하기 위해서는 다음과 같은 내용이 포함된 컨셉트 조사를 실시하여야 한다.

---

12) 신강균, 앞의 책, p.90.

• 컨셉트 조사에 포함되어야 하는 주요 설문 내용

(1) 주 아이디어의 커뮤니케이션 정도

(2) 주 아이디어의 믿음 정도

(3) 주 아이디어의 독특함 정도

(4) 주 아이디어의 개인적 관련성

(5) 구매 의도

(6) 구매 빈도

• 주 아이디어의 커뮤니케이션 정도 : 컨셉트의 가치를 소비자에게 확신시키기 위해서는 컨셉트의 주 아이디어가 소비자에게 잘 전달되어야 한다. 광고에서 전달된 컨셉트를 소비자가 완전하게 이해하지 못한다면 소비자는 컨셉트에 따라 반응하지 못한다. 따라서 컨셉트가 잘 전달되었는가를 확인할 수 있는 설문이 필요하다. 설문에서는 "이 광고의 주 아이디어는 무엇이라고 생각하십니까?", "광고제품에 대하여 광고에서 전달하고자 하는 한가지 주 아이디어는 무엇이라고 생각하십니까?" 등으로 질문하면 된다.

• 주 아이디어의 믿음 정도 : 컨셉트의 주 아이디어를 소비자에게 전달하는 것도 중요하지만, 소비자가 주 아이디어를 믿도록 신뢰감을 주어야 한다. 따라서 컨셉트에 대한 소비자의 신뢰 정도를 확인할 수 있는 설문이 필요하다.

• 주 아이디어의 독특함 정도 : 컨셉트의 주 아이디어가 소비자에게 잘 전달되고 또 소비자가 믿는다 하더라도, 아이디어가 참신하지 못하다면 광고효과는 떨어진다. 광고에서 전달된 컨셉트가 기존의 제품과 유사하든지 동일하다면 소비자는 그 제품을 구매하려고 하지 않을 것이다. 따라서 기존 제

품 보다 기술면에서 향상된 독특한 아이디어를 광고에서 전달하는 것이 중요하며, 컨셉트 조사에서 이에 관한 설문문항을 포함하는 것이 필요하다.

- 주 아이디어의 개인적 관련성 : 컨셉트 조사는 일반적으로 제품의 타깃을 대상으로 실시된다. 만일 타깃이 광고에서 전달된 아이디어가 자신과 관련성이 떨어진다고 인지한다면, 광고에 관심을 가지지 않을 것이며, 구매행위도 발생하지 않을 것이다. 따라서 광고에서 강조한 혜택이 타깃 소비자와 관련성이 높다는 것을 확인할 수 있는 설문문항이 포함되어야 한다.

- 구매의도 : 소비자가 광고를 본 뒤, 제품에 대한 소비자의 구매의도는 광고된 제품의 성공 여부를 판가름할 가장 중요한 지표가 된다. 그렇기 때문에 컨셉트 조사에서 구매의도에 관한 설문은 반드시 포함되어야 한다.

- 구매빈도 : 광고에 대한 소비자의 반응을 평가하는 또 다른 지표는 소비자들이 얼마나 자주 광고된 제품을 구매할 것인가를 알아보는 것이다. 특히 포장재의 경우 소비자가 광고를 본 뒤 반복 구매를 하는 것이 중요하다.

2) 편익분석

소비자가 그 제품을 구매하는 이유는 광고주가 제공해 주는 제품이나 서비스의 편익 때문이다. 따라서 광고에서 제시해 주는 편익이 소비자의 기대와 일치할 경우 그 제품은 긍정적인 시장반응이 나타날 가능성이 높다. 편익은 크게 실용적 편익, 감각적 편익, 사회적 편익, 자아만족적 편익으로 나눌 수 있다.

실용적 편익은 돈과 시간 등 자원을 절약하게 하거나 건강에 좋은 영향을 미치는 등 물리적이고 실질적인 편익을 의미한다. 감각적 편익은 고급스러운 맛이나 분위기, 흥미로운 감촉, 기분의 유쾌함, 좋은 감정과 같은 편익을 제공해 주는 것이다. 사회적 편익은 제품을 사용함으로써 가족이나 준거집단 동료로부터 인정을 받는 것을 말한다. 끝으로 자아 만족적 편익은 자존심이나 자아존중감, 성취감과 같은 것을 느끼게 하는 것을 말한다.

예를 들어 김치 냉장고의 편익을 말할 때, "늘 맛있는 김치맛, 생생하게 살아있는 야채 및 고기"라는 편익을 강조한다면 실용적 편익을 활용한 것이고, "내 입맛에 꼭 맞는 김치맛, 파릇파릇 생기가 돌아 아작아작 씹힘"을 말한다면 감각적 편익을 강조한 것이다. 사회적 편익은 "가족의 취향을 맞춤, 가족끼리 맛있게 밥을 먹을 수 있음"의 표현을, 자아 만족적 편익은 "김치 담그는 횟수, 시장 보는 횟수 줄임, 보다 편리한 생활" 등의 표현을 강조하는 것이다.[13)]

편익은 경쟁적이어야 하고, 소비자의 문제에서 출발하여야 하며, 반드시 소비자가 원하는 것이어야 한다. 또 브랜드와 연결성이 강하게 나타나고 한 가지만 생생하게 전달될 수 있도록 해야 한다. 또 편익의 근거도 구체적으로 제시해야만 한다. 편익을 찾기 위해서 의미연결망 분석이나 래더링 등을 이용하기도 한다. 이에 대해서는 앞서 소개한 신강균의 광고기획론을 참조하기 바란다.

3) 제품수명주기 분석

인간이 출생으로부터 사망까지 여러 단계를 통과하는 것처럼 제품 역시 시장도입으로부터 시장에서 소멸되기까지 여러 단계를 통과하며, 이것을 제품의 수

---

13) 신강균, 앞의 책, p.93.

명주기 또는 제품의 라이프 싸이클(product life cycle)이라고 한다. 이 개념은 컬럼비아 대학의 경영경제학 교수인 Joel Dean에 의해 1950년대에 처음 도입되었다. 몇몇 학자들은 제품 수명주기 현상에 대해 의문을 나타내고 있지만 여러 산업에 관한 포괄적인 연구결과 제품의 수명주기 곡선이 가장 공통된 현상임이 입증되었다.

제품 수명주기의 단계는 시장도입기, 시장성장기, 시장성숙기, 판매쇠퇴기의 4단계로 구분하는 것이 일반적이다. 이러한 각 단계는 광고 및 촉진전략의 사용을 결정하는 주요한 요인이며, 따라서 각 단계는 상이한 광고 및 촉진전략을 필요로 한다. 즉 신제품의 광고 메시지는 여러 해 동안 시장에서 판매되고 있는 제품의 그것과는 다르게 접근해야만 한다는 것이다.

① **시장도입기**(introduction)

기업이 신제품을 시장에 도입시킬 경우 그 목적은 전 제품범주에 관한 소비자 수요인 본원적 또는 1차수요(primary demand)를 환기하는 것이며, 광고는 신제품에 관하여 소비자들을 교육하기 위해 제품 특징에 관한 정보를 강조하게 된다. 따라서 이 기간의 광고는 제품이 현재 존재한다는 인식을 창출하기 위한 고지광고(informative ad.)와 제품에 관한 본원적 수요를 증대시키기 위한 시장 개척광고(pioneering ad.)가 행해지게 된다. 이 기간을 시장개척 광고단계(pioneering stage)라고도 하며, 표적시장이 제품의 편익을 명확히 이해할 때까지 광고는 경쟁제품보다 나은 이점보다는 제품의 효용을 강조해야 한다.

② **시장성장기**(growth) **및 시장성숙기**(maturity)

매출액이 크게 증가함에 따라 제품은 시장성장기로 들어가게 된다. 제품범주(product class)에 관한 수요가 증대하고 대량 광고와 구전(word of mouth)에 의해 촉진됨에 따라 경쟁 제품이 시장에 나타나게 된다. 이 단계에서는 총 판매에 대한 광고비의 비율이 감소하며 기업은 큰 이익을 얻게 된다.

그러나 시장경쟁이 격화됨에 따라 시장성숙기가 도래하게 된다. 이 단계에서는 시장이 포화상태로 되며, 경쟁의 격화에 따라 이익이 감소하게 되며, 선택적 수요를 위한 촉진활동이 증대된다. 이 기간 중에 수명주기를 확대하기 위한 여러 가지 행동이 취해지며, 그 중 주요한 것은 ① 기존 고객에 의한 사용빈도의 증대, ② 새로운 제품 사용자의 획득, ③ 기존 제품의 새로운 용도 개발, ④ 포장크기의 변경, 새로운 레이블(new labels)의 설계, 품질개선 등이다.

이 기간 중의 광고는 다음 두 가지 형태를 가진다. 즉 자사상표에 관한 선택적 수요를 창출하기 위한 경쟁광고(competitive ad.)와 그리고 이미 행한 구매에 관한 만족을 강화하고 향상시키기 위한 보강광고(reinforcement ad.)이며, 그러한 메시지들은 위신소구(status appeals)에 입각하는 경우가 많다. 경쟁광고는 경쟁상표보다 나은 자사 상표의 고유한 특징 또는 차별화를 보여준다. 이러한 기간을 경쟁 광고단계(competitive stage)라고도 하며, 이 단계에 속하는 주요 상품으로는 방취제, 비누, 치약, 자동차, 두통치료약, 면도크림, 면도칼, 샴푸, TV, VCR, 개사료(dog food), 컴퓨터, 포장상품 등이다.

③ **시장성숙기 말기 및 판매쇠퇴기**(late maturity and decline)

시장성숙기 말기에는 판매가 일정하게 유지되며 때로는 증가하기도 한다. 판매가 종전처럼 더 이상 증가되지 않을 경우 판매쇠퇴기에 직면하게 된다. 이러한 경우 광고는 시장점유율을 유지하는 수준으로 축소되거나 또는 제품이 단계적으로 소멸될 경우 중지될 수도 있다. 그러나 제품이 재구성되거나 전환되어 수명주기가 다시 시작될 수도 있다.

이 기간에 도달한 광고주들은 소비자의 마음속에 제품을 상기시키려고 하는 상기광고(remind ad.)를 하게 된다. 이러한 광고는 보통 시각적 또는 상표광고이며, 제품 구매를 위한 어떤 이유도 제시하지 않는다. 예를 들면 "Drink Pepsi", "Just Do It?" 등이다. 보통 제품에 관한 커다란 사진을 보여준다. 따라서 몇 개의 단어와 제품에 관한 뚜렷한 그림을 가진 포스터처럼 보이며 소비자에게 많은 정보를 제공할 필요가 없기 때문에 광고문안이 거의 없다. 이러한 기간을 시장유지 광고단계(retentive stage)라고도 하며 이 단계의 광고주의 목표는 시장점유율을 유지하는 것이지만, 제품을 소생시키기 위해 새로운 기술, 마케팅, 촉진전략을 채택할 수도 있다.

4) USP분석

앞서 말한 편익의 분석에서 우리 제품이나 서비스만이 가지는 고유한 편익을 발견할 수 있다면 광고에서는 그러한 고유한 편익을 주된 메시지로 삼으면 된다. 이러한 고유한 판매 제안(Unique Selling Proposition)을 USP라고 한다. USP의 발견을 통하여 광고의 주제나 주요 판매 아이디어를 찾는 방식은 테드 베이츠(Ted Bates)라는 광고 대행사의 대표이사였던 로저 리브스(Roger Reeves)라는 유명한 광고인에 의하여 개발되었다. Roger Reeves는 고유한 판매제안을 찾기 위하여 다음의 세 가지 특징을 고려하여야 한다고 이야기한다.

첫째, 광고는 항상 소비자에게 무엇인가를 제안할 수 있어야 한다. 즉 이 물건을 사면 소비자는 어떤 혜택을 받을 것이라는 제안이 이루어져야 하는 것이다. 둘째, 그 제안은 경쟁사 제품이 제공할 수 없는 고유한 것이어야 한다. 그 제안은 소비자가 유형적으로 감지할 수 있는 것이든 또는 무형적이지만 상상이나 느낌으로 감지하게 되든 고유할 그 무엇이 있어야 한다. 셋째, 수많은 소비자를 움직일 수 있는 강력한 것이어야 한다.

이러한 고유한 판매제안을 통하여 성공적인 런칭을 한 대표적인 제품이 하이트 맥주일 것이다. 하이트 맥주는 지하 암반수로 만들었다는 그래서 깨끗한 맛을 지녔다는 USP로 소비자에게 어필했다. 암반수로 만든 맥주라는 점은 다른 경쟁사에서 찾아볼 수 있는 하이트만의 고유한 특징이었고, 암반수로 만들었기 때문에 깨끗한 맛을 즐길 수 있다는 점은 소비자에게 중요한 혜택(편익)이 되었다. 특히, 하이트가 런칭될 당시 발생된 두산의 페놀사건으로 인해 맥주의 깨끗한 맛은 많은 소비자를 움직일 수 있을 만큼 강력한 것이었다.

따라서 제품분석에서는 우리 제품만의 USP를 찾는 작업이 중요하다. 또 현재의 USP가 소비자가 원하는 편익인지, 또 강력한 것인지를 검토해야 한다. 소리가 조용한 진공 청소기는 시장에서 큰 호응을 못 얻는 경우가 많다. 모터소리를 줄인 것은 USP가 맞지만, 소비자가 그것을 원하는 지, 또 그 만큼 강력한 것인지 회의적이기 때문이다. 많은 소비자들은 진공 청소기의 큰 소리가 강한 흡입력을 나타낸다고 여기고 있다. 다이손은 그러한 점을 간파하여 크고 무겁고 큰 소리의 진공 청소기로 대응하여 성공을 거두었다.

4. 메시지분석

메시지분석은 기존 광고나 홍보 캠페인의 메시지를 분석하는 것이다. 신제품이라면 메시지분석이 어렵지만, 대부분의 제품이나 서비스들은 어떠한 형태로든 소비자들에게 메시지를 전달해 왔다. 그러한 메시지를 다음과 같은 기준으로 분석한다.

- 컨셉트 : 광고홍보에서 이야기하는 주된 아이디어가 무엇인지 서술한다.
- 헤드라인 : 광고의 헤드라인이 무엇인지 서술한다.
- 주요 카피 : 주요 카피 문구를 적어서 분석한다.
- 소구유형 : 감성적 소구인지, 이성적 소구인지 분석한다.
- 모델 전략 : 광고 캠페인의 모델이 누구인지, 어떤 속성을 가진 사람인지 분석한다.
- 집행 매체 : 주요 집행매체의 광고비 총액이나 집행건수를 분석한다.
- 소비자 반응 : 광고 캠페인에 대한 소비자들의 인지, 회사, 선호도 등을 분석한다.

5. 경쟁자분석

제품분석이 '나'에 대한 분석이라면 경쟁자분석은 '적'에 대한 분석이라고 하겠다. 즉 '나를 알고 적을 알면 백전백승'이듯이 제품분석을 통해서 자신을 파악했다면 경쟁자분석을 통해서 적에 대한 이해를 높여 나가야 한다. 앞서 소개한 소비자분석은 제품분석과 경쟁자분석 모두를 포함한다. 우리 제품에 대한 그리고 경쟁자 제품에 대한 소비자들의 구매행동과 선호도 등을 파악할 수 있기 때문이다. 또 메시지분석 역시 자사에 대한 분석과 경쟁자분석 모두를 다루어야 한다. 우리 기업의 메시지만 분석해서는 바람직한 해결방안을 도출할 수가 없다. 경쟁자들은 동종 상품을 어떻게 판매하고 어떤 컨셉트, 어떤 판매 메시지, 어떤 매체에 집행하는 지를 면밀히 분석해서 비교하여야 한다.

1) 경쟁 범위의 확대

현대 마케팅에서 점차 어려워지는 것이 매체에 대한 관리와 경쟁자분석이다. 매체 관리는 앞서 소비자 브랜드 접점에서 언급했듯이 관리해야 할 매체가 폭발적으로 증가하고 있기 때문에 어려움이 많아지고 있다. 경쟁자분석은 경쟁의 범위가 확대되면서 직접적인 경쟁자뿐만 아니라 간접적인 경쟁자까지 분석 대상에 넣어야 하기 때문에 업무가 어려워지고 있다.

신강균 교수는 욕구경쟁, 일반경쟁, 종류경쟁, 브랜드경쟁에서 살아남아야 그 브랜드가 소비된다고 주장하였다. 욕구경쟁은 소비자가 충족시키려고 하는 욕구간의 경쟁을 의미한다. 배고프면서 졸립고 외출을 하고 싶은 세 가지 욕구 중에서 배고픈 욕구충족이 가장 절실할 경우 소비자는 먹을 것을 찾게 된다. 그럼 스낵, 과일, 불고기 등 각종 먹을 것들을 고려하게 되는데, 이것은 일반경쟁이 된다. 스낵을 먹기로 결정했다면 과자, 초콜릿, 사탕 등 다양한 스낵 형태중 하나를 결정해야 하는데, 이것이 종류경쟁이다. 종류경쟁에서 초콜릿을 먹기로 결정했다면 가나, 자유시간, 허시와 같은 브랜드경쟁이 마지막으로 이루어지는 것이다.[14)]

그래서 닌텐도가 잘 팔리면 나이키 운동화가 안 팔리기 때문에 닌텐도와 나이키가 경쟁자가 된다는 것이다. 최근 전통시장 활성화를 위해서 대기업의 유통업을 제한하는 제도가 도입되고 있다. 그런데 전통시장의 직접적 경쟁자는 대기업이 운영하는 SSM이나 할인점이겠지만, 쿠팡, 위메이크 프라이스 같은 온라인 쇼핑몰의 성장세가 더 높기 때문에 이러한 간접적인 경쟁자까지도 고려해야 한다.

2) 경쟁구도의 분석

우리 기업이 경쟁자와 비교하여 명백한 우위를 점하고 있다면 광고나 홍보활동을 하기가 손쉬워진다. 경쟁 우위 요소를 소비자들에게 효과적으로 어필하면 되기 때문이다. 하지만 현대 사회에서 명백하게 우위를 점하는 기업을 찾기는 쉽지 않다. 특히 캡스톤디자인을 수행해야 할 기업들은 명백한 우위보다는 인식상의 열위나 실질적인 열위에 있을 가능성이 높다. 인식상의 열위는 제품의 질은 우수한데 소비자들의 인식 부족에서 기인한 열세를 말하고 실질적인 열위는 제

---

14) 신강균, 앞의 책, p.71.

품이나 서비스에서 경쟁자보다 열세에 있는 것을 말한다. 또 아주 미세한 부분에서만 우위를 보이는 한계적 우위, 고만고만한 수준의 기업들이 경쟁을 벌이는 대등한 위치도 경쟁구도 분석을 위한 기준이 된다.

경쟁구도를 분석하여 우리 기업이 경쟁자보다 한계적 우위를 지닌다면 그 근소한 우위나 차이를 소비자들의 원하는 욕구와 연결시키는 것이 가장 중요하다. 예를 들어 스마트폰 시장에서 치열한 경쟁은 방수나 무선 충천과 같은 아주 작은 차이를 핵심 메시지로 하여 한계적 우위를 극대화 하는 전략을 펼칠 수 있다. 인식상의 열위일 경우에는 기업 커뮤니케이션을 총 동원해야 하는데 핵심 타깃을 선정하는 작업이 무엇보다 중요하다.

만일 실질적인 열위에 있다면 경쟁자의 열위요소를 찾아서 집중적으로 공략하는 것이 좋은 방법이다. 애플이 삼성과 치열한 특허전쟁을 벌이는 이유도 삼성의 기술력을 앞설 수 없기 때문에 디자인이나 아이콘 등 삼성의 열위요소를 찾아내서 집중적으로 공략하는 것이다. 즉 애플은 스마트 폰의 아이콘, 앱 생태계를 구축한 창의적인 기업이고 삼성을 그것을 카피하는 기업으로 포지셔닝하는 전략을 펼친 것이다.포지셔닝에 대해서는 다음에 상세히 설명하겠다. 우리 기업과 경쟁자가 대등한 위치에 있다면 경쟁자도 가지고 있지만 강조하지 않았던 요소를 컨셉트로 하거나 지금까지 소비자들이 중요하게 여기기 않았던 요소들을 우리 기업만이 가지고 있다고 주장함으로써 인식상의 우위 전략을 펼칠 수 있다.

3) 포지셔닝분석

포지셔닝분석은 경쟁자분석을 토대로 하기 때문에 경쟁자분석에서 논의를 하지만 꼭 경쟁자분석만을 하는 것은 아니다. 포지셔닝은 1970년대 초에 잭 트라우트(Jack Trout)와 앨 리스(Al Ries)가 도입한 개념으로 그 후 확대, 수정, 응용되어 현재는 광고전략개발의 가장 기본적인 방법의 하나로 되었다. 포지셔닝이란 시장지위정립이라고 번역할 수 있으며 광고가 소비자의 마음(mind)속에서 제품의 위치(position)를 결정하기 위해 사용되는 것 또는 제품이 시장에서 소비자에 의해 경쟁제품에 비하여 지각되는 방법을 말하는 것이다. 한 제품의 시장지위(position)란 제품이 기업 내의 다른 제품 또는 경쟁제품에 비하여 소비자의 마음속에 투영되는 이미지라고 할 수 있다. 포지셔닝 분석 방법에는 다음과 같은 접근법들이 있다.

① 제품 특성 또는 편익별 접근법

가장 보편적인 포지셔닝 방법이다. 상품의 특성이나 우수성을 강조하는 기법과도 유사하다. 단지 시각이 상품의 입장이나 소비자의 입장으로 바뀌었을 뿐이다. 비누와 같은 기능적 상품의 경우에는 소비자가 원하는 혜택이 다양할 수 있다. 부드러운 느낌, 순수한 성분, 뛰어난 세척 능력, 다양한 색상과 디자인, 풍부한 비누거품 등 이 같은 혜택 가운데 목표 시장이 중요하게 생각하는 특성과 자사의 브랜드를 연결시켜야 한다.

② 제품 가격 - 품질별 접근법

유니클로는 일본에서 출발한 패스트패션의 대표적 브랜드이다. 고품질의 제품을 합리적인 가격에 판매하는 것으로 유명하다. 또 이랜드도 저가의 고품질이라는 포지셔닝을 통해서 소비자들을 사로잡아서 승승장구 중이다. 소비자들에게 합리적인 가격으로 좋은 품질의 제품을 제공하는 접근법이 제품 가격-품질별 접근법이다.

③ 제품용도 또는 적용별 접근법

존슨 앤 존슨사의 베이비 샴푸는 원래 유아용이었다. 그러나 유아 시장을 넘어서 '머리를 자주 감는 성인'으로 사용자를 확대하였다. 이들 소비자에게는 부드러운 샴푸라는 포지션이 중요한 구매 요인이 되기 때문이다. 이 같은 포지셔닝 전략으로 시장 점유율이 3%에서 14%로 증가하였다. 이처럼 용례를 강조하여 포지셔닝하는 사례는 게토레이에서도 찾을 수 있다. 일반적으로 스포츠 음료라고 알려져 있지만, 감기에 걸려 많은 수분 섭취가 필요할 때도 사용한다. 심지어는 의사들도 추천할 정도가 되었다.

④ 제품 사용자별 접근법

이 전략은 소비자가 결국 구매하는 것은 상품 자체가 아니라 상품에 담겨 있는 라이프 스타일이나 문화라는 점에 기초한다. 특히, 눈에 잘 띄는 소비재(의류, 기호품, 담배)에서 많이 사용된다. 펩시는 콜라의 브랜드 충성도가 높은 집단을 조사하여 다음과 같은 차이를 발견하였다. 코카콜라를 마시는 사람은 가정적 이미지와 전형적인 시골 미국인의 특성을 지닌 반면에 펩시는 명랑하고 혁신적이고 약간은 건방지고 잘 나서는 사람들을 상징한다. 그 같은 사용자의 이미지를 광고에 이용하여 독특한 포지션을 구축할 수 있다. 버지니아 슬림 담배 광고를 보면 젊고 활기찬 여성이 모델로 등장한다. 그리고 조그맣게 구석에 그 옛날 설움 받던 여성상을 대비시키고 있다. 이처럼 어떤 사람이 버지니아 슬림 담배를 피운다는 것을 보여 줌으로써 제품을 포지셔닝 할 수 있다.

⑤ 제품 범주별 접근법

제품 범주별 접근법으로 포지셔닝을 하여서 가장 성공한 기업이 세븐 업이다. 청량음료 시장은 코카콜라와 펩시가 지배하며(세계 시장의 60%를 점유), 세븐업은 청량음료로서 자리를 제대로 잡지 못했다. 소비자들은 기껏해야 칵테일 만드는 데 섞어 마시는 음료나 다이어트용 정도로 알고 있었다. 그러나 세븐업은 청량음료로 취급받고 싶었다. 콜라와는 다르지만, 뭔가 다른 청량음료를 원할 때, 그 때는 세븐업을! 그래서 나온 포지셔닝 전략이 Uncola였다. 때로는 정도가 지나쳐서 아예 제품군을 탈피하고자 하는 경우도 잇다. 자신이 속한 제품군에서 벗어나 다른 제품군에 속하는 양 포지셔닝하는 사례를 살펴보자. 도브는 단순한 비누에서 탈피하는 전략을 취하였는데, 건조한 피부를 지닌 여성에 클렌징 크림으로서 기능할 수 있다는 것을 알렸다. 즉, 비누에서 클렌징 크림 제품으로 변신을 꾀한 것이다.

⑥ 경쟁자별 접근법

약도를 설명해 줄 때, 복잡하고 자세하게 길거리를 말하는 것보다는 유명한 빌딩을 말해 주는 것이 효율적이다. 마찬가지로 경쟁사가 명확한 이미지를 갖고 있다면 경쟁사를 비교의 준거 틀로 이용할 수 있다. 이른바 시장 선도자만큼 좋거나 더 뛰어나다는 점을 주장해야 한다. 렌터카 업계는 허츠, 어비스, 내셔널의 순서로 시장을 점유하고 있었다. 2위인 어비스는 3위인 내셔널과 각축전을 벌였는데, 3위를 따돌리기 위하여 어비스가 쓴 전략은 바로 1위와 자신을 비교한 것이다(We are No. 2 Campaign). 그럼으로써 3위와의 격차를 벌려 놓을 수 있었다.

6. SWOT분석

•
•
•

환경분석을 종합하여 도식화 하는 작업으로 SWOT분석을 많이 사용한다. 이는 기업 내부의 강점(strengths)과 약점(weaknesses), 기업 외부의 기회(opportunities)와 위협(threats) 요인을 찾아내서 강점을 극대화 하면서 기회를 살리고 약점을 최소화 하면서 위협을 회피하는 전략을 수립하는데 기초적인 분석자료로 활용하고 있다. 보다 구체적으로 살펴보면 다음과 같다.

- 강점 : 우리 기업이 가지고 있는 비교 우위 요소를 서술한다. 경제적 자원, 인적 구조, 시장 점유율, 제품에 대한 평가 등을 적는다.
- 약점 : 우리 기업의 비교 열위적인 요소를 서술한다. 기준은 강점을 서술할 때와 동일하다. 경제적 자원이나 인적 구조의 문제점, 이윤의 저하, 판매의 저하, 이미지의 저하 등을 적는다.
- 기회 : 기회는 외부 환경과 경쟁자분석 결과, 우리 기업에게 긍정적인 영향을 미칠 요소들을 적는다. 시장이 확대되거나 관련 법적 제도가 변화하거나 소비자의 트렌드 변화 등을 서술한다.
- 위기 : 위기는 외부 환경과 경쟁자분석 결과, 우리 기업에게 부정적인 영향을 미칠 요소를 서술한다. 인구의 감소, 새로운 규제의 도입, 소비자 욕구의 변화, 관련 상품군의 쇠퇴 등을 적는다.

이상과 같은 SWOT분석을 마치고 나면 시장의 기회를 활용하기 위해 강점을 적극적으로 활용하는 SO전략, 시장을 위협을 회피하기 위해서 강점을 사용하는 ST전략, 약점을 극복하고 시장의 기회를 활용하기 위한 WO전략, 약점을 극복하고 시장의 위협을 회피하는 WT전략 등으로 대응방안을 마련한다. 최근에는 강점과 약점을 자사와 경쟁사로 분리해서 6개의 영역으로 SWOT분석을 하는 시도도 나타나고 있다.[15)]

지금까지 상황분석의 대상으로 환경분석, 소비자분석, 제품분석, 메시지분석, 경쟁자분석, SWOT분석 등을 살펴보았다. 강의를 해보면 학생들이 이러한 분석을 매우 잘하고 능숙하게 도표로 정리하는 능력도 지니고 있음을 알게 된다. 그런데 이러한 분석 자료로부터 광고주에게 이야기 해주어야 할 인사이트를 끄집어내는 부분에는 취약한 면을 보이고 있다. 분석은 완벽한데, 분석 이후의 작업은 불만일 경우가 많다. 분석을 통해서 통찰력있는 해석을 끄집어내지 못하기 때문이다. 물론 이 부분이 기성 광고인에게도 쉬운 일은 아니다. 그만큼 고민에 고민을 거듭해야 통찰력있는 해석이 나올 수 있는 것이다. 자료에서 의미있는 정보를 끄집어내는 것, 이것이 상황분석을 하는 유일한 이유이다.

---

15) 신강균, 앞의 책, p.115.

Capstone Desi

Capstone Desi

Chapter 6

전략방향의 설정

전략방향의 설정은 광고기획의 기초단계인 환경분석, 소비자분석, 제품분석, 경쟁분석, SWOT분석과 같은 심층적인 상황분석에서 얻어진 마케팅 커뮤니케이션 자료를 바탕으로 광고캠페인이 가야할 기본적인 방향을 설정하는 단계이다.

광고 전략방향을 설정하기 위해서는 크게 3가지 핵심요소를 다루게 된다. 그 첫째가 광고목표의 설정이고, 둘째는 광고타깃의 설정, 그리고 셋째는 광고컨셉트의 설정이다. 향후 이 3가지 핵심요소를 바탕으로 광고크리에이티브 전략이 수립되며, 매체전략과 광고예산을 수립하는데 가장 기본적인 전략의 틀을 제공해 주는 역할을 한다.

전략방향 설정	1) 광고목표 설정	- 마케팅 목표 - 광고 목표 - DAGMAR 이론
	2) 광고타깃 설정	- 광고타깃의 정의 - 광고타깃의 분석 - AIO 분석 사례
	3) 광고컨셉트 설정	- 광고컨셉트의 개념 - 광고컨셉트와 제품컨셉트 - 광고컨셉트 개발과정 - 크리에이티브 브리프 작성

첫 번째 단계인 광고목표의 설정은 명확하고 측정 가능한 목표를 수립하는 것이 중요하다. 두 번째 단계인 광고타깃의 설정은 핵심 소비자의 내적 분석과 외적 분석의 균형을 통해 목표 소비자를 정확하게 파악하여야 한다. 마지막 단계인 광고컨셉트는 광고를 통해 광고주가 소비자에게 전달하고자 하는 핵심적인 메시지를 설정하는 단계이며, 이 단계에서는 제품컨셉트와 광고컨셉트, 그리고 크리에이티브 컨셉트를 명확하게 구분하여 전달할 필요가 있다.

1. 광고목표의 설정

광고 전략방향을 설정하는데 있어서 가장 먼저 이루어져야 할 부분은 정확하고 명확한 광고목표를 설정하는 일이다. 광고캠페인을 진행하는데 있어서 목표가 명확하지 않다면, 마치 우리들이 올라야 할 봉우리를 모르는 채 무작정 오르는 산행과 같은 오류를 범하게 될 것이다. 즉, 애써 정상까지 오른 산이 자신이 등반해야 하는 산이 아니라면 다시 그 산을 내려와 다른 봉우리를 올라야 하니 얼마나 비효율적인 일을 한 것인가? 따라서 광고목표를 명확하게 설정하는 일은 광고 캠페인의 존재이유를 부여하는 부분이며, 광고회사 내부뿐만 아니라, 광고회사와 클라이언트, 그리고 클라이언트와 소비자 간의 효과적인 커뮤니케이션을 위한 전략의 수립과 광고물의 제작 및 집행, 그리고 캠페인에 대한 정확한 평가를 위한 기초가 된다는 점에서 더욱 중요하다.

이러한 광고목표의 설정은 성공적인 광고캠페인을 집행해 나가는데 매우 중요한 역할을 한다. 우선 명확하게 설정된 광고목표는 광고주와 광고대행사 간의 원활한 커뮤니케이션을 도울 뿐 아니라, 광고대행사 내부에서도 서로가 해야 할 일이 무엇인지를 명확하게 알리고 이에 따라 업무를 효과적으로 배분하는 역할을 하기도 한다. 또한 광고목표를 정하는 일은 광고예산의 규모를 결정하거나,

크리에이티브 아이디어의 개발, 매체를 선택하는 과정에서도 그 기준이 되는 역할을 한다. 뿐만 아니라, 광고목표는 하나의 캠페인을 마무리하면서 그 효과를 측정하는 기준으로 사용된다.[16]

1) 마케팅목표와 광고목표

마케팅목표와 광고목표는 그 범위에서 확연히 다르다. 마케팅믹스는 제품, 가격, 유통, 판촉 등의 다양한 활동을 포함하는데, 광고는 그 일부인 판촉활동에 국한한다. 즉, 마케팅목표는 일정 기간 안에 시장 점유율이나 판매율을 증진시켜 궁극적으로 기업의 이익을 극대화시키는데 있다. 반면, 광고목표는 일반적으로 광고 커뮤니케이션이 담당할 수 있는 역할에 제한되는데 최종적으로 소비자가 제품을 구매하는데 영향을 주는 인식, 태도 또는 행동의 변화 등에 초점을 맞추는 것이 일반적이다.[17] 즉, 판매효과로서의 판매증대, 행동효과로서 소비자의 행동반응, 커뮤니케이션 효과로서 광고에 대한 인지, 흥미, 선호, 구매 단계에 따른 특정 목표의 달성을 말한다.

- 마케팅목표의 예 : S전자 TV 제품의 Market Share를 전년 대비 25% 증가 시킨다.

- 광고목표의 예 : L전자 신제품 TV에 대한 보조인지율을 3년 안에 68% 이상 확보한다.

---

16) 신강균(2011), 광고기획론, 서울 : 한경사

17) 한광석, 백승록(2012), 광고론, 서울 : 도서출판 글로벌

그러나 마케팅목표의 일부 요소인 광고가 전체적인 제품판매에 미치는 실질적인 영향을 정확하게 측정하기는 매우 어려운 일이다. 따라서, 현실적으로 달성 가능한 광고목표를 설정하는 일 못지않게 효율적인 광고효과 측정의 중요성이 대두되기 시작하였다.

2) DAGMAR 이론

1961년 미국광고주협회(ANA : Association of National Advertisers)의 요청으로 러셀 H. 콜리는 DAGMAR(Defining Advertising Goals for Measured Advertising Results) 이론을 도입하여 광고목표를 설정하고 계량화하는 방법과 목표달성의 성과를 측정하는 구체적인 방법을 제시하였다. DAGMAR 이론은 광고기획 단계에서 광고목표를 설정하고 광고를 제작하여 집행하여 일정한 기간이 경과한 후 목표 달성도를 평가하는 효과측정 방법이다. 이 이론은 광고를 하나의 커뮤니케이션 수단으로 생각하고 소비자는 광고를 통해 무지단계, 인지단계, 이해단계, 확신단계, 행동단계의 커뮤니케이션 스펙트럼 단계를 거치게 된다고 주장하고 있다.

〈그림 7-1〉 커뮤니케이션 스펙트럼 단계

또한 광고목표란 '명확하게 정의된 소구대상에게 일정기간 동안 일정 수준까지 달성하고자 하는 구체적인 커뮤니케이션 과제'라고 정의하고 있는데, 여기서 말하는 커뮤니케이션 과제는 다음과 같다.

① 측정 가능성(measurable) : 광고목표는 구체적이어야 하며, 측정방법과 절차가 명시되어야 한다. 그래야만 브랜드 이해라는 목표가 계량화될 수 있다.

② 기준지표(benchmark) : 기준지표는 최적의 광고목표를 설정하기 위해 필요한 것이다. 즉, 목표를 설정하고 어떤 캠페인을 선택할 것인가를 결정하기 위한 기본은 출발상황을 이해하는 것이다. 사실, DAGMAR이론의 핵심은 광고 커뮤니케이션 목표를 설정하기 이전에 잘 정리된 기준지표를 만드는 일이라고 할 수 있다.

③ 표적시장(target) : 광고목표를 효과적으로 달성하기 위해서는 명확한 표적시장의 정의가 필요하다. 표적시장이 명확하게 정의되지 않은 상황에서 기준지표의 측정은 불가능하다.

④ 기간(time period) : 광고목표는 광고주와 광고회사의 회계연도 기준 등을 참고로 하여 6개월, 1년, 2년 등으로 정해지는데, 이를 기준으로 목표를 설정하고 광고효과 측정 등의 평가를 하게 된다.

⑤ 문서화(written) : 광고목표는 명확한 문서를 통해 기록되고, 공유되고, 보관되어야 한다. 문서 작성 과정에서 보완점을 발견하게 되고, 프로젝트에 참여하는 모든 구성원이 오해 없이 목표를 공유하게 하며, 향후 평가에 기준이 되기 때문이다.

위와 같은 광고목표를 설정하기 위해서는 몇 가지 원칙이 있을 수 있다.[18] 첫째, 광고목표는 광고 커뮤니케이션으로 수행 가능한 현실적인 목표를 간결하고 명료하게 설정해야 한다. 둘째, 광고목표는 한정되고 측정 가능한 용어와 문장으로 작성해야 한다. 셋째, 광고회사와 광고주의 광고제작 및 결재와 관련하는 담당자들 사이에 합의된 것이어야 한다. 넷째, 시장과 소비자에 대한 이해를 바탕으로 설정되어야 한다. 다섯째, 광고의 효과측정을 위한 기준지표가 설정되어야 한다. 마지막으로, 향후 광고 성취도 평가방법을 광고목표를 설정할 때 미리 결정해 두는 것이 효과적이다.

〈광고목표 설정에 필요한 6M 접근법〉

① Merchandise(상품화) : 판매상품이나 서비스의 주요 이점이 무엇인지를 파악하라.

② Market(시장) : 광고목표가 도달해야할 사람들이 누구인지를 정확하게 알아라.

③ Motive(동기) : 구매자의 구매동기와 비구매자의 기피원인을 파악하라.

④ Message(메시지) : 전달하고자 하는 아이디어나 정보가 무엇인지 분석하라.

⑤ Media(매체) : 어떤 경로를 통해 메시지를 전달할지를 파악하라.

⑥ Measurements(측정) : 최종적인 광고효과를 어떻게 측정할지를 미리 설정하라.

18) Colley, Russel H., 조한웅 · 윤선영 역(1987), 효과적인 광고관리, 서울 : 열린책들

2. 광고타깃의 설정

광고에서 메시지를 전달하고 공유할 타깃, 즉 핵심적인 잠재고객을 결정하는 일은 광고가 해결해야 할 숙제를 풀기 위한 열쇠를 누가 가지고 있는 지를 파악하는 일이다. 특히, 과거와 같은 Inside-Out의 시대가 아닌, Outside-In 시대[19]의 커뮤니케이션에서는 광고타깃의 설정이 더욱 중요시 된다. 아무리 유명한 모델을 활용하여 훌륭한 제작물을 만들어 낸다 해도 그 메시지를 잘못 설정된 타깃에게 전달한다면 그것이야말로 광고 메시지의 배달사고라고 할 수 있다. 따라서 광고 커뮤니케이션에서 가장 핵심적인 요소가 바로 광고타깃의 설정이다.

1) 광고타깃의 정의

광고타깃은 '광고메시지에 가장 강한 반응을 일으키는 집단이나 사람'[20] 또는 '시장 세분화를 통해 주어진 마케팅 자극에 대해 유사한 반응을 보이는 소비자들

19) 신강균(2013), 광고기획론, 서울 : 한경사

20) Wells, William, John Burnett & Sandra Moriarty, Advertising : Principle and Practice(Englewood Cliffs, New Jersey : Prentice-Hall, 1986)

의 집단'을 뜻한다. 찰스 양(Charles Y. Yang)은 마케팅의 주요 요소 가운데 시장세분화, 제품차별화, 제품포지셔닝의 관계를 설명하면서 시장세분화는 광고타깃을 설정하기 위한 전략이고, 제품차별화는 타깃의 욕구를 겨냥한 차별화된 제품을 생산하는 일이며, 이렇게 차별화된 제품이 경쟁을 통하여 소비자 마음속에 자신의 위치를 잡게 되는 것을 포지셔닝이라 하였다.[21)]

2) 광고 타깃분석

현대의 소비자들은 개인에 따라 매우 다양하고 독특한 특성을 가지고 있다. 때문에 모든 고객에게 매력적으로 접근할 수 있는 제품을 만든다거나, 하나의 제품을 모든 고객에게 효과적으로 커뮤니케이션할 수 있는 광고 메시지를 개발한다는 것은 거의 불가능하다. 이것이 광고 타깃을 분석하고 설정해야 하는 이유다.

광고 타깃분석은 마케팅 차원의 시장 세분화와 밀접한 관계를 가지고 있다. 즉, 마케팅 차원의 시장 세분화는 제품 및 서비스 구매 대상에 관한 것이고, 커뮤니케이션 타깃 분석은 광고메시지를 전달할 대상에 관한 것이라는 점이 다르다.

광고타깃을 분석하는 방법으로는 크게 인구통계적 분석, 심리적 분석, 사회문화적 분석, 그리고 행동적 분석으로 나누어 볼 수 있다. 이러한 타깃 분석은 소비자들의 개별화된 특성을 이해하고 이들에게 알맞은 매체가 무엇인지를 판단하고, 이를 통해 예측 가능한 커뮤니케이션 효과를 창출하는데 중요한 역할을 한다고 볼 수 있다.

① 인구통계적(demographic) 분석

21) 리대룡 · 김충기(1983), 제품과 시장과 광고, 서울 : 대학문화사

인구통계적 분석은 타깃의 연령, 성별, 소득, 교육수준, 직업 등 통계적 지표를 활용하여 세분화하는 방법이다. 이는 인구통계적 상황에서 동일한 조건에 있는 소비자들이 어느 정도 유사한 특성을 지니고 있을 것이라는 전제에서 시작되며, 보다 구체적인 커뮤니케이션을 위해 복수변수를 이용하여 분석하기도 한다.

- 연령
- 성별
- 소득
- 학력
- 직업
- 종교
- 거주지역
- 가족규모

- 단수분석의 예 : 18세 이상의 성인, 월 소득 500만원 이상, 고졸 이상의 학력 등
- 복수분석의 예 : 18세 이상의 남자, 월 소득 500만원 이상의 대졸 신입사원 등

② 심리적(psychographic) 분석

심리적 분석은 타깃의 사회계층, 라이프스타일, 개성 등을 중심으로 세분화하는 방법이다. 심리적 분석 방법으로는 소비자들의 행동(Activities), 관심(Interests), 의견(Opinions)을 분석하는 AIO 분석과 미국의 스탠포드 리서치 인스티튜트(Stanford Research Institute)에서 개발한 VALS(Values and Lifestyles) 및 VALS2 모델이 대표적이다. VALS2는 기존의 VALS 모델을 업그레이드 한 것으로 타깃의 성향을 자기 지향성을 기준으로 크게 이상 추구형(Ideas), 성취

추구형(Achievement), 자기 표현형(Self-expression)으로 이를 다시 혁신가(Innovators)와 생존가(Survivors)를 포함한 8개 소단위로 세분화시켰다.

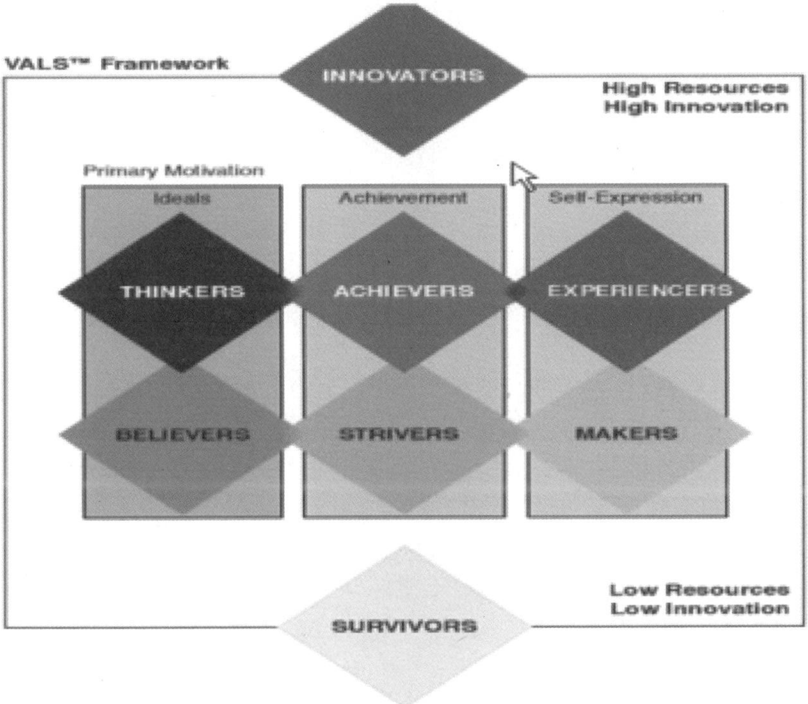

〈그림 6-2〉 VALS2 Framework

■ AIO 분석 사례

- *행동(Activities) 분석 사례 : 주말 휴가를 어디에서 무엇을 하며 보내는가?*
- *관심(Interests) 분석 사례 : 의식주 가운데 무엇에 더 많은 관심을 가지고 있는가?*
- *의견(Opinions) 분석 사례 : 동성결혼에 관하여 어떤 의견을 가지고 있는가?*

③ 사회문화적(socio-cultural) 분석

사회문화적 분석은 한 시대의 사회문화적 상황이나 유행, 트렌드 등을 폭넓게 분석하여 세분화하는 방법이다. 이러한 분석 방법은 현대사회처럼 소비자 개개인의 개성이나 사고가 뚜렷해지고, 또 제품의 구매나 사용이 단순히 기능적 충족을 넘어서는 상황에서는 더더욱 그 중요성이 부각된다. 즉, 시대의 이슈가 변화함에 따라 소비자들의 가치관이나 성향 역시 지속적으로 변화한다는 사실을 근거로 그 추이를 파악하고 예측할 수 있다는데 큰 장점이 있을 수 있다. 그리고 이것이 많은 기업이나 마케팅회사에서 다양한 각도에서 '소비자 보고서'를 발간하는 이유이기도 하다.

〈국내 광고회사 트렌드 보고서 사례〉
사회 라이프스타일 리포트, 한컴, 2013

광고대행사 (주)한컴은 사회, 경제, 문화심리, 현상, 사건 등을 종합적으로 바라보는 STEEC(Society, Tendency, Economy, Event, Cultural Psychology) 분석과 연간 약 9,000명의 소비자 정량조사 분석 결과를 바탕으로 **'창의적인 미래로의 문'**을 여는 13가지 핵심 주제를 도출하고 있다.

01. Colorful Identity : **일인삼색(一人三色)의 시대**
인간욕구 진화의 심화현상은 개인 개성 표출의 가속화로 연결되어 에고컨슈머(Ego-Consumer)의 증가로 이어진다.

02. Ready to Remember : **은퇴 후의 멋진 인생을 준비하는 젊은 층**
젊은 층에게 있어서 은퇴준비는 경제적인 여유를 넘어 과거의 즐거운 기억을 노후에도 지속시키고자 하는 희망의 외침이다.

03. Ever-longed Happiness : **소유와 관념의 행복이 아닌, 경험과 과정의 행복**
자신의 관심 영역에서 직접 몸을 움직여 에너지를 발산해 내는 과정 속에서 얻는 행복이 진정한 행복이다.

04. Authentic Quality of Life : **Quantity가 아닌 Quality가 중요한 세상**
경제적 물질적 양(量) 중심의 삶이 아닌, 개인 만족, 즐거움이라는 삶의 질(質)의 추구가 중요해지는 시대이다.

05. Timing Analogue : **첨단 디지털 시대, 아날로그 감성으로 다스리기**

디지털의 장점과 아날로그의 장점의 조화롭고 창조적인 결합을 통해 시대의 불안한 마음들을 위로한다.

06. Inspire Action : **나의 움직임이 새로운 용기와 희망이 된다.**

불안한 시대를 살아가는 방법은 움츠려 숨는 것이 아닌 지금 이 순간 한 발 앞으로 나아가 움직이는 것이다.

07. Very Cool Family : **따로 또 같이, 독립과 화합이 공존하는 Cool한 가족이 되자.**

서로의 존재감과 독립성을 인정해주는, 한 마디로 독립과 화합이 공존하는 Cool한 가족이 필요하다.

08. Enjoy the Raw : **솔직하게 표현하는 유쾌함과 당당함**

불만에 대처하는 방법은 지금 있는 그대로를 인정하고 '유쾌하고 당당하게' 인생을 즐기는 것이다.

09. Dark Blue : **암울과 희망, 자유, 표출의 가치가 공존하는 시대**

2013년 소비시장은 암울함의 이면에 희망과 자유, 표출의 가치가 공존하는 'Dark Blue'의 시대로 명명할 수 있다.

10. Only Myself : **혼자서도 잘 해요!**

혼자서도 나름의 취미활동이나 친목활동을 하면서 적극적으로 살아가고 있는 '혼자서도 잘사는' 타깃에게 주목하자.

11. Open Your Talent : **개인의 재능을 숨기지 않고 밖으로 표출하는 세상**

자신의 재능에 자신있는 사람들이 창의적인 생산물을 더 많이 창출할 수 있는 세상이 되어야 한다.

12. Real Young : **미완의 거인들**

젊은 미완성의 소비자들이 던지는 '직구'는 무엇인가? 그들을 우리의 충성고객으로 만들어 보자.

13. Social Entertainment : **친목과 엔터테인먼트의 융합**, SNS

친목과 소통의 메신저에서 엔터테인먼트의 메신저로 SNS의 역할이 변화, 확대, 강화되고 있다.

④ 행동적(behavioral) 분석

행동적 분석은 소비행위에 있어서 유사한 패턴을 가지고 있는 소비자들을 분석하여 그 원인을 규명하고, 이를 통해 구매패턴에 따른 태도의 차이를 발견하고자 하는 분석방법이다. 행동적 분석을 위해서는 소비자들의 태도는 물론, 제품사용 상황, 구매빈도, 구매결정권자 등 폭넓은 조사를 통한 데이터가 요구된다.

- 누가 제품을 구매하는가?
- 누가 구매결정을 하는가?
- 누가 구매결정에 영향을 미치는가?
- 어디에서 제품을 구매하는가?
- 한 번에 어느 정도의 양을 사용하는가?

- 얼마의 주기로 제품을 구매하는가?
- 누가 제품을 사용하는가?

위와 같은 다양한 데이터를 통한 분석을 통해 제품의 판매를 극대화하기 위해서 실질적인 커뮤니케이션 타깃을 누구로 해야 할지를 정확하게 판단하게 된다.

3) 타깃별 구매역할 구조

일반적으로 하나의 제품을 구매하여 사용가기까지는 단순히 구매자만 있는 것이 아니라, 폭넓은 제품군에서 특정제품을 구매하기 위한 정보를 수집하는 일에서부터, 그 제품을 구매하기로 의사를 결정하고, 또 의사를 결정하는데 영향력을 행사하고, 구매를 하거나 구매비용을 제공하고, 마지막으로 구매된 제품을 사용하는 일에 이르기까지 다양한 과정과 역할을 거치게 된다.

- 정보수집자(Information Gather)
- 영향력행사자(Influencer)
- 의사결정자(Decision Maker)
- 구매자(Purchaser)
- 사용자(User)

예를 들어서 우리가 아파트를 한 채 구매한다고 하자. 아파트라는 제품을 구매하여 사용하는데 까지 가족 안에서도 다양한 과정과 역할을 거치게 되는 것을 볼 수 있다. 일반적으로 대부분의 가정에서 아파트를 구입하는 일에 있어서 아내는 정보수집자의 역할을 한다. 학군이 어떻고, 교통과 편의시설이 어떻고, 향후 투자가치가 어떤지를 아내가 꼼꼼히 정보를 파악하여 남편과 상의하는 과정을 거치게 된다. 그 과정 속에서 남편은 의사결정자의 역할을 하게 된다. 물론 정보수집과 의사결정 모두를 아내가 하는 가정도 적지 않을 것이다. 그리고 그 의사결정 과정에서 자녀들의 상급학교 진학이나, 남편의 출퇴근 거리, 또는 시댁이나 친정과의 접근성 등을 고려한다면 이들은 아파트를 구입하는데 있어서 영향력 행사자의 역할을 하는 것이다. 아파트의 경우 대부분 구매자는 부부가 될 것이고, 사용자는 온 가족이다.

3. 광고 컨셉트의 설정

•
•
•

사실 일련의 광고전략 과정은 광고 컨셉트를 도출하기 위한 준비과정이라고 해도 과언이 아니다. 수백 쪽 분량의 기획서도, 수십 장 분량의 PPT로 결국은 한 줄의 광고 컨셉트를 뽑아내기 위한 인고의 시간임에는 틀림이 없다. 그만큼 광고 컨셉트를 설정하는 작업은 광고전략 과정의 핵심이 되는 '화룡점정'의 작업이다. 뿐만 아니라, 이상적으로 도출된 컨셉트는 향후 개발될 크리에이티브 전략과 제작에 지대한 영향을 미친다. 광고 컨셉트의 설정은 광고주나 제품이 소비자에게 어떤 내용의 메시지를 커뮤니케이션할 것인가를 결정하는 단계로, 굳이 나누어 말하자면 'What to say?'에 관한 부분이라고 할 수 있다.

1) 광고 컨셉트의 개념

광고 컨셉트란 광고를 통해 광고주가 소비자에게 전달하고자 하는 핵심내용이다. 광고 컨셉트는 생산자 입장에서는 소비자에게 전달하고자 하는 메시지의 핵심으로 생산자가 만든 제품의 컨셉트를 소비자가 쉽게 이해하고 받아들이게 하기 위해 광고기획자가 도출해 내는 방향성에 해당하며, 상황분석에서 찾아 낸

경쟁력있는 사실이나 제품 컨셉트를 커뮤니케이션 목적에 맞게 개념적으로 정리하여 연결하는 역할을 한다.

2) 제품 컨셉트와 광고 컨셉트

제품 컨셉트와 광고 컨셉트는 둘 다 'What to say?'에 관한 부분임에는 공통점이 있으나, 제품 컨셉트는 생산자 입장에서 제품을 생산하게 된 배경이나 핵심적 특징을 정리한 것이라면, 광고 컨셉트는 철저하게 소비자 입장에서 제품을 통해 기대하거나 얻게 되는 핵심적 편익을 정리하는 것이라고 할 수 있다. 이런 근본적인 입장의 차이 때문에 제품 컨셉트와 광고 컨셉트가 다르게 도출되는 것이 일반적이지만, 경우에 따라서는 제품 컨셉트가 바로 광고 컨셉트로 활용되기도 한다.

3) 광고 컨셉트 개발 과정

광고 컨셉트의 도출은 지금까지 검토되고 분석된 다양한 결과들을 바탕으로 소비자들이 공감할 수 있는 핵심적 방향을 설정하는 과정이다. 그리고 보다 효과적인 광고 컨셉트를 개발하기 위해 광고회사마다 자체적인 전략모델을 개발하고 이를 활용하고 있다. 이러한 광고 컨셉트를 도출하기 위해서는 우선 제품이 가지고 있는 기능적 속성이나 특징을 다양한 각도에서 파악하는 일이 우선되어야 하며, 이를 바탕으로 소비자에게 전달할 핵심 메시지의 방향을 개발하고, 마지막으로 이러한 제품 컨셉트와 광고 컨셉트를 효과적으로 전달해 줄 크리에이티브 컨셉트나 키워드를 개발하는 과정을 거치게 된다.

〈그림 6-3〉 광고 컨셉트 개발과정 및 사례

4) 크리에이티브 브리프 작성

광고 컨셉트가 결정되면 광고 기획 담당자는 크리에이티브 브리프(Creative Brief)를 작성한다. 브리프(The Brief)는 원래 다국적 광고회사인 싸치앤싸치(Saatchi & Saatch)에서 개발한 광고전략 모델로 현재 전세계 광고회사에서 활용되고 있으며, 사외적으로는 광고기획 담당자가 광고주에게 프레젠테이션을 하여 광고의 방향성에 대한 상호합의를 위해 작성되기도 하고, 사내적으로는 광고회사 내부의 제작 담당자를 비롯한 프로젝트와 관련된 구성원들과 광고제작 및 캠페인 진행 방향에 대한 명확하고 원활한 의사전달을 위해 작성되기도 한다. 이러한 브리프의 양식은 광고회사 마다 조금씩 다르게 활용되기도 하지만 큰 틀에서는 차이가 없다.

① 브리프 작성의 기본 원칙

- 객관적으로 작성한다.

  브리프는 제품과 시장에 대한 객관적인 사실에 기초하여 작성되어야 한다. 따라서 광고주나 팀원들의 어떤 질문에도 객관적 데이터에 의거한 설득력 있는 답변이 가능하도록 작성되어야 한다.

- 분석적으로 작성한다.

  브리프는 제품과 소비자에 대한 다각적인 분석을 토대로 작성되어야 한다. 이것은 단순한 객관적 사실의 나열에서 한 차원 높은 노력을 필요로 한다.

- 비판적으로 작성한다.

  브리프는 항상 소비자 시각에서 궁금증을 가지고 비판적으로 생각하고, 필요 시 가설검증을 위한 조사 등을 통해 당연한 사실이라도 검토하는 자세가 필요하다.

- 창조적으로 작성한다.

  객관적이고 분석적인 자료를 보는 시각에 신선한 통찰력을 발휘하여 창조적인 경쟁력을 지닌 브리프를 작성하도록 한다.

② 브리프 작성 과정

- 광고주 오리엔테이션 : 광고주로부터 캠페인 하게 될 제품이나 서비스에 대한 오리엔테이션을 받는다.
- 기획회의 : 광고주로부터 받은 오리엔테이션 내용을 바탕으로 설득력있는 브리프 작성을 위한 회의를 진행한다.
- 브리프 초안 작성 : 캠페인목표, 타깃, 컨셉트 등 주요 항목이 러프하게 정리된 브리프 초안을 작성한다.
- 광고주 협의 : 작성된 브리프 초안을 바탕으로 오리엔테이션을 실시한 광고주와 협의하여 수정 및 보완사항을 체크한다.
- 브리프 완성 : 초안 작성된 브리프를 수정 보완하여 최종적으로 브리프를 완성시킨다.
- 크리에이티브 회의 : 광고주와 협의된 최종 브리프를 가지고 광고제작팀을 비롯한 전체적인 캠페인을 실행할 팀들과의 제작회의를 실시한다.

③ 브리프에 작성될 주요 항목 및 양식(광고회사 한컴 Creative Essence 양식)

• 배경(Background)

- 용어의 정의 : 시장상황, 소비자분석, 경쟁상황 등 광고주 및 제품과 관련한 모든 상황에 관한 기술.
- 실행 가이드 : '아, 그래서 광고를 하려고 하는구나!'라는 동의를 충분히 이끌어 낼 수 있어야 한다.

• 브랜드 설명(Brand Description)

- 용어의 정의 : 광고하고자 하는 브랜드 또는 제품에 대한 히스토리, 기능적 속성, 컨셉트, 유통상황 등에 대한 상세한 기술.
- 실행 가이드 : 브랜드나 제품이 시장을 움직일만한 경쟁력있는 기능이나 속성을 찾아야 한다.

• 문제점 및 기회(Problem & Opportunity)

- 용어의 정의 : 제품이나 브랜드가 시장 내에서 가지고 있는 문제점과 기회요인에 관한 기술.
- 실행 가이드 : 광고를 하게 된 배경 안에서 가장 큰 문제점이 무엇이며, 시장 내에서 기회요인으로 작용할만한 것들을 경쟁적 관점에서 작성하라.

• 광고목표(Advertising Objective)

- 용어의 정의 : 문제점을 제거하고 기회요인을 살릴 수 있는 목표를 설정하여 기술.
- 실행 가이드 : 현실 가능한 목표를 제시하고, 꼭 성공할 수 있다는 확신을 주어라.

- 광고타깃(Target Audience)
  - 용어의 정의 : 광고 메시지를 전달하고자 하는 메인 타깃을 최대한 좁히고, 그들의 물리적, 심리적 속성들에 대한 자세한 기록.
  - 실행 가이드 : 마케팅 타깃이 아닌 철저하게 커뮤니케이션 타깃을 우선적으로 고려하여 작성하라.

- 핵심 인사이트(Key Insight)
  - 용어의 정의 : 광고목표를 달성하기 위해 필요한 핵심 메시지 또는 전략의 핵심에 관한 기술.
  - 실행 가이드 : 커뮤니케이션 타깃의 속마음을 읽어라. '이렇게 하면 소비자들이 이 제품을 사겠구나!'라는 동의가 얻어져야 한다.

- 혜택과 보상(Support & Reward)
  - 용어의 정의 : 소비자에게 핵심 인사이트를 제시했을 때 제공되어지는 소비자 혜택과 보상에 대한 기술.
  - 실행 가이드 : 광고를 본 소비자들로 하여금 '이 제품을 구매하면 나에게 이런 점에서 좋겠구나!' 라는 느낌이 충분하게 들어야 한다.

- 기대반응(Desired Action)
  - 용어의 정의 : 광고에 노출된 소비자의 기대 반응이나 행동에 관한 기술.
  - 실행 가이드 : '당장 전화를 걸어 주문한다.', '슈퍼로 나가 제품을 구입한다.' 등 광고를 본 소비자들이 어떤 반응을 보이기를 원하는지 구체적으로 작성한다.

- 브랜드 개성(Brand Personality)

- 용어의 정의 : 해당 제품의 개성이나 표현되는 광고의 Tone & Mood에 대한 기술.
- 실행 가이드 : 감성적, 인간적, 젊은, 세련된, 도시적인 등 브랜드나 광고가 가져야 될 차별화된 느낌에 대하여 단어로 표현하라.

• 요구사항(Requirment)
- 용어의 정의 : 광고 제작 시 엄수해야 하는 광고주로부터의 요구사항에 대한 기술.
- 실행 가이드 : 광고주 요구사항에 대한 충분한 사전 협의로 시간과 비용에서 효율적인 광고제작을 할 수 있다.

• IMC계획(IMC Planning)
- 용어의 정의 : IMC 차원에서 광고목표를 달성할 수 있는 전략에 관한 총체적인 기술.
- 실행 가이드 : 멀티미디어 시대의 New IMC 전략은 선택과 집중이 필요할 수도 있음을 명심하라.

• 타이밍(Timing)
- 용어의 정의 : 브리프 오리엔테이션 이후 광고 시안의 제작에서부터 광고주 제시, 시안확정, 광고제작 및 집행일정 등 전반적인 스케줄에 대한 기술.
- 실행 가이드 : 광고는 크리에이티브의 수준 못지않게 타이밍도 중요하다는 사실을 잊지 말자. 협의되고 계획된 일정에 문제가 발생하지 않도록 확인하고 진행하는 것도 능력이다.

Creative Essence

- Client :
- Project :
- Planning :
- Creative :
- Date :

Background
Product(Brand) Description
Problem & Opportunity
Advertising Objective
Target Audience
Key Insight
Support & Reward
Desired Action
Brand Personality
Requirements
IMC Planning
Timing

Chapter 7

광고 크리에이티브 전략

오길비(D. Ogilvy)는 '광고는 과학이다'라는 견해를 가지고 광고의 과학적이고 이성적인 측면을 강조하였고, 번바크(W. B. Bernbach)는 '광고는 예술이다'라는 견해를 가지고 광고의 예술성과 감성적인 측면에 비중을 두었다. 크리에이티브 전략 부분은 광고 커뮤니케이션의 예술적 측면을 어떻게 극대화 할 것인가에 대한 문제를 해결하는데 실마리를 주어야 하는 역할을 한다. 즉, 광고전략 부분에서 결정된 '무엇을 이야기 할 것인가?(what to say?)'에 대한 부분을 '어떻게 이야기할 것인가?(how to say?)'로 승화시키는 일이다.

1. 크리에이티브 전략의 개념과 역할

크리에이티브 전략이란 광고 캠페인의 기획 전략과 커뮤니케이션 전략을 바탕으로 메시지 전달에 관한 구체적인 표현방법을 결정하기 위한 전략이다. 크리에이티브 전략의 주요 과정은 기업이나 브랜드 또는 제품으로부터 도출된 커뮤니케이션 컨셉트에 맞는 아이디어를 도출하고, 크리에이티브 목표를 달성하기 위한 컨셉트를 도출해 내는 것으로, 도출된 크리에이티브 컨셉트를 소비자들에게 어떻게 전달 할 것인가에 대한 전략적인 의사결정을 하는 단계가 바로 크리에이티브 전략 단계이다.[22]

일반적으로 유레카(Eureka)나 빅 아이디어(Big Idea)라고 하는 것이 과학적이고 논리적인 전략을 기반으로 한 것이 아니라, 단순히 우연에 의한 창의적인 생각에 불과하다면 그 아이디어가 광고목표를 실현하는 크리에이티브로 발전되기는 쉽지 않다. 따라서 시장 상황과 광고 전략에 적합한 크리에이티브 전략을 만들어 낸다는 것은 이미 창의적인 크리에이티브를 통해 소비자에게 강하고 긍정

22) 한광석 외(2012). 광고론, 서울 : 글로벌

적인 인상을 주고, 나아가 공감을 통한 설득작업을 하기에 충분한 광고 표현물을 만들어 내는 작업의 중요한 첫 걸음을 내딛은 것이라고 할 수 있다.

** 훌륭한 크리에이티브 전략 도출을 위한 키 포인트*[23)]

1. 광고를 통해 이루어야 할 목표가 무엇인가?
2. 메시지를 전달하고자 하는 목표청중은 누구인가?
3. 소비자가 제품을 구매할 이유는 무엇인가?
4. 혜택을 믿게 할 합리적인 근거는 무엇인가?
5. 제품의 개성을 어떻게 표현할 것인가?

23) 송용섭, 이대룡(1996). 현대광고론, 서울 : 무역경영사

2. 크리에이티브 목표 및 컨셉트 설정

1) 크리에이티브 목표 설정

크리에이티브 목표는 광고목표의 달성을 위해 소비자에게 전달하고자 하는 커뮤니케이션 목표라고 할 수 있다. 아무리 광고목표가 명확하게 설정되었다 하더라도 그 목표를 달성하기 위한 크리에이티브를 어떻게 표현하는가에 따라 소비자들은 뜨겁게 반응할 수도 있고, 반응하지 않을 수도 있기 때문이다. 아무리 대본이 훌륭하다 하더라도 결국 소비자들이 만나는 것은 TV 모니터를 통한 배우들의 연기이듯이, 훌륭한 기획서도 적절하고 설득력있는 크리에이티브가 받쳐주지 않으면 성공적인 캠페인을 진행하기가 쉽지 않다.

이러한 크리에이티브 목표는 크게 두 가지 시각으로 나누어 볼 수 있는데, 첫째는 단순히 소비자들의 흥미와 호기심을 유발하기 위한 일반적 목표이며, 둘째

는 심리적, 행동지향적, 기업적 목표에 부합하는 특수목표이다.[24)]

대부분의 창의적이면서도 광고효과 측면에서 아쉬운 결과를 보이는 캠페인은 전략이나 크리에이티브 목표 설정에 문제가 있는 경우가 대부분이다. 따라서 기업의 이미지나 제품의 판매를 위해 적합하고 명확한 크리에이티브 목표를 설정하는 일은 효과적인 크리에이티브를 창작하는데 도움을 줄 뿐만 아니라, 향후 광고효과 조사에도 도움이 되는 잣대로 활용된다.

2) 크리에이티브 컨셉트 설정

크리에이티브 컨셉트을 설정하는 작업은 제품 컨셉트와 커뮤니케이션 컨셉트의 연계선상에서 광고 표현의 핵심적인 아이디어를 찾아내는 일을 말한다. 성공적인 캠페인을 만드는 컨셉트는 새롭게 만들어지는 것이 아니라 이미 소비자의 마음속에 존재하고 숨어있는 가치를 발견하여 강조하는 것이라는 점에서 더 많은 노력이 필요하다.

다국적인 광고회사 디디비 니드햄(DDB Needham)은 좋은 컨셉트가 좋은 아이디어로 발전하고, 좋은 아이디어가 더욱 창의적인 빅 아이디어로 발전하기 위한 독자적인 크리에이티브 철학으로 ROI를 활용하였다.

① 적합성(Relevance)

아무리 창의적인 아이디어라고 하더라도 그 제품이 주는 혜택이나 소비자의

24) Dunn. S. W. and A. M. Barban(1978), Advertising : It's Role in Marketing, (Illinois : The Dryden Press).

욕구에 부합하지 않는 것이라면 무의미하다. 즉, 창의적인 빅 아이디의 기본 요건은 광고 크리에이티브가 적절한 메시지를 전달함으로써 공감을 이끌어 내고 궁극적으로 제품 판매의 목적을 달성할 수 있다는 것이다.

② 독창성(Originality)

같은 제품 같은 메시지라 하더라도 어떻게 표현하는가에 따라 광고효과가 천차만별인 것은 광고 크리에이티브가 가지고 있는 독창성의 차이이다. 특히, 소비자들이 크리에이티브에 반응하는 첫 단계인 주목(Attention)을 이끌어 내기 위해서는 광고의 독창성이 무엇보다 중요하다.

③ 영향력(Impact)

힘있는 크리에이티브는 꼭 자극적인 카피나 충격적인 비주얼을 말하는 것은 아니다. 감성적이고, 부드럽고, 인간적인 메시지나 이미지를 사용하더라도 소비자들에게 강력한 공감을 불러일으키고, 이를 통해 기존의 인식, 태도 나아가서 행동을 강화시키거나 변화시킬 수 있다면 그 자체가 힘있는 광고의 역할을 충분히 하고 있는 것이다.

** 관점에 따른 중요성의 차이*

광고주(Client) 관점 : 적합성(Relevance) 중요
광고회사(Agency) 관점 : 독창성(Originality) 중요
소비자(Consumer) 관점 : 영향력(Impact) 중요

3) 다양한 크리에이티브 전략

① USP 전략

- 개발자 : 테드 베이츠(Ted Bates)의 로저 리브스(Rosser Reeves)
- 주 활용 초기 : 1950년대

USP(Unique Selling Proposition) 전략은 마케팅의 중심이 소비자로 이동하기 전 시기에 주를 이루었던 전략으로 제품에 대한 이성적이고 논리적인 메시지를 바탕으로 소비자를 설득하고자 하는 전형적인 하드 셀(Hard Sell) 전략이다. 다소 제품 중심적 마인드에서 출발한 전략이며, 광고는 그 제품만이 자랑할 수 있는 내용을 소구하여야 하고, 이를 통해 그 제품을 구입해야 하는 이유를 제공하는 것이 가장 효과적이라는 전략적 관점을 강조한다.

② 브랜드 이미지 전략

- 개발자 : 오길비앤매더(Ogilvy & Mather) 설립자 데이비드 오길비(David Ogilvy)
- 주 활용 초기 : 1960년대

브랜드 이미지(Brand Image) 전략은 브랜드에 대한 소비자의 느낌과 태도를 변화시킬 목적으로 제품이 가지고 있는 감성적 메시지를 활용하는 대표적인 소프트 셀(Soft Sell) 전략이다. 이 전략은 단기적인 광고효과 보다는 장기적인 관점에서 브랜드에 대한 이미지를 관리해 나가는 것이 중요하며, 특히 브랜드나 제품 간의 차별점이 부족한 경우 브랜드 이미지가 중요한 역할을 한다는 점을 강조하였다. 이러한 브랜드 이미지는 단 몇 차례의 광고 집행을 통해 얻어지는 것이 아니며, 오랜 기간 일관성 있는 광고 집행을 통해 서서히 쌓여진다.

③ 포지셔닝 전략

- 개발자 : 잭 트라우트(Jack Trout)와 알 리스(Al Ries)
- 주 활용 초기 : 1970년대

포지셔닝(Positioning) 전략은 1970년대 오랜 기간 계속 되어 온 미국의 경제 불황 속에서 효과적인 경쟁을 위한 목적으로 개발되었다. 이 전략은 성공적인 광고 캠페인을 위해서는 단순히 제품의 속성이나 이미지만을 중시하는 것이 아니라, 이 두 가지가 모두 중요하며 특히, 잠재 고객들의 마음속에 자사제품이 경쟁제품과 어떻게 차별화되어 인식되고 있는가를 매우 중요한 관점으로 판단하였다. 포지셔닝 전략의 대표적인 성공 캠페인이 미국의 렌터카 업체 Avis의 No.2 캠페인이다.

포지셔닝 전략은 해당 제품이 소비자의 마음 속 사다리의 어디에 위치하고 있느냐에 따라 선두주자의 포지셔닝, 추격자의 포지셔닝, 경쟁자의 포지셔닝 전략으로 나누어진다.

가. 선두주자의 포지셔닝

소비자의 마음 속 가장 높은 위치에 있는 1위 브랜드는 2위 브랜드에 비해 시장 점유율이 2배 정도 되며, 2위 브랜드는 3위 브랜드의 2배 정도 되는 것이 일반적이다. 때문에 브랜드가 소비자의 마음 속 가장 높은 곳에 위치한다는 것이 얼마나 큰 역할을 하는지 알 수 있다.

** 선두유지를 위한 포지셔닝 전략*

- *자만하거나 자랑하지 말라!*

자신의 브랜드가 1등임을 자랑하기 보다는 소비자의 마음 속에 해당 제품군의 대표 브랜드 인식을 강화하고 이에 적합한 대표적인 메시지를 전달하는 것이 효과적이다.

- *성공한 전략은 반복하라!*

성공한 광고 캠페인의 컨셉트는 이미 소비자가 인정한 내용이므로 지속적으로 반복 사용하는 것이 효과적이다. 캠페인에 대한 지루함은 소비자보다 광고주가 빨리 느낀다.

- *모든 가능성에 대비한다!*

선두는 언제든지 바뀔 수 있고, 1위 브랜드 자리를 노리는 신제품은 언제든지 탄생할 수 있다는 생각을 가지고 사전에 다양한 가능성을 대비하고 대응해야 한다.

나. 추격자의 포지셔닝

추격자는 선두주자의 전략을 모방하기 보다는 선두주자가 가지고 있지 않은 부분이나 취약점 또는 전혀 다른 방향에서의 전략적 접근을 시도하는 것이 효과적이다. 즉, 이미 소비자의 마음속에 확고하게 자리 잡은 인식을 바꾸는 일 보다는 선두주자가 예상하지 못한 곳을 공격하는 것이 승산이 많기 때문이다.

다. 경쟁자의 포지셔닝

경쟁제품에 대한 강력한 대립구도를 조성하여 소비자의 기존 인식에 혼돈을 주고, 기존 선두 브랜드의 강력한 대안으로 등극하는 것이다. 어떤 제품이나 다른 대안을 원하는 소비자는 있기 마련이고, 선두 브랜드도 언젠가는 흔들이기 마련이이다. 따라서 소비자에게 지속적으로 경쟁적 대안에 대한 메시지를 전달할 필요가 있다.

④ SMP 전략

• 개발자 : 사치 & 사치(Saatchi & Saatchi)

SMP(Single Minded Proposition)는 사치 & 사치의 기본전략인 단순화에서 시작된 '단일집약적 광고제안'이다. 즉, 생산자적 시각이 아닌 철저한 소비자적 시각으로 광고주가 소비자에게 전달하고자 하는 물리적 심리적 특성을 하나로 집약하여 전달하고자 하는 전략으로, 그 메시지는 소비자가 쉽게 거부할 수 없을 정도로 강력한 것이어야 한다.

3. 크리에이티브 소구 유형 및 소구 방법

광고효과는 광고 메시지의 유형에 따라 달라질 수 있다.[25] 광고의 소구내용 즉 메시지 내용은 광고의 언어적 내용에 관한 것으로 흔히 메시지 소구유형 혹은 호소유형이라고 불려진다. 메시지 소구유형은 크게 이성적 소구와 감성적 소구로 나누어지며, 연구자들에 따라 직접광고와 간접광고, 속성중심 광고와 이점지향 광고, 사실적 광고와 정서적 광고, 품질소구 광고와 이미지소구 광고, 하드 셀 광고와 소프트 셀 광고 등 매우 다양하게 정의되고 있다.

또한 크리에이티브 제작 단계에서는 각 유형에 따라 다양한 방법으로 메시지 전달의 결과물이 나타나게 되는데, 소구방법을 무엇으로 선택하느냐에 따라 소비자들의 반응이나 광고효과에 적지 않은 차이를 나타내게 된다.

25) Ray & Batra, 1983.

1) 정보전달 및 증거제시

제품에 대한 정보전달은 소비자로 하여금 제품을 구매하도록 하는데 중요한 역할을 한다. 따라서 제품이 가지고 있는 객관적이고 신뢰할 만한 정보를 정확하게 전달을 하거나 보다 전문적이고 과학적인 방법으로 근거자료 등을 제시하여 신뢰를 높이는 것은 메시지 소구의 가장 기본적인 방법이라 할 수 있다.

2) 시연 또는 증언

소비자로 하여금 그 제품을 직접 사용하게 하는 것은 제품에 대한 이해를 가장 쉽게 도울 수 있는 소구방법이다. 일반적으로 새로운 제품의 사용 방법을 알려주거나, 제품의 사용전후를 비교하거나, 경쟁제품과 함께 비교하여 사용하는 방법을 활용한다. 증언은 시연보다 더욱 적극적인 메시지 전달 방법으로 그 제품을 직접 경험해 본 신뢰할 만한 사람들의 생생한 증언을 광고를 통해 전달하는 방법이다. 이러한 증언 소구에는 실제 소비자가 등장하거나, 그 제품에 관한 전문가, 또는 유명인이 등장하기도 한다. 그러나 가장 중요한 것은 그 증언자가 단순한 광고 모델이 아닌 객관적 메시지를 전달해주는 신뢰할만한 제3자의 역할을 할 수 있도록 하는 것이다.

3) 비교

결국 광고는 시장에서 누가 경쟁우위를 차지하는가의 싸움이다. 따라서 자사의 제품을 타사의 제품이나 자사의 과거제품과 비교하여 경쟁우의를 보여주는 것 만큼 효과적인 방법도 없을 것이다. 그러나 비교소구에서 주의할 것은 근거없는 비방이나 허위표현으로 법적 공방이나 윤리적인 문제에 휘말라지 않도록 해야 할 것이다.

4) 생활단면과 라이프스타일

이제 광고는 단순한 정보의 전달이나 설득을 넘어서 소비자 스스로 광고 메시지에 공감하도록 하는 것이 중요하다. 생활단면(Slice of life) 형 소구방법은 일상생활 속에서 누구나 경험하고 쉽게 공감할 수 있는 내용을 표현함으로써 광고가 전달하고자 하는 메시지에 소비자가 자신의 이야기처럼 빠져 들게 만드는 힘을 발휘하게 한다.

라이프스타일(Life style) 소구는 제품을 사용하는 타깃들의 활동이나 취미 등의 이미지를 반영함으로써 또래집단의 유행이나 트렌드에 동참하고 싶은 욕구를 자극하는 소구방법이다. 이러한 라이프스타일 소구 방법은 또래 간의 동료의식을 중요하게 생각하는 청소년기의 타깃에게 효과적이며, 마치 이 제품을 구매하여 사용하지 않을 경우에 자신만 유행에 뒤처지거나 집단에서 소외되는 것과 같은 불안감을 직간접적으로 조성하기도 한다.

5) 상징

어떤 브랜드를 보았을 때 특정 캐릭터나 색, 단어, 음악 등이 떠오른다면 그것은 소비자의 기억 속에 그 브랜드가 하나의 상징으로 기억되어 있기 때문이다. 이러한 상징은 장기간 일관성 있는 메시지를 전달함으로써 가능하다. 말보로 담배의 카우보이, 켈로그의 토니 호랑이, 미쉐린의 타이어 맨, SK주유소의 빨간색이나 S-oil의 노란색이 해당 브랜드의 상징에 속하는 예이다.

6) 환상

패션이나 화장품과 같은 감성적 접근이 필요한 제품의 광고 표현에서는 소비자가 그 제품을 사용함으로 해서 얻게 되는 혜택을 환상적인 이미지로 극대화하여 마치 자신이 광고 속에 등장하는 모델이 된 것과 같은 착각이 들게 한다. 환상 소구 방법에서는 구체적인 카피의 전달 보다 제품이나 이미지 중심의 소프트한 접근이 효과적이다.

7) 대화

대화 소구 방법은 광고에 등장하는 모델들의 대화 속에서 제품의 특징이나 혜택을 자연스럽게 전달하는 방법이다. 대부분 문어체 보다는 구어체로 진행이 되며, 일반적인 내레이션 형태의 진행에 비해 부담 없이 메시지 전달이 가능하다는 장점이 있다.

8) 드라마

드라마 소구 방법은 대화 소구와 비슷하지만, 1인 진행이 가능하며, 짧은 시간 안에 극적인 기승전결의 진행을 소화하여 소비자로 하여금 보다 극적인 재미와 긴장감을 선물한다. 15초~30초 안에 하나의 드라마를 완성하기도 하고, 1편, 2편, 3편의 형태로 시리즈 캠페인을 구성하기도 한다.

9) 유머

유머 소구는 유럽을 비롯한 세계적인 광고 시장에서는 흔하게 만날 수 있는 소구 방법임에도 불구하고 국내 광고 표현에서는 쉽게 볼 수 없는 소구방법이다. 사실, 현대의 광고가 소비자에게 주는 역할이 단순한 정보전달의 역할 이상의 문화적 역할이나 엔터테인먼트적인 역할에 까지 와 있다는 점을 감안한다면 유머 소구의 부재는 안타까운 현실이다. 이러한 유머는 메시지 수용자의 마음을 쉽게 열어 경계심을 없애주는 힘이 있기 때문에 보다 쉽고, 재미있고, 친근하게 전달하고자 하는 메시지를 전달하게 된다.

10) 위협

제품에 따라서 또는 전달하고자 하는 메시지의 내용에 따라서 유머나 감성적 표현 보다는 충격적인 위협소구가 필요할 때도 있다. 주로 안전을 내용으로 하는 공익광고, 건강에 대한 위협이나 질병 예방을 위한 의약제품 광고 등에서 많이 사용되나, 요즘의 광고 시장에서는 노후준비나 자녀들 교육에 관련한 제품에서도 종종 위협소구 표현의 광고를 볼 수 있다.

11) 풍자 또는 패러디

풍자나 패러디 광고는 이미 영화나 연극, 소설이나 드라마 등에서 소비자들에게 익히 잘 알려진 내용을 광고의 제품이나 스토리에 연결시켜 표현하는 소구 방법이다. 유명한 정치인의 말투나 말의 내용을 광고에 활용하거나, 영화에서 나왔던 명장면을 활용하거나, 드라마나 개그 프로그램의 유행어를 광고에 활용하여 소비자들이 보다 쉽고 재미있게 광고 메시지를 이해하도록 하기 위해 풍자나 패러디 소구를 활용하기도 한다.

12) 성

성적 소구는 오래 전부터 광고 메시지나 이미지를 전달하는 요소로 활용되어 왔다. 그러나 그 표현의 수위에 따라 종종 논란을 일으킬 소지가 많으며, 광고에서도 영화나 문학에서와 같이 전체적인 목적 달성을 위해 꼭 필요할 때 적절하게 사용하는 것이 가장 효과적이다.

위에 소개한 다양한 표현 소구 가운데 어떤 제품에는 어떤 소구 방법이 적합할지를 고르는 일은 쉽지 않다. 또한 그 해결 방법에 정답이란 있을 수 없다. 이는 똑같은 제품도 시장상황이나 문화적 환경에 따라 효과적인 표현 방법은 매우 유동적이며, 소구 방법 자체가 하나의 크리에이티브 부분에 속하기 때문에 그 창의적인 조합의 수는 무한하다고 볼 수 있다.

4. 카피전략

1) 개요와 개념

경쟁(competition)이라는 틀에서 보면 광고도 전쟁이요 스포츠다!

똑같은 선수들로 구성된 팀을 각기 다른 감독의 전략과 전술을 가지고 경기를 한다면 결과의 차이를 보일까? 단언컨대, 팀을 운영하는 감독의 전략과 전술에 따라서 상당히 다른 가시적인 결과를 보일 것이다. 즉, 모든 창작과정에도 스포츠와 같은 전략과 전술이 필요하다.

카피전략은 표현전략을 바탕으로 표현 컨셉트를 추출하고 카피창작에 필요한 구체적인 메시지를 구성하는 청사진이다. 카피전술은 실제로 카피를 쓰는 구체적인 방법이자 설정된 카피전략을 바탕으로 표현을 행하는 실무적 원칙을 의미한다. 따라서, 카피를 공부하는 학생들은 물론이고, 카피를 시작하는 카피라이터나 중견 카피라이터 모두 카피창작에서의 전략과 전술을 숙지할 필요가 있다.

카피전략은 브랜드나 제품의 특징 가운데 무엇을 판매 포인트(Selling Point)로 선택하고, 이를 소비자의 구매심리, 생활양식, 가치관 등에 대응시켜 어떻게 표현할 것인가를 생각하는 것이며, 이러한 메시지의 시계열적 전개는 물론, 매체 상호 간의 전개를 기획하는 것을 말한다. 이러한 카피전략은 소비자들이 경쟁 제품 보다 자사 제품을 구매할 수 있도록 토대를 마련해 주는 지침이며, (중략) 브랜드가 줄 수 있고 구매근거가 될 수 있는 제품 편익을 명확하게 제시해 주는 역할을 해야 한다.(P&G교육자료)

- 카피전략은 표현 컨셉트를 찾아내는 도구이다.
- 카피전략은 카피작업의 사전 워밍업이다.
- 카피전략은 직관적 창작에 빠지지 않게 하는 안내자이다.
- 카피전략은 카피에 논리적 근거를 제공하는 역할을 한다.

따라서 카피전략은 광고전략의 종착역이자 크리에이티브의 시작이 되는 곳이라고 해도 과언이 아니다.

2) 카피전략의 도구

① 카피 포맷(Copy Format)

카피 포맷이란 동일한 컨셉트 아래 일련의 연속된 광고를 집행하는 광고 캠페인에 있어서 일관된 통일성을 줄 수 있도록 카피 전체의 구조나 형태를 미리 결정해 두는 것을 말한다.

〈그림 8-1〉 타임스퀘어 론칭광고 시안

앞에 제시된 4개의 광고시안은 일정한 〈카피 포맷(Copy Format)〉을 가지고 있는 것을 볼 수 있다. 헤드라인이 모두 2개의 단어로 구성되어 있으며, 뒤 단어에 브랜드를 연상시키는 'Square'를 사용하고 있는 것도 공통적 특징이다. 이는 〈TIMES SQUARE〉라는 브랜드의 론칭 캠페인을 제작하기에 앞서 미리 카피의 일정한 포맷(format)을 결정해 두었기 때문이다. 이처럼 〈카피 포맷〉은 카피의 외형적 구조에 공통된 기준을 정하여 각 광고 간의 시너지 효과를 높이기 위해 사용된다.

예를 들어, 헤드라인을 모두 〈의문형〉으로 만드는 것. 헤드라인을 모두 〈한 글자〉로 통일하는 것. 헤드라인을 모두 〈의성어〉를 활용하여 만드는 것. 바디카피의 〈마무리를 동일한 문장〉으로 통일하는 것. 등이 카피 포맷을 위한 노력의 일환이다

② **카피 폴리시**(Copy Policy)

카피 폴리시는 광고 캠페인에 참석하는 모든 크리에이터들이 공유할 필요가 있으므로, 작성자의 막연한 생각보다는 누구나 오해 없이 명확하게 그 내용을 이해할 수 있는 구체적인 문장을 활용하여 작성하는 것이 필요하다.

- 카피 폴리시는 카피라이팅을 어떻게 할 것인지를 결정하는 카피정책이다.
- 카피 폴리시는 카피라이터가 자신의 제품이나 서비스의 카피를 어떻게 쓸 것인지를 포괄적으로 제시하는 청사진이다.
- 카피 폴리시는 막연한 표현이 아닌 구체적인 도표나 문장으로 표현된 카피의 윤곽이다.

즉, 카피 폴리시는 카피 창작의 길잡이라고 할 수 있다.

** 카피 폴리시에서 다루어야 할 요소들*

- 누구를 대상으로 카피를 쓸 것이며 그 이유는 무엇인가?
- 어떤 매체에 집행할 것이며 그 이유는 무엇인가?
- 단일 카피나 시리즈 카피는 어떤 목적을 가지고 있는가?
- 카피라이팅의 강조점은 무엇인가?
- 광고내용이나 연결 관계에서 가장 바람직한 방법은 무엇인가?
- 카피를 접한 소비자의 기대반응은 무엇인가?

③ **카피 플랫폼**(Copy Platform)

카피 플랫폼은 광고 캠페인의 기본적인 아이디어에 포함시킬 여러 가지 판매 소구점을 간추려 명시한 것을 말한다. 즉, 카피라이터는 카피를 작성하기 전에 제품의 주요 특징과 이점을 대응시켜 대조표를 만들어야 한다. 이 작업은 분명히 연속적으로 계속되는 캠페인의 소구점을 부각시키는데 도움을 준다.

- 카피 플랫폼은 소비자를 설득할 수 있는 모든 단어들을 빠짐없이 일목요연하게 적어 놓은 도표이다(니시오타다이사, 1983).

- 실제 카피 창작을 위해 카피라이터가 반드시 싣고 떠나야 하는 핵심정보의 집합(김병희, 2007).

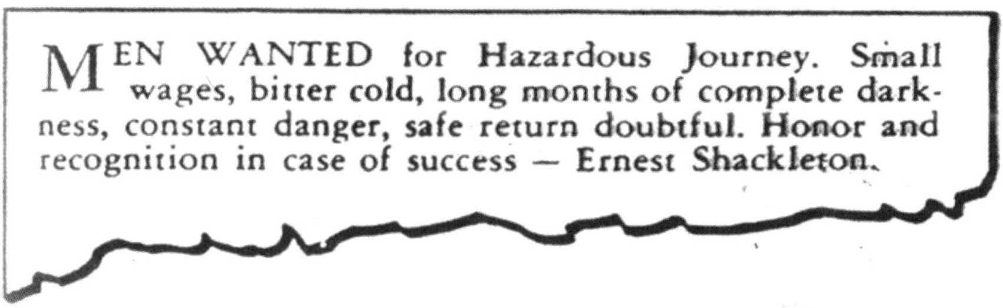

〈그림 7-2〉 영국의 남극 탐험대원 모집광고

위 광고는 1900년 런던의 한 신문광고에 실린 남극 탐험대원 모집 신문광고다. 위험한 탐험을 떠날 남자를 모집하는데 주어지는 혜택으로 낮은 보수, 냉혹한 추위, 몇 달이나 계속되는 암흑, 이어지는 위험, 그럼에도 불구하고 무사귀환을 보장하지도 않는다고 설명하고 있다. 단지, 성공적으로 탐험을 마쳤을 경우 명예와 명성이 주어진다고 설득한다.

위 광고 카피의 사례는 제품에 대한 소비자의 욕구를 찾아내어 그것을 경쟁적 편익으로 전환시킨 사례라고 볼 수 있다.

〈카피 플랫폼 작성 순서〉

① 제품 영역

- 제품이 지니고 있는 혜택이나 특성을 중요한 순서대로 나열한다.
- 제품 고유의 특성을 찾고 그 주장을 입증할 수 있는 방법을 찾는다.
- 기업명이 중요하다면 그 이유를 말하고, 그 브랜드 가치를 카피라이팅에 고려한다.

② 소비자 영역

- 소비자의 인구통계적 특성을 분석한다.
- 소비자의 심리적 특성을 분석한다.
- 소비자가 제품을 구매함으로써 충족되는 욕구를 분석한다.

③ 시장 영역

- 시장 및 점유율에서 주요 경쟁자를 분석한다.
- 제품의 비교우위 및 열위, 시장에서의 제품 위치, 경쟁제품 대비 가격의 위치 등을 분석하여 기술한다.
- Market Share 못지않게 Mind Share를 파악하는 일도 중요하다.

④ 크리에이티브 영역

'이 제품을 한 마디로 말하면 (   )이다.' 라고 정의해 본다.

카피 플랫폼 양식

영 역	내 용
제품 (서비스)	1. 제품의 특성이나 혜택을 중요한 순서대로 나열하기 (특성을 "그래서" 라는 질문으로 혜택에 연결) 특성1. 혜택1. 특성2. 혜택2. 특성3. 혜택3. 2. 제품의 고유한 속성 3. 제품 관련 주장에 대한 입증 4. 기업명의 중요성 여부(중요하다면 이유 설명) 5. 브랜드 가치 : 상 / 중 / 하
소비자	1. 인구통계적 특성(나이, 성별, 직업, 교육수준, 소득수준, 거주지 등) 2. 심리적 특성(라이프스타일, 태도, 개성, 구매형태 등) 3. 제품(서비스)을 구매함으로써 충족되는 욕구
시장	1. 시장 및 시장 점유율에서의 주요 경쟁자 2. 제품(서비스)의 비교우위와 비교열위 경쟁제품 : 비교우위 : 비교열위 : 3. 경쟁제품 대비 시장에서의 위치 유사상품(지각된 비교우위 없음) / 신상품 범주 / 유사상품보다 현저한 향상 4. 경쟁제품 대비 가격 위치 높다 / 비슷하다 / 낮다
크리에이티브	1. 정의 : "이 제품을 한 마디로 말하면 ( )이다' 2. 제품, 소비자, 시장에 대한 주요 사실이나 통계자료

5. 아이디어 발상법

일반적으로 우리는 '창의성'하면, 뉴턴이나 에디슨, 셰익스피어나 바흐, 피카소, 다윈, 백남준, 비틀즈 등 같은 위인들을 떠올린다. 그리고 창의성은 예술가로부터 과학자에 이르기까지 그 범위도 매우 다양하다. 그러나 우리는 이렇듯 천재적인 인물들 뿐 아니라, 일반적인 사람들의 일생 속에서도 창의성을 발견할 수 있다.

- 돌발질문에 대한 순발력 있고 재치 있는 답변
- 어색한 분위기를 모면하는 자발적인 유머
- 자취방에서 심심해서 해 먹었던 휴일의 이상한 요리
- 새로 찾은 등굣길
- 시험 기간 꽉 찬 도서관 대신 나만의 공부방 찾기 등

창의성은 우리의 생활 속에서 '경쟁적 우위'를 선물할 뿐 아니라, 즐거움과 행복을 주는 생활의 한 요소이기도 하다.

광고에서 아이디어는 '뜻밖의 발견(Blasko & Mokwa)'이다. '사물의 관련성에 따라 낡은 요소들을 새롭게 조합하는 것(J. W. Young)'이다. '브랜드의 위치를 나타내기 위한 흥미로운 방법의 선택(Hill & Johnson)'이다. 창의성 역시, '낡은 요소들을 새롭게 조합하는 것' 또는 '익숙한 것들을 새롭게 재정리하여 무관한 사물들 사이의 관련성을 제시하는 능력' 등으로 정의된다.

그렇다면 광고에서 창의적인 아이디어는 왜 필요하며 어떤 역할을 하는 것일까? 그것은 기본적으로 제품과 광고의 홍수, 제품 간 차별화의 약화와 경쟁의 심화, 그리고 매체의 다양화 등에 기인한다. 광고에서 창의성의 역할을 구분하면 크게 정보전달력 향상의 역할, 표현설득력 향상의 역할, 붐(Boom) 조성의 역할 등으로 구분지어 생각할 수 있다.

- 정보전달력 향상

창의성은 광고의 가장 중요하고 기본적이라 할 수 있는 정보전달력을 향상시키는 역할을 한다. 광고에서 자주 볼 수 있는 언어적 유희나 시각적 은유 같은 표현들은 소비자로 하여금 정보를 좀 더 쉽게 이해하게 만든다.

- 표현설득력 향상

창의성은 제품을 소비자의 정서적 사다리의 가장 높은 단계에 위치하도록 돕는다. 즉, 타깃들에게 좀 더 설득력있는 메시지 전달에 초점을 맞춘다. 이를 위해 아트디렉터는 색상, 레이아웃, 일러스트레이션을 활용하고, 카피라이터는 좀 더 함축적이면서 세련된 문체나 어법을 고민한다.

- 붐(Boom) 조성

훌륭한 광고의 이면에는 메시지를 특색있고, 관심을 끌게 하고, 기억이 될 만하고, 나아가서 사회적인 이슈가 되게 만드는 힘이 있다. 이처럼 사회적인 붐(Boom)을 일으키는 요인은 매우 다양한 원천에서 나올 수 있으나, 가장 중요한 것은 창의성이 뒷받침되어야 한다는 것이다.

창의성이란
단순히 남들이 사용하지 않는 방법을 사용하는 것이 아니라,
다르면서도 동시에 더 좋은 방식을 사용하는 것이다.
광고는 104개의 기본 원소들이 상호작용하는 화학현상과 같다.
하나는 산소이고, 다른 하나는 수소이다.
그러나 2개의 수소원소와 하나의 산소 원소를 합치면
그 결과는 제3의 요소인 물이 된다.
따라서 지구상엔 단지 104개의 원소가 존재할 뿐이지만,
화학 요소의 수는 무한한 것이다.

광고의 창의성 또한 이와 마찬가지다.
아이디어 발상 방법은 몇 가지가 있을 수 있으나,
그것이 만들어 내는 창의적인 크리에이티브는 무한하다.

- Luis Bassat, Ogilvy & Mother 전회장 -

1) 브레인스토밍(Brainstorming)

브레인스토밍(Brainstorming)은 1936년 경 알렉스 오스본(Alex F. Osborn)과 동료들이 창안한 아이디어 발상법으로 복수의 사람(5~7명 정도의 홀수)들이 모여 특정 테마에 관한 생각을 자유롭게 발표 정리하여 증폭적으로 새로운 아이디어를 이끌어 내는 집단 사고법이다. 하나의 발상이 다른 발상과 충돌되고, 확장되며, 눈덩이가 뭉치듯 연쇄적으로 커져 나가기 때문에 '스노우 볼링(Snow Bowling) 기법'이라고 부르기도 한다.

① 브레인스토밍의 진행단계

가. 오리엔테이션

브레인스토밍의 오리엔테이션은 해당 프로젝트의 광고목표, 크리에이티브 목표, 제품 및 소비자의 특징 등에 관하여 참석자에게 설명하는 단계로 회의 참석자 입장에서는 프로젝트를 진행하는데 필요한 정보를 수집하는 최초의 단계라고 할 수 있다.

오리엔테이션의 진행자는 참석자들에게 프로젝트에 필요한 다양하고 정확한 정보를 제시해주어야 한다.

이러한 오리엔테이션은 광고주 MD또는 광고담당자에게 받은 제품 오리엔테이션을 바탕으로 광고회사의 AE나 마케터가 크리에이터를 대상으로 진행하는 것이 일반적이다.

나. 개별발상

오리엔테이션 내용을 바탕으로 팀원 각자가 자신의 영역으로 돌아가 개인적으로 아이디어를 생각하는 단계이다. 외형적으로 상호작용은 없으나 집단 전체가 모인 상태에서 진행되므로 '명목집단'이라고 부르기도 한다. 이 단계에서는 자유롭고 편안한 분위기에서 가능한 한 많은 양의 아이디어를 내는 것이 중요하다. 따라서 팀원들은 주어진 시간 안에 자신에게 주어진 아이디어의 목표 수치를 달성하도록 노력해야 한다.

다. 집단토론

브레인스토밍의 집단토론은 팀원들이 순서대로 자신이 준비한 아이디어를 제시하고 더 이상의 아이디어가 없는 단계에 들어서면 집단토론을 시작하는 단계이다. 이 단계는 회의에 참석하는 개인 간의 상호작용이 중요하므로 이 집단을

'상호작용 집단'이라고 부른다. 집단토론 단계에서는 아무리 사소한 아이디어라도 자신감을 가지고 참여한 모든 팀원들이 이해할 수 있도록 적극적으로 설명하는 자세가 필요하다. 브레인스토밍의 집단토론 단계에서 남의 아이디어만 듣고 자신의 아이디어를 내놓지 않는 무임승차 행위는 바람직하지 않다.

라. 평가단계

팀원들이 개인투표를 통해서 최적의 아이디어를 결정하는 단계이다. 브레인스토밍의 평가단계에서는 객관적이고 냉정한 평가를 위해 가능하면 하루 정도 후에 평가작업을 진행하는 덧이 효과적이며, 평가에 참석하는 구성원의 1/2 정도를 지금까지 회의에 참석하지 않은 인원으로 구성하는 것도 좋은 방법이다. 브레인스토밍의 참여 인원을 5~7명처럼 홀수를 추천하는 이유는 평가단계에서 동점이 나올 경우를 방지하기 위함이다. 이 단계에서는 아이디어가 독창적인가? 실현 가능성이 있는가? 효과는 어떨 것인가? 등의 기준을 가지고 공정하게 평가하여야 한다.

② 브레인스토밍 세부절차

가. 주제 설정

브레인스토밍에 앞서 프로젝트의 구체적인 주제가 설정되어야 하는데, 이 주제는 가능한 한 알기 쉽고, 명확하고, 구체적이어서 회의에 참석한 모든 팀원들이 오해없이 이해할 수 있어야 한다.

나. 진행자 선정

브레인스토밍의 진행은 회의의 성패에 지대한 영향을 미치므로, 다양한 의견이 개진될 수 있도록 창의적이고 자유로운 분위기를 조성하는 역할을 할 수 있는 진행자를 선정하는 일은 중요하다. 일반적으로 진행자는 회의 참여자 중 업무경력이 있고, 가장 팀 분위기를 잘 조성할 수 있는 능력을 지닌 사람이 하는 것이 좋다. 또한 진행자는 회의 주제에 관하여 사전이 깊이 있게 숙지하여 다양한 관점에서 회의를 진행하고, 실천단계에서는 통찰력있는 맥락에서 아이디어가 나올 수 있도록 해야 한다.

다. 회의실 확보

효과적인 브레인스토밍을 진행하기 위해서는 차분하고 편안한 회의공간의 확보가 필수적이다. 회의 테이블은 원형이나 사각으로 배치하여 회의 참석자 전원이 서로 얼굴을 마주볼 수 있도록 하는 것이 효과적이다. 또한 팀원들의 아이디어를 빠짐없이 기록할 칠판이나 화이트보드 또는 넓은 여백에 전지 등을 붙여 회의 내용과 진행 사항을 팀원 모두가 쉽게 볼 수 있어야 한다.

라. 구성원 조정

브레인스토밍에 참석 인원은 5~7명 정도의 홀수가 적당하며, 참여 대상자는 성별과 직급별로 고르게 분포되는 것이 좋다. 상황에 따라서는 프로젝트 주제와 무관한 팀원을 참석시키는 것도 좋은 방법이며, 평소 지나치게 권위적이거나 팀원들이 부담을 느끼는 성향의 상사는 자연스럽게 회의 참석 인원에서 배제시킬 필요도 있다.

마. 내용의 기록

브레인스토밍에 참석한 모든 구성원들의 모든 아이디어는 빠짐없이 기록되어야 한다. 회의 속도가 빠르거나 아이디어 개진이 활발하여 서기가 회의진행 속도를 따라가기 힘들 경우에는 핵심어(Key word) 위주로 기록하는 것도 바람직하다.

바. 회의시간 조정

브레인스토밍의 회의 시간은 1시간 이내로 끝내는 것이 바람직하다. 회의 시간이 그 이상 되면 휴식시간을 갖은 후에 샌드위치 식 브레인스토밍을 진행하는 것이 효과적이다.

③ 브레인스토밍의 4대 철칙

가. 절대 비판하지 말라!

브레인스토밍에서 가장 금해야 할 부분은 상대방의 아이디어를 비판하는 일이다. 브레인스토밍에 참석한 모든 팀원들은 '이 세상에 필요없는 아이디어는 없다'라는 마인드를 가지고 회의에 참석해야 한다. 아무리 하찮은 아이디어라고 생각되어도 그 아이디어가 나오게 된 이유를 들어보자. 비판은 자유로운 아이디어의 발상과 발표에 아무런 도움을 주지 못한다.

나. 자유롭게 발표하라!

아무리 하찮은 아이디어라도 망설이지 말고 자신있게 발표하라. 브레인스토밍의 최대의 적은 침묵이다. 자신의 작은 아이디어가 빅 아이디어의 시작이 될 수 있다는 희망을 가져라. 브레인스토밍은 유레카(Eureka)보다는 시너지(Synergy)에 중점을 둔다.

다. 많이 이야기하라!

브레인스토밍의 가치는 질보다 양에 있다. 한 번의 아이데이션에서 최소 100개 이상의 아이디어를 발표하는 것을 목표로 삼아라. 또한 상대방의 하나의 아이디어도 다른 각도에서 보면 100개의 아이디어로 발전 될 수 있다.

라. 아이디어를 확장하라!

브레인스토밍의 묘미는 다른 사람의 아이디어를 새로운 아이디어로 발전시키는 것이다. 지금까지 나온 아이디어들을 다시 한 번 꼼꼼하게 살펴보고, 결합하고, 제거하고, 확장하고, 추가하여, 변형하여 새로운 아이디어를 창출하는데 있다.

2) 브레인라이팅(Brainwriting)

브레인라이팅(Brainwriting)은 독일의 형태분석전문가 호리겔(Horigel)이 1973년 개발한 635법[26]을 개량한 아이디어 발상법이다. 자신의 생각을 말이 아닌 글로 표현한다는 점에서 '침묵의 브레인스토밍'이라고도 한다. 브레인라이팅은 광고 아이디어 발상은 물론 다양한 의견수렴이나 문제해결을 위한 워크숍 등에서 참여자의 의견을 집약하는데 효율적으로 활용된다.

■ 브레인라이팅이 효율적인 경우

• 타인 앞에서 발언하기를 꺼려하는 사람들의 경우

26) 6명의 팀원들이 둘러 앉아 3개의 아이디어를 5분 내에 기입하고 회전시키는 발상법

- 소극적인 사람들의 경우
- 체면을 생각하는 사람들의 경우
- 발표나 표현에 서툰 사람들의 경우
- 여러 사람이 모여 브레인스토밍을 진행할 시간이 없는 경우

① 브레인라이팅의 진행단계

가. 주제제시 단계

아이디어 발상을 촉진하는 진행자는 사전에 연구주제나 토론주제를 준비한 다음 브레인라이팅에 참여한 팀원들에게 상세하게 설명해 준다.

- 브레인라이팅의 주제
- 브레인라이팅의 목적
- 브레인라이팅의 기대

나. 의견작성 단계

진행자는 회의 참석자 책상 위에 브레인라이팅 카드와 펜을 준비해 놓는다. 카드에는 회의 과제를 일목요연하게 설명하는 개념을 간단한 단어나 어구로 최대한 압축시켜 적어 놓는다. 카드를 받은 회의 참가자는 카드에 자신의 아이디어 3개를 적어서 옆 팀원에게 넘긴다.

다. 기록지 수집 및 분류 단계

회의 참가자가 모두 아이디어의 기록을 마치면 기록지를 취합하는 단계이다. 기록지 수집 방법은 과제나 상황에 따라 탄력적으로 운영할 수 있다. 기록지를 배부하는 방법 역시 벽에 풀이나 포스트잇으로 붙이거나 핀이나 자석으로 고정

하는 방법, 또는 참가자가 직접 의실 바닥에 정리하는 방법 등이 있다.

라. 상위개념 명명 단계

분류 기준에 따라 기록지가 정리되면 진행자는 매직펜으로 각 주제별 카드 그룹을 구름 형태로 경계를 설정해 묶은 다음 상위 개념을 명명하여 붙인다. 이때 더욱 중요한 개념이나 그룹은 '붉은 펜'이나 '별 모양'으로 강조하여 표시할 수 있다. 정리가 끝나면 전체 참가자에게 추가로 낼 아이디어나 의견의 여부를 묻고, 있을 경우 의견을 추가한다.

② 브레인라이팅의 세부절차

가. 집단을 팀 당 4~6명으로 구성한다.

나. 개인에게 기록지를 배부한다.

다. 진행자는 회의 참가자에게 회의과제를 정확하게 설명하고, 참가자는 기록지 가장 윗줄에 기록한다.

라. 회의 참가자는 기록지 윗줄에 자신의 아이디어를 3개 씩 적어 넣는다.

마. 자신의 아이디어를 적은 기록지를 옆 팀원에게 넘기고, 옆 팀원의 기록지를 받는다.

바. 전달받은 타인의 아이디어를 참고하여 기록지의 두 번째 줄에 자신의 아이디어를 적고 자신의 기록지를 옆 팀원에게 넘긴다.

사. '라'~'바'의 단계를 필요시(회의 참가자의 인원수) 까지 반복한다.

아. 아이디어를 수집하고 분류한다.

자. 분류된 아이디어에 상위개념을 명명한다.

주제			
	아이디어 A	아이디어 B	아이디어 C
1			
2			
3			
4			
5			
6			

〈그림 7-3〉 브레인라이팅 기록지(사례)

③ 브레인라이팅의 장점과 한계

가. 장점

- 침묵 속에서 개인의 아이디어를 충분히 낼 수 있다
- 참신한 아이디어를 발굴할 가능성이 높다.
- 침묵하는 다수의 아이디어를 이끌어 낼 수 있다.

- 회의 참석자의 다양한 아이디어를 신속하게 알릴 수 있다.
- 참여자가 많을 경우 타인의 아이디어를 참고하여 많은 아이디어를 신속하게 도출할 필요가 있을 때 더욱 유용하다.

나. 한계점

- 브레인스토밍에 비해 자발성이 떨어질 수 있다.
- 글쓰기를 두려워하거나 표현능력이 떨어지는 사람들의 경우 비효율적이다.
- 제시하는 의견들이 엇비슷할 수 있다.
- 타인의 아이디어를 참고로 하되 최대한 차별화 시키려는 노력이 필요하다.
- 진행자가 없으므로 자칫 회의 목적에서 벗어날 수 있다.
- 잠가자 스스로 적극적이고 창의적이고자 하는 노력이 필요하다.

3) 잭 포스터(Jack Poster) 발상법

잭 포스터(Jack Poster)는 미국 로스엔젤레스 카피라이터 클럽에서 '올해의 광고인'으로 선정되는 등 미국 현대광고를 대표하는 크리에이터 중 한 사람이다. 그는 40여 년간의 카피라이터와 크리에이티브 디렉터의 경험을 바탕으로 아이디어 창작을 앞둔 크리에이터들에게 두려움과 어려움에서 탈출할 수 있는 방법에 대해서 이야기하고 있다.

① 아이디어 발상을 위한 8가지 마음 조절법

가. 인생을 즐겨라!

초조한 마음속에서는 절대 좋은 아이디어가 나올 수 없다. 즐거워야 창조력의 고삐가 풀리고, 아이디어 발상을 즐기다 보면 저절로 훌륭한 아이디어가 떠오른다.

나. 아이디어 뭉치가 되라!

일단, 많은 아이디어를 찾아내려고 노력하라. 광고 창작에는 다양한 아이디어가 있기 마련이고, 그 해결책은 꼭 하나가 아니기 때문이다.

다. 자신만의 목표를 정하라!

보다 창의적인 아이디어를 얻겠다는 목표를 세우고, 그 목표를 달성하기 위한 자신만의 방법을 따르라. '얻게 될 것'이라고 상상하지 말고, '이미 그 아이디어를 가지고 있다'라고 생각하라.

라. 어린이가 되라!

창의적인 발상을 위해서는 규칙을 깨고 다양한 각도에서 사물을 바라보는 어린이의 마음과 시각이 필요하다. 어린이는 세상을 있는 그대로 보기 때문에 문제에 대한 해답을 찾을 때 스스로의 시각으로 사물을 관찰하고, 이해하고, 그 속에서 자신만의 새로운 관계를 찾아낸다.

마. 많은 정보를 확보하라!

호기심이 많은 크리에이터들은 왕성한 탐구욕으로 낡은 요소와 다른 요소들을 결합하여 새로운 것을 창조하기를 좋아한다. 다양한 정보를 확보하고, 더 많은 요소들을 결합시키다 보면 더욱 새로운 아이디어가 나올 확률이 높아진다. 아이디어는 무에서 유를 창조하는 일이 아니라, 유에서 유를 창조하는 일임을 기억하라.

바. 배짱을 가져라!

창의적인 사람들은 선천적으로 타인의 지적이나 비난에 대한 두려움을 가지고 있다. 따라서 크리에이터들에게는 이에 맞설 수 있는 자신감과 배짱을 기르는 것이 필요하다. 그래야 자신의 아이디어에 적극적일 수 있다.

사. 다시 한 번 생각을 정리하라!

처음 나온 아이디어에 얽매이지 말고 더 좋은 아이디어가 있는지 다시 한 번 생각하라. 언어화된 아이디어를 시각적 아이디어로 바꾸어 표현해보자. 시각화된 아이디어를 언어적 아이디어로 바꾸어 표현해보자. 지나친 논리적 사고보다 수평적 사고가 효과적이다.

아. 결합할 방법을 연구하라!

새로운 비유를 찾으려고 노력하라. '만약?'이라는 가정을 자주하라. 실제로 창의적이고 뛰어난 아이디어는 경계를 넘나드는 다양한 아이디어를 결합하는 과정에서 창조된다.

② 더 좋은 아이디어를 창출하는 5단계 발상과정

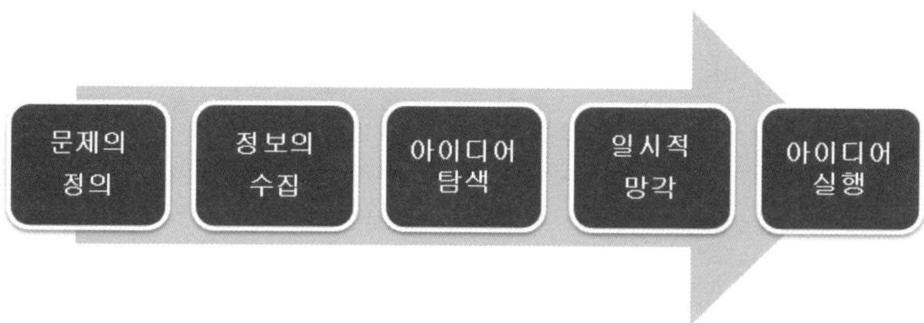

가. 문제의 정의

무엇이 문제이고, 기회가 무엇이며, 그 문제를 풀기 위해 무엇을 해야 하는지를 구체적으로 정의하는 일은 매우 중요하다. 이는 환자의 아픈 부위를 진단해 내는 일과 같아서 문제를 정확하게 정의하지 않으면 문제를 정확하게 풀지 못한다.

나. 정보의 수집

어떤 정보를 어디에서 얻을 것인가를 아는 일에서부터 창의적인 능력은 시작된다. 아무리 창의적인 사람이라 할지라도 정보가 부재한 상태에서 훌륭한 아이디어를 창조해내기는 어렵다. 가능한 한 많은 정보를 섭취하려고 노력하라.

다. 아이디어 탐색

훌륭한 아이디어는 애타게 찾는 사람에게만 나타난다. 자신의 아이디어나 타인의 아이디어를 비교하고, 결합하고, 종합하고, 선택하라. 그리고 이 과정을 지속하고 중복하라.

라. 일시적 망각

아이디어의 고속주행을 위해서 잠시 기어를 바꿀 필요가 있다. 잠시, 몰입으로부터 벗어나라. 자신의 발상의 성향에 따라 산책, 영화감상, 수다, 차 마시기, 드라이빙, 수면, 화장실 가기 등이 유레카(Eureka)를 만나게 할 수 있다. 단, 지나친 휴식은 오히려 역효과를 낼 수 있다.

마. 아이디어 실행

'구슬이 서 말 이어도 꿰이야 보배'. 아이디어의 발상은 실행에 궁극적인 목적을 두어야 한다. 즉, 광고주의 상황, 시대적 상황 또는 예산상의 이유로 실행 불가능한 아이디어는 무용지물이다.

4) 스테판 베이커의 201가지 아이디어 발상법

스테판 베이커(Stephen Baker)의 201가지 발상법은 하나의 사물도 보는 각도에 따라 얼마나 다른 아이디어가 나올 수 있는가, 그리고 아이디어 발상에는 얼마나 많은 방법이 있는가를 총망라한 것이라고 할 수 있다. 물론, 201번째 방법에서 알려주고 있듯이 200개의 아이디어 발상 방법을 어떻게 조합하여 활용하는가에 따라 더 많은 방법이 있을 수 있다.

1. 상하를 뒤집어보라.
2. 늘려보라.
3. 줄여보라.
4. 색을 바꿔보라.
5. 더 크게 표현해보라.
6. 더 작게 표현해보라.
7. 둥글게 표현해보라.
8. 네모로 표현해보라.
9. 더 길게 표현해보라.
10. 더 짧게 표현해보라.
11. 시각적으로 표현해보라.
12. 여건을 벗어나 보라.
13. 글로 써 보라.
14. 음악으로 표현해보라.
15. 말과 음악을 붙여보라.
16. 말과 음악과 그림을 붙여보라.
17. 그림과 음악을 붙여보라.

18. 말을 없애보라.
19. 그림을 없애보라.
20. 소리를 낮춰보라.
21. 반복해보라.
22. 삼차원으로 표현해보라.
23. 이차원으로 표현해보라.
24. 모양을 바꿔보라.
25. 일부분을 바꿔보라.
26. 세트로 표현해보라.
27. 수집가의 품목으로 표현해보라.
28. 예약을 받아 판매해보라.
29. 예약으로만 판매해보라.
30. 만화로 그려보라
31. 기계처럼 표현해보라.
32. 충격을 주어보라.
33. 움직여보라.
34. 뒤집어보라.
35. 뭔가 달라보이도록 해보라.
36. 짜임새를 주어보라.
37. 낭만적으로 표현해보라.
38. 항수소구를 추가해보라.
39. 구식으로 표현해보라.
40. 미래의 것처럼 표현해보라.
41. 뭔가 다른 것으로 표현해보라.
42. 더 강력하게 표현해보라.

43. 더 오래 쓰는 것으로 표현해보라.

44. 상징주의를 활용해보라.

45. 현실적으로 표현해보라.

46. 새로운 예술양식을 활용해보라.

47. 사진으로 바꿔보라.

48. 삽화로 바꿔보라.

49. 서체를 바꿔보라.

50. 사진설명으로 내용을 전달해보라.

51. 광고를 신문사설처럼 표현해보라.

52. 신문사설을 광고처럼 표현해보라.

53. 새로운 광고 미디어를 활용해보라.

54. 새로운 광고 미디어를 개발해보라.

55. 더 열렬하게 표현해보라.

56. 더 차분하게 표현해보라.

57. 단서를 추가해보라.

58. 단서를 바꿔보라.

59. 냄새를 없애보라.

60. 아이에게 소구해보라.

61. 여성에게 소구해보라.

62. 남성에게 소구해보라.

63. 가격을 낮춰보라.

64. 가격을 올려보라.

65. 성분을 바꿔보라.

66. 성분을 추가해보라.

67. 비틀어보라.

68. 투명하게 표현해보라.

69. 불투명하게 표현해보라.

70. 다른 배경을 활용해보라.

71. 다른 환경을 활용해보라.

72. 매혹적으로 표현해보라.

73. 시각효과를 활용해보라.

74. 다른 요소를 활용해보라.

75. 인간적 관심사를 추가해보라.

76. 농도를 바꿔보라.

77. 다른 용기에 담아보라.

78. 포장을 바꿔보라.

79. 아담하게 표현해보라.

80. 소형화해보라.

81. 대형화해보라.

82. 제거해보라.

83. 휴대용으로 표현해보라.

84. 접이용으로 표현해보라.

85. 극단적으로 표현해보라.

86. 요약해보라.

87. 방한장치를 해보라.

88. 의인화해보라.

89. 어둡게 표현해보라.

90. 조명을 비춰보라.

91. 붉게 표현해보라.

92. 어른거리게 표현해보라.

93. 번쩍거리게 표현해보라.
94. 환하게 표현해보라.
95. 산뜻하게 표현해보라.
96. 장중하게 표현해보라.
97. 경쾌하게 표현해보라.
98. 판촉활동과 연계해보라.
99. 경연대회를 해보라.
100. 싹쓸이 경쟁을 해보라.
101. 크기를 작게 해보라.
102. 키워보라.
103. 쪼개보라.
104. 말을 줄여보라.
105. 과장해보라.
106. 내체품으로 판매해보라.
107. 다른 용도를 찾아보라.
108. 빼보라.
109. 나눠보라.
110. 합쳐보라.
111. 분명하게 해보라.
112. 요소를 재배치해보라.
113. 낮춰보라.
114. 높여보라.
115. 분리해보라.
116. 섞어보라.
117. 번역해보라.

118. 박차를 가해보라.
119. 점점 낮춰보라.
120. 날려보라.
121. 띄워보라.
122. 굴려보라.
123. 분쇄해보라.
124. 조각내보라.
125. 성적으로 소구해보라.
126. 응축해보라.
127. 구부려보라.
128. 맞춰보라.
129. 기울여보라.
130. 매달아보라.
131. 똑바로 세워보라.
132. 속을 뒤집어보라.
133. 옆으로 돌려보라.
134. 흔들어보라.
135. 가려보라.
136. 균형을 맞춰보라.
137. 균형을 깨뜨려보라.
138. 분할해보라.
139. 경쟁시켜보라.
140. 뾰쪽하게 해보라.
141. 윤곽선을 바꿔보라.
142. 둘러싸보라.

143. 태를 둘러보라.
144. 둘둘 감아보라.
145. 꽉 채워보라.
146. 텅 비워보라.
147. 열어보라.
148. 철자를 잘못 써봐라.
149. 별명을 붙여보라.
150. 검인해보라.
151. 변형시켜보라.
152. 포장해보라.
153. 집중시켜보라.
154. 펼쳐보라.
155. 교체해보라.
156. 굳혀보라.
157. 녹여보라.
158. 젤리처럼 해보라.
159. 부드럽게 해보라.
160. 딱딱하게 해보라.
161. 증발시켜보라.
162. 읊어보라.
163. 좁혀보라.
164. 넓혀보라.
165. 웃기게 해보라.
166. 풍자해보라.
167. 짧은 카피를 써보라.

168. 긴 카피를 써보라.

169. 설명서를 덧붙여보라.

170. 다른 용도를 찾아보라.

171. 조립품으로 만들어보라.

172. 한 벌로 판매해보라.

173. 정화해보라.

174. 소독해보라.

175. 더 풍부하게 해보라.

176. 병에 넣어보라.

177. 캔에 넣어보라.

178. 상자에 넣어보라.

179. 항아리에 넣어보라.

180. 단지에 넣어보라.

181. 감싸보라.

182. 접어보라.

183. 펼쳐보라.

184. 외상판매를 연장해보라.

185. 공짜로 제공해보라.

186. 원가에 제공해보라.

187. 특가에 제공해보라.

188. 안락함을 더해보라.

189. 보호물을 제공해보라.

190. 바탕을 바꿔보라.

191. 유쾌하게 해보라.

192. 불쾌하게 해보라.

193. 젖어있게 해보라.

194. 건조하게 해보라.

195. 볼품없이 해보라.

196. 오싹하게 해보라.

197. 투사해보라.

198. 부드럽게 해보라.

199. 더 자극적으로 표현해보라.

200. 단순화해보라.

201. 이상의 무엇이든 결합해보라

Chapter 8

매체전략 및 광고예산

광고의 꽃을 크리에이티브라고 한다면 매체는 광고주가 소비자에게 전달하고자 하는 메시지를 실어 나르는 도구이며, 매체전략은 크리에이티브라는 꽃을 피울 수 있게 만드는 줄기라고 할 수 있다. 특히, 요즘처럼 매체의 종류와 역할이 다양화되고, 또 소비자들이 매체를 활용하는 폭이나 방법이 다양해지면서 같은 메시지도 어떤 매체를 활용하여 전달되는가에 따라 상당한 효과의 차이를 보이게 된다. 따라서 이제는 가장 효율적인 매체를 선택하는 전략 자체가 창의적일 수밖에 없으며, 과거의 IMC라는 개념의 폭이 상당히 넓어짐과 동시에 그 실현이 어려워진 것이 현실이다. 즉 매체를 최대한 효과적으로 운영해야 하는 매체전략은 없어서는 안 될 사실임은 누구나 인정한다. 매체전략이 광고 조연으로 한 편의 광고를 빛내기 위해서 매개체로서의 기본 틀을 사전에 정의해 주고 크리에이티브가 매체와 시너지를 낼 수 있게 공감이 이뤄져야 한다. 광고기획의 전반적 전략 방향에 대한 사전 오리엔테이션을 받고 광고캠페인 매체전략 과제를 잘 풀어낼 수 있도록 고민하고 솔루션을 제시하는 것이 매체전략의 기본 임무일 것이다.

광고 커뮤니케이션 전략과 크리에이티브 전략이 수립되고, 이에 따른 광고 제작물이 완성되면 이 메시지를 어떤 매체를 통해 전달할 것인가를 고심하는 단계에 이르게 된다. 이 단계를 우리는 매체전략(Media Strategy)라고 부르며, 매체전략의 세부적인 사항들을 수립하는 과정을 매체기획(Media Planning)이라고 한다.

＊ 광고 대행사의 미디어 업무

- Account Service : 영업업무, 매체 담당 AE 역할
- Media Planning : 매체기획
- Research : 매체 관련 각종 자료 분석 및 데이터 구축

- Media Buying : Account Service에서 Client가 승인한 내용을 바탕으로 매체 구매
- Accounting : 광고 집행 내용에 대한 모니터링 자료 검수 및 광고비 청구
- Traffic : 광고 소재를 매체사에 전달

1. 매체에 대한 이해

1) 매체의 개념

매체(media)는 중간(middle)을 뜻하는 라틴어에서 파생된 단어이다. 단어의 태생에서 짐작할 수 있듯 매체는 '둘 이상의 사이에서 중개의 역할을 하는 것'을 의미한다고 볼 수 있다. 우리가 일반적으로 알고 있는 커뮤니케이션 모형(S → M → C → R)을 생각할 때, 송신자의 메시지를 전달하는 모든 수단을 매체라고 할 수 있다. 광고 커뮤니케이션에서 송신자는 광고주이고 메시지는 기업의 광고라고 할 수 있다. 광고에 국한하여 본다면 매체란 '광고주와 소비자 사이'에서 중개 역할을 하는 것이다.

2) 매체의 중요성

광고캠페인이 소정의 목표를 달성하기 위해서는 광고메시지의 몫뿐만 아니라 효율적으로 집행된 매체의 몫이 적지 않다고 할 수 있다. 즉, 효율적인 매체의 선정은 광고효과를 극대화시키는 힘이 있다. 그리고 크리에이티브에 맞는 매체를 선정하는 일은 광고 메시지 전달에 있어서 시너지 효과를 극대화한다.

광고예산의 대부분은 매체예산이 차지한다고 볼 수 있다. 따라서 매체의 효율화 및 과학화를 위한 광고주의 요구는 날이 갈수록 중요해지며, 특히, 요즘과 같은 다매체 다채널 시대 및 인터랙티브 미디어가 증가하는 시대에는 소비자들의 매체 선택의 폭 역시 폭발적으로 증가하여 매체전략은 중요성을 더욱 실감하게 된다.

① 광고주에게 매체가 중요한 이유?

광고비용의 대부분은 매체비용이라고 할 수 있다. 따라서 광고예산을 효율적으로 사용할 수 있는 유일하고 중추적인 역할은 매체비를 효율적으로 사용하는 일에 있다. 철저하게 마케팅 목표에 바탕을 둔 합리적이고 과학적인 매체목표의 설정과 이에 따른 적합한 매체전략의 수립과 집행은 광고예산의 효율성을 극대화하는 역할을 한다.

② AE에게 매체가 중요한 이유?

통합적 마케팅 커뮤니케이션을 추구하는 현대광고시장에서 매체업무는 광고기획 또는 IMC기획과 같은 전략적 기획과 통합하여 큰 힘을 발휘한다. 즉, 광고기획과 매체전략이 동시에 접근되거나, 최소한 매체와 크리에이티브가 함께 고려되었을 때 보다 효과적인 광고효과를 기대할 수 있게 되는 것이다.

③ 크리에이터에게 매체가 중요한 이유?

현대와 같이 다양한 캐릭터를 가진 소비자와 다양한 매체의 출현 속에서 수용자의 매체환경을 고려하지 않고서는 절대 긍정적인 광고효과를 기대할 수 없다. 즉, 소비자가 어떤 상황 속에서 매체에 노출되는지를 사전에 파악하고, 이에 맞추어진 크리에이티브를 제작하고 집행한다면 더욱 설득력있는 메시지를 전달할 수 있기 때문이다.

④ 미디어플래너에게 매체가 중요한 이유?

매체가 다양화되고 광고가 과학화되면서 광고효과와 효율성을 좌지우지하는 매체전략의 중요성은 날이 갈수록 커지고 있다. 이미 국내는 물론 세계적인 광고회사에서 단순한 크리에이티브의 질 못지않게 질 좋은 크리에이티브를 어떤 매체에 어떻게 집행하는가라는 문제가 광고캠페인의 성패를 좌우하고 있다고 해도 과언이 아니다.

3) 매체기획의 개념과 역할

매체기획은 마케팅 목적을 달성하는 광고환경을 조성하기 위해 광고매체를 어떻게 구성할 것인가를 계획하는 일련의 과정을 말한다. 구체적으로 말하면 매체목표를 설정하고, 목표시장에 효율적으로 광고 메시지를 전달해 주는 매체를 선택하고, 선택된 매체를 집행하는 방법과 시기를 결정하는 일이다.

이러한 매체기획은 마케팅기획 및 광고기획의 하부기획 개념으로 일차적으로는 광고목표의 달성을 지원하고, 이차적으로는 마케팅목표의 달성을 지원하는 역할을 한다.

4) 매체기획 프로세스

매체기획은 우리가 어디에 있는가를 파악하는 환경분석, 어디로 가야 하는가를 판단하는 매체목표, 그리고 그 곳에 어떻게 도달할 수 있는가를 밝히는 매체전략 및 전술 단계로 나눌 수 있으며 일반적으로 다음의 4단계로 나누어 이루어진다.

1단계 : 사전기획단계 - 환경분석 및 제약요소 분석 단계
2단계 : 기획단계 - 매체목표, 매체전략, 매체전술 수립 단계
3단계 : 실행단계 - 매체구입 및 집행 단계
4단계 : 평가단계 - 사전평가, 사후평가 및 사후기획 단계

① 1단계 : 사전기획단계

매체기획에서 사전기획(Pre-planning)은 광고주의 현 상황을 정확하게 파악하여 향후 플래닝의 방향을 결정하는 단계이다. 이 단계에서는 광고주나 제품을 둘러 싼 소비자 환경, 경쟁상황, 시장상황 등의 환경분석과 다양한 제약요인들을 찾아 정리하고 분석한다. 이를 통해 매체를 통해 가고자하는 방향을 설정해 줄 뿐 아니라, 광고주와 광고회사에 매체 관련한 다양한 의사결정과정이 어디에 기반을 두고 있는지를 명확하게 제시해 준다.

② 2단계 : 기획단계

매체기획단계에서는 '우리가 어디로 가야 하는가?'에 대한 문제와 '어떻게 그 곳에 도착할 수 있는가?'의 숙제를 풀기 위한 의사결정 과정을 포함하는 단계이

다. 즉, 매체기획단계에서는 목표를 설정하고, 그 목표를 달성할 구체적인 전략과 전술을 수립하게 된다.

③ 3단계 : 실행단계

실행단계는 크게 매체구매단계와 매체집행단계로 구분할 수 있다. 매체구매는 매체기획의 단계에서 최종적으로 결정된 광고스케줄을 구매하는 것을 의미하며, 매체집행은 구매한 매체의 공간과 시간에 광고 메시지를 내보내는 것을 말한다.

④ 4단계 : 평가단계

평가단계는 크게 사전평가단계와 사후평가단계로 나누어볼 수 있다. 사전평가는 '사전 매체플랜 평가(alternative evaluation)'로 매체기획을 마친 후 매체를 집행하기 전 몇 개의 매체기획 대안들을 대상으로 적합성을 평가하는 작업의 단계이다. 이를 통해 광고주에게는 매체목표 달성에 대한 예상과 매체비를 지불한 대가에 대한 효과를 확인시켜주는 역할을 한다. 반면, 사후평가는 '사후 캠페인 평가(post campaign evaluation)'로 전체적인 매체집행을 마치고 난 후에 실시하는 평가를 말한다. 따라서 매체 집행이 사전 계획대로 집행 되었는지, 또한 목표했던 목표를 무사히 달성하였는지에 대한 평가가 주를 이룬다. 이러한 사후평가를 하는 이유는 이 단계에서 찾아진 문제점을 통해 차기 캠페인을 보완하는데 참고자료로 활용하기 위함이다.

2. 매체목표

매체목표는 매체 전략의 기초가 된다. 뿐만 아니라, 향후 캠페인이 종료되면 효과측정을 하게 되는데 이러한 매체효과측정의 기준이 되는 역할을 하는 것이 바로 매체목표이다. 때문에 매체 목표는 실현 가능해야 할 뿐 아니라, 명확하고 구체적으로 설정되어야 한다.

매체목표를 설정하기 위해서는 구체적으로 어느 정도의 타깃에게 어느 정도의 도달률과 어느 정도의 빈도로 전달할 것인가를 결정하는 것이 중요하다. 특히, 다음의 몇 가지 사항에 대한 분속과 의사결정이 있어야 한다.

1) 목표 청중 결정

광고 매체를 통해 어떤 타깃에게 메시지를 전달해야 하는지가 명확해야 한다. 특히, 요즘과 같은 다매체 시대에는 타깃에 따른 매체 선정이 매우 세분화되어 있기 때문에 타깃의 인구통계적 분석 뿐 아니라 라이프스타일과 심리적 특성을 감안한 세부적인 분석에 의한 타깃 설정이 필수적이다. 자칫 잘못된 매체 타깃을 설정하는 경우 막대한 제작비와 매체예산을 낭비하는 결과를 가져 올 수 있기 때문이다.

2) 커버리지 결정

매체 타깃이 설정되고 나면, 광고를 어느 지역에 집행할 것인지에 관한 전략적 결정이 선행되어야 한다. 우리나라의 경우 특별한 지역적 특성을 지니고 있는 경우를 제외하면 전국매체를 활용하는 것이 일반적이나, 특정 지역에 한정된 프로모션을 진행한다던가, 아니면 특정 지역 소비자만을 대상으로 하는 중소기업의 경우(예식장, 식당 등) 지역적 커버리지를 활용하는 것이 경제적이고 효과적일 수 있다.

3) 집행 시기 및 기간 결정

매체전략을 설정하는데 있어서 시기와 기간을 결정하는 것은 매우 중요한 일이다. 제품의 출시일, 제품의 성수기와 비성수기, 경쟁 제품의 광고 집행 시기, 광고예산, 광고타깃의 매체 접촉 형태 등을 고려하여 가장 효율적인 노출 시기를 결정해야 하기 때문이다. 또한 한정된 광고예산을 가지고 1년 365일 집행하는 것이 불합리할 경우가 대부분이기 때문에 무리하게 집행 기간을 늘리기 보다는 최적의 기간 동안 최고의 효과를 올릴 수 있는 기간을 설정하는 것이 현명한 방법이다.

3. 타깃분석

광고목표를 달성하기 위해 목표 타깃에 대한 분석을 하고, 이를 통해 광고 전략과 크리에이티브를 제작하는 것과 마찬가지로, 효과적인 매체전략을 세우기 위해서도 목표타깃에 대한 철저한 분석이 밑바탕이 되어야 한다. 물론 가장 기본적인 인구통계적 분석은 물론 광고 메시지와 매체를 접하게 될 타깃의 세분적인 개성이나 라이프스타일을 살펴보고 분석할 수 있는 심리적 분석에 까지 심층적으로 살펴봄으로써 더욱 효과적인 매체의 역할을 기대할 수 있다. 이는 앞서 언급한 바와 마찬가지로 동일한 연령, 동일한 성별, 동일한 지역, 동일한 직업을 지닌 타깃이라 하더라도 성향과 개성에 따라 매우 다른 태도를 가지고 있으며, 매체 역시 매우 다양화되어 있는 현실 속에서 단순한 분석과 접근을 가지고 효과적인 매체전략을 세우는 일은 불가능하기 때문이다.

4. 매체분석

매체에 대한 조사나 분석은 표면적으로 일반화 되어 있는 매체 뿐 아니라, 표적 타깃의 실질적인 매체 이용 형태에 까지 세부적으로 접근되어야 한다. 자칫 충분한 조사나 분석없이 계획되고 집행된 매체는 엄청난 규모의 예산낭비를 초래할 수 있기 때문이다. 즉, 목표청중에게 가장 적합한 매체와 노출 시기를 찾아내는 것이 매체분석의 핵심이다.

1) 인쇄매체 조사 분석

① 발행부수 및 배포량

발행부수란 얼마만큼의 양으로 인쇄매체가 인쇄되었는지는 나타내는 지표로, 해당 매체의 양적 규모를 통해 매체파워를 측정하기 위함이다. 그러나 현실적으로 인쇄된 부수가 모두 판매되는 것이 아니며, 또 발행부수가 자체적으로 발표되어 그 객관성을 갖기가 쉽지 않다. 이러한 문제를 방지하기 위해 도입된 것이 ABC(Audit Bureau Circulations) 제도이다.

ABC 제도란 매체사에서 자발적으로 제출한 부수를 표준화된 기준에 의해 객관적으로 실사 및 확인과정을 거쳐 공개하는 것이다. 매체의 부수는 수용자의 크기를 결정하고, 이는 광고 단가 및 수입을 결정하는 매우 중요한 요소이기 때문에 객관성이 절실한 부분이다.

② 구독자 특성

신문을 읽는 독자와 잡지를 읽는 독자는 매우 다른 성향을 가지고 있다. 그리고 신문매체만을 가지고 보더라도 스포츠신문을 읽는 독자와 경제신문을 읽는 독자는 그 연령과 직업에 있어서도 많은 차이를 보일 수 있다. 또한 잡지매체에 국한하여 살펴보더라도 너무 많은 유형과 내용의 잡지가 출간되고 있어 효과적인 매체를 선정하는데 있어서 구독자의 성향과 특성을 세세하게 파악하는 일은 어렵지만 매우 중요한 일이다.

2) 전파매체 조사 분석

① 프로그램 시청률 및 광고 시청률

인쇄매체는 한 번 발행된 매체가 일정기간 반복노출이 가능하지만, 전파매체에서는 한 번 방송된 매체에 시청자가 다시 노출될 기회가 그리 많지 않다. 따라서 TV광고 등의 시청률과 Radio 광고 등의 청취율은 매체의 효율성을 사전에 판단하는 중요한 측정 도구가 된다. 일반적으로 시청률이 높은 프로그램은 상대적으로 많은 사람들이 시청한다는 것을 의미하기 때문에 상대적으로 높은 도달률을 얻을 수 있다.[27)]

27) 한광석 외(2012). 광고론, 서울 : 글로벌

시청률은 프로그램 시청률과 광고 시청률로 나뉘는데, 과거에는 프로그램 시청률이 광고 시청률과 유사하다는 가정 하에 프로그램 시청률 자료로 매체기획을 실시해 왔다. 물론 프로그램 시청률이 커지면 광고 시청률도 커지지만 반드시 일관성을 갖는 것은 아니다.[28]

〈시청률 조사 방법〉

- 1일 후 회상법(Day After Recall) : 청취자에게 하루 전 날 봤던 프로그램 중 가장 기억나는 프로그램을 묻는 방법
- 전화 동시 조사법(Telephone Coincidental Survey) : 실시간 전화로 현재 시청중인 프로그램을 묻는 방법.
- 일기법(Diary) : 미리 마련된 문서에 자신의 시청 시 행동을 기록하는 방법.
- 피플미터(People-Meter) 법 : TV에 연결해 시청률을 자동으로 파악하는 전자장치(피플미터)를 활용하는 방법.

② 시청자 특성

매체기획에 있어서 시청자특성은 전파광고에서도 인쇄광고 못지않게 중요하다. 표적 청중이 정해져 있다면 이들이 가장 많이 이용하는 프로그램을 매체에 활용하는 것이 방법이다. 특히, CATV나 라디오 프로그램과 같은 경우에는 표적 청중에 따른 매체 활용이 용이하며, 상대적으로 공중파 TV는 시청자 특성을 명확하게 구분하기에는 다소 범용적인 특성을 지니기 때문에 선택적 노출이 쉽지 않다.

28) 조정식 외(1997). 텔레비전 광고 시청률과 프로그램 시청률의 차이 분석, 광고연구 봄, pp.9-29.

5. 매체선정 및 예산배분

매체목표와 타깃에 대한 분석, 그리고 매체에 대한 조사 및 분석을 마치면 이제 어떤 매체를 활용하고 그 매체에 얼마만큼의 예산을 투입할 것인가를 결정해야 한다. 매체 예산이 많을수록 광고효과가 크다는 것은 당연한 가설이겠지만, 현실적으로 충분한 예산을 가지고 캠페인을 집행하는 경우는 많지 않으며, 설사 예산이 충분하다 하더라도 그 예산을 얼마만큼 효율적으로 활용하는가에 따라 광고효과는 많이 달라질 수 있다.

1) 매체선정

① 매체 클래스(Media Class)

목표청중에게 광고목표를 달성하기 위해 TV라는 미디어를 활용하는 것이 효과적인지? Radio를 활용하는 것이 효과적인지? 아니면 신문이나 잡지와 같은 인쇄매체를 활용하는 것이 효과적인지? 즉, 목표달성을 위해 고려 대상이 되는 매체군을 '매체 클래스'라고 한다. 매체 클래스를 결정하기 위해서는 정량적 데이터와 정성적 데이터, 그리고 크리에이티브와 매체의 적합성과 같은 다양한 요소들이 고려되어야 한다.

특히, 여러 매체 클래스를 동시에 활용하게 되는 경우 도달률을 확장 시키고, 각 매체가 가지고 있는 장단점을 유용하게 사용하고, 궁극적으로 표적 수용자를 자극하기 위해 효과적인 미디어 믹스 전략을 활용하는 것이 중요하다. 이러한 효과적인 미디어 믹스 전략을 수립하기 위해 다음과 같은 몇 가지 고려사항이 선행되어야 한다.

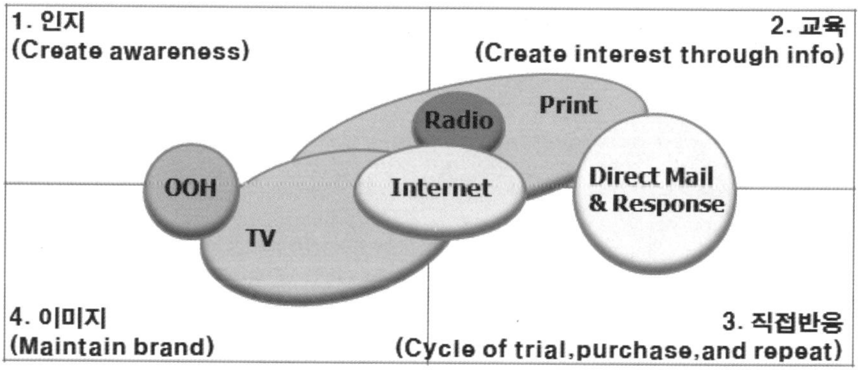

〈그림 8-1〉 광고 목적 별 미디어 역할

- 미디어별 특성과 역할
- 경쟁사의 미디어 집행 패턴
- 타깃의 미디어 접촉 형태
- 광고전략과 표현전략

〈표 8-1〉 Product Life Cycle에 따른 미디어 적합도

PLC	광고전략	미디어목표	메인매체	보조매체	사용가능	배제고려
도입기	인지도 제고	폭넓은 도달	TV 신문	CATV 인터넷	잡지 라디오 옥외	
성장기	브랜드 포지션	도달 극대화 다양한 빈도 보조	TV	CATV 인터넷 신문 잡지	라디오 옥외	
성숙기	기존고객 유지 호감도 제고	기존 고객에 대한 반복 노출	TV	라디오 CATV	신문 인터넷 잡지 옥외	
쇠퇴기	존재 상기	제한 예산의 효율적 사용	CATV	라디오 옥외	TV 잡지 인터넷	신문

출처 : R. Wasson(1996), PLC 단계별 광고전략

〈표 8-2〉 시장 점유율과 전략에 따른 미디어 적합도

시장 점유율	전략 방향	미디어전략 및 특성	메인매체	보조매체	사용가능	배제고려
고	공격	다양한 매체를 통한 물량공세	TV 신문	CATV 옥외 극장	인터넷 잡지 라디오	-
	방어	인지도 유지 전략 경쟁사 미디어 믹스에 효율적 대응	TV	라디오 CATV 인터넷	잡지 신문	극장 옥외
저	공격	TOM 재고 전략 새로운 접근 매체 신축적인 스케줄	TV	인터넷 신문 극장	CATV 라디오 잡지	옥외
	방어	저렴한 매체 이용 인지도 유지 강력한 브랜드 경쟁 회피	CATV	라디오 인터넷	TV 옥외 잡지	신문 극장

② 매체 비클(Media Vehicle)

비클(Vehicle)은 특정 매체의 명칭을 말한다. 즉, 활용매체로 TV를 선택하였다고 가정했을 때, KBS2에 광고를 집행할 것인가? 아니면 MBC나 SBS에 광고를 집행할 것인가를 결정하는 것이다. 특히, 인쇄매체나 CATV처럼 비클이 다양하고, 또 비클에 따른 타깃의 특성들이 명확하게 구분되는 매체의 경우는 비클에 따른 광고효과의 차이가 명확하기 때문에 신중한 검토와 판단이 요구된다.

③ 매체 유닛(Media Unit)

유닛(Unit)은 비클(Vehicle)에 따른 세부적인 매체 집행 위치를 말하는 개념이다. 예를 들면, MBC에 광고를 집행하기로 매체 비클을 정했다면, '뉴스 데스크'에 광고를 집행할 것인지? '아빠 어디가?'에 집행할 것인지? '무한도전'에 집행할 것인지를 결정해야 하는데 이러한 비클(Vehicle)안의 프로그램을 유닛(Unit)이라고 한다. 신문이나 잡지와 같은 인쇄매체의 경우 광고가 게재되는 특정 지면을 말하는 것으로 신문의 경우, '전(前)면', '사회면', '정치면' 등의 구분이고, 잡지의 경우, '표1', '표2', '표3', '표4' 등의 구분을 말한다.

④ 매체 옵션(Media Option)

결정된 매체 유닛에 따라 최종적으로 고려되어야 할 세부적인 시간과 공간의 양을 매체 옵션이라고 말한다. 즉, TV광고의 경우 '전CM' 또는 "후CM', 15초, 20초, 30초 등을 경정하는 것이며, 신문 매체의 경우 '전면(全面)', '10단', '5단' 등, 잡지 매체의 경우 '1P', '2P', '1/2P' 등을 결정하는 것이다.

특정한 목표 수용자에게 도달하기 위해 일반적으로 여러 가지 매체 유형(Media Class)을 동시에 활용하게 되며, 이것을 미디어 믹스라고 한다. 그렇다면 우리는 왜 '효과적인 미디어 믹스가 필요한가?'에 대한 의문을 가지게 된다. 효과적인 미디어 믹스는 도달률을 확장하기 위해, 형태가 다른 메시지들을 이용하여 표적 수용자를 자극하기 위해, 각 매체 유형들을이 가지는 단점을 보완하기 위해 활용된다. 또한 효과적인 미디어 믹스를 결정하고 집행하기 위해서는 미디어별 특성과 역할, 경쟁사 미디어 집행 패턴, 타깃의 미디어접촉 실태, 광고전략과 표현전략 등을 심도있게 고려하여야 한다.

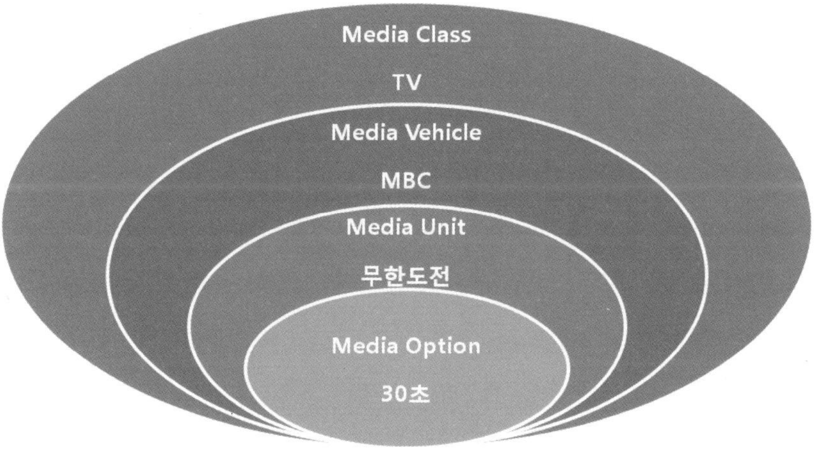

〈그림 8-2〉 매체 클래스, 비클, 유닛, 옵션 구조

2) 매체 예산

매체 예산에서 기준이 되어야 할 가장 중요한 핵심은 효율적 배분이다. 이

는 앞서 언급한 매체 클래스(Media Class)에 관한 부분이기도 하며, 매체 비클(Madia Vehicle) 이하의 세부적인 부분이기도 하다. 일반적으로 우리가 캠페인이라고 하는 경우 다양한 매체 클래스를 고려하여 예산을 설정하고 배분하게 되는데, 캠페인 목적에 따라 주 매체(Primary Media)와 보조 매체(Secondary Media)로 구분하여 각각의 역할을 달리하는 것이 일반적이다.

따라서 매체 기획자는 전체적인 캠페인 목표와 매체 목표를 기반으로 가장 효율적 집행과 효과가 예상되는 매체를 선정하여야 한다.

6. 매체 스케줄링

동일한 매체에 동일한 예산으로 매체를 집행한다고 해도 '언제 집행하는가?' '어떻게 집행하는가?'에 따라 매체 효과는 크게 달라질 수 있다. 이러한 스케줄링은 제품에 따라 전략적으로 선택할 수도 있으며, 때로는 예산의 규모나 경쟁 제품의 광고집행 유형에 따라 선별적으로 선택하기도 한다. 즉, 제품의 판매가 계절성을 가지고 있는 경우, 제품의 수명주기에 따라서, 제품의 재구매주기에 따라서, 경쟁제품의 광고집행 시기에 따라서, 또는 자사의 광고예산 등을 종합적으로 고려하여, 자사 광고를 연중 집행할 것인지, 특정 시기에 집중하여 집행할 것인지를 판단하는 것이다. 매체 집행 스케줄링 방법에는 아래와 같은 유형으로 구분할 수 있다.

1) 지속형(Continuous type)

지속형 스케줄링은 일정 규모의 매체 예산을 연중 균등하게 배분하여 지속적으로 집행하는 경우를 말한다. '지속형 스케줄링'의 경우 제품의 구매주기 전체를 커버함으로써 브랜드 기억을 유지시켜 준다는 장점이 있는 반면, 상대적으로 많은 광고예산을 필요로 하고, 광고 소재를 주기적으로 교체하지 않으면 소비자들은 '광고 싫증'을 유발할 가능성이 있다.

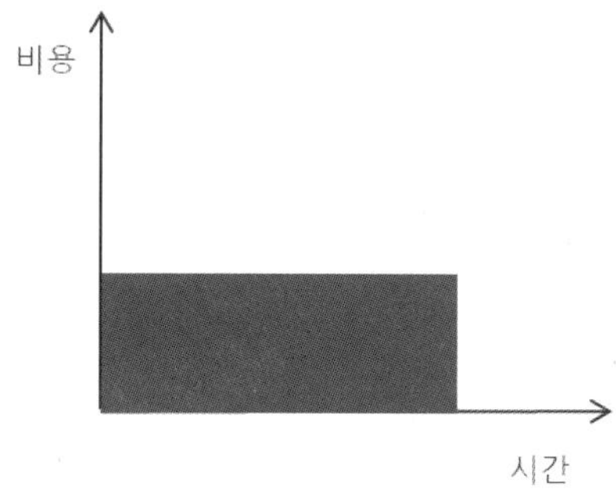

〈그림 8-3〉 지속형 스케줄링

2) 집중형(Flighting)

집중형 스케줄링은 특정 시기에만 집중적으로 광고를 집중하는 형태의 스케줄링을 말한다. 계절상품이나 특정 시기에 판매가 집중도는 제품의 경우 집중형 스케줄링으로 매체 예산을 효과적으로 활용할 수 있다. 에어컨이나 온열기와 같은 계절상품, 또는 연말연시, 입시, 명절, 크리스마스 등 특정 이벤트와 관련한 상품들의 경우 집중형 스케줄링을 활용할 수 있다. 그러나 이 경우도 광고가 중단되는 동안 메시지 단절 우려가 있으므로 이에 주의한 전략이 필요하다.

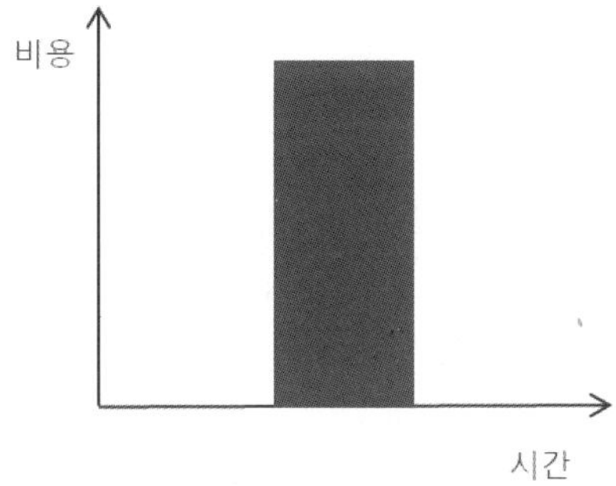

〈그림 8-4〉 집중형 스케줄링

3) 파장형(Pulsing)

파장형 스케줄링 방법은 지속형 스케줄링과 집중형 스케줄링을 적절하게 절충하여 판매비중이 높은 시기에 상대적 노출을 강화하여 집행하는 경우를 말한다. 이러한 스케줄링은 연중 광고를 지속하면서도 특정 시기에 집중할 필요가 있는 제품의 경우 예산의 비중을 달리하여 활용된다.

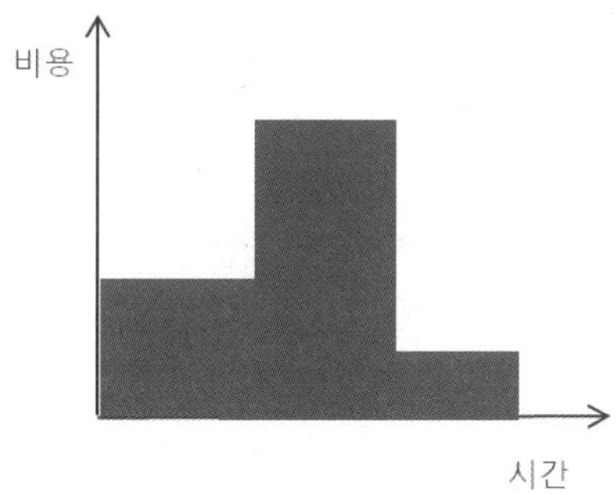

〈그림 8-5〉 파장형 스케줄링

매체 집행에 있어서 어떤 스케줄링 형태를 적용할 것인가를 결정하는데 있어서 몇 가지 교려요인이 있을 수 있다.

- 경쟁사 스케줄 패턴
- Product Life Cycle
- 가용예산 규모 및 범위
- Monthly Sale
- 기타 판촉활동 상의 광고지원 강도

또한 필자의 경험 상 다양한 제품과 시장상황 속에서 스케줄링을 어떻게 적용시켜야 하는지에 관하여 몇 가지 코멘트를 더하면 다음과 같다.

첫째, 신상품의 경우 일반적으로 런칭 시점에 대량의 광고비 투입하라. 특히 광고비가 적은 기업들은 광고효과가 나타나는 역치 수준(threshold level)을 넘길 필요가 있기 때문에 거의 초기에 광고비의 대부분을 투여하더라도 제품이 성공적으로 시장에 진입할 수 있도록 하는데 역량을 모을 필요가 있다.

둘째, 성장하고 있는 브랜드들은 꾸준히 일정 수준의 광고를 계속해 주는 것이 유리하다. 단, 광고비가 모자라는 중소 광고주의 경우 본격적인 광고효과가 나타나는 역치 수준 이하로 광고량을 유지하는 것보다는 파장형 광고를 통해 광고할 때 많은 양을 집행하는 것이 바람직하다.

셋째, 광고량이 충분한 대기업이나 유명브랜드의 경우 광고를 당장 줄여도 크게 부정적 효과가 나타나지 않으며, 일시적인 광고 감소가 오히려 긍정적인 효과를 내는 경우도 볼 수 있다. 이러한 브랜드는 특히 파장형 광고가 유리하다.

넷째, 광고목표가 최대한 소비자에게 노출되는 것이라면 각 시간대에 고루 한두번씩 광고를 하는 것이 좋으며 반복노출이 중요한 경우는 집중적 노출이나 파장형 노출이 바람직하다.

다섯째, 광고비를 단기에 집중시켜 광고하는 경우 경쟁사의 광고비가 많을수록 광고비를 경쟁사 이상으로 몰아주는 것이 유리하다.

여섯째, 정기적인 파장형 광고가 효과적인 브랜드라면 불규칙한 파장형 광고가 더 유리하다.

일곱째, 광고 중단에 따른 부담이 클 때는 광고를 적게 하는 시점에서 완전히 중단하기 보다는 최소한의 광고 수준을 유지하는 것이 장기적으로 유리하다.

7. 매체전략 용어

1) 방송매체 기본 용어

① 시청률(Rating)

시청률이란 시청자의 노출현황을 양적으로 측정하는 척도로 전체 TV 보유 가구(개인) 중에서 특정 매체 비클(프로그램)에 노출된 가구(개인)의 비율이다. 방송국 측면에서는 프로그램의 인기도를 측정하거나, 프로그램의 단가를 책정하는데 기준으로 삼을 수 있으며, 광고주나 광고회사 측면에서는 타깃에게 도달되는 측정 척도와 메시지 노출 측정척도로 활용될 수 있다.

〈표 8-3〉 표적청중의 크기와 시청률

매체 비클	시청가구 수	전체 TV보유가구 수	시청률
KBS 9시 뉴스	2,400,000	30,000,000	8.0%
KBS 개그콘서트	3,500,000	30,000,000	11.7%

가. 가구시청률(household rating)

가구시청률은 가구를 단위로 하는 시청률을 말한다. 예를 들면, 대구지역에서 MBC 뉴스데스크의 가구시청률이 30%라는 것은 대구시에 거주하는 TV 보유 총 가구의 30%가 뉴스데스크를 시청했다는 말이다.

나. 개인시청률(individual rating)

개인시청률은 가구가 아닌 개인을 단위로 추청하는 시청률을 말한다. 일반적으로 비클의 표적 수용자 크기를 나타낸 값으로 가구시청률보다 특정 프로그램에 대한 객관적인 시청률 지표를 볼 수 있다.

다. 타깃시청률(target rating)

타깃시청률은 특정 표적수용자를 기본 단위로 하여 추정하는 시청률을 말한다. 다시 말하면, TV보유가구 내 전체 표적수용자 중에서 특정 프로그램을 시청한 표적수용자의 비율을 의미한다. 제품의 핵심 타깃이 20대 대학생이라면 프로그램의 타깃시청률을 알아야 효율적인 매체선택이 가능해진다.

② 평균 시청률

60분 분량으로 방송 된 프로그램 A에 대해서 시청자1은 5분, 시청자 2는 15분, 시청자 3은 미시청, 시청자 4는 60분, 시청자 5는 40분을 각각 시청해 5명의 시청자가 총 120분을 시청하였다면, 평균 시청률은 40%가 되는 것이다.

평균 시청률 = 개인들이 본 총 시청 분 수 ÷ (방송 분 수 × 개인 수)

120분 ÷ (60분 × 5명) = 40%

평균 시청률은 보통 해당 프로그램을 1/3 이상 보았을 때 시청한 것으로 간주한다.

③ 시청 점유율(Rating Share)

시청 점유율이란 일정 시점에 TV를 시청한 개인/가구 중에서 특정 프로그램을 시청한 비율을 의미한다. 이러한 시청 점유율은 방송시간대가 서로 다른 프로그램을 상대적으로 비교분석 하고자 하는 경우, 장기간 방영된 특정 프로그램의 경향을 분석하고자 하는 경우, 시청률이 다른 프로그램 간의 비교척도가 필요한 경우 등에 활용될 수 있다.

점유율 = (특정방송사 프로그램 시청률 ÷ 각 프로그램 시청률 합계) × 100

④ 도달률(Reach)

도달률이란 특정 기간 동안 1회 이상 광고 메시지에 노출된 표적 청중의 비율을 의미한다. 도달률의 계산에서는 중복노출은 고려하지 않는다. 즉, A 프로그램의 시청률이 20%, B 프로그램의 시청률이 25%, A 프로그램과 B 프로그램을 모두 시청한 청중이 5%(중복을 고려한다면 10%)라면 도달률은 55%가 아닌 50%인 것이다. 이러한 도달률은 매체집행 스케줄에 노출된 타깃의 수 또는 메시지 침투율, 커뮤니케이션 목표 설정의 기준, 서로 다른 매체 스케줄의 커뮤니케이션 효과를 양적으로 비교하기 위한 척도로 활용될 수 있다.

⑤ 유효도달률(Effective Reach)

유효 도달률이란 도달률과 빈도의 개념을 함께 고려한 것으로 광고에 몇 번 이상 노출된 표적 청중의 비율을 나타내는 용어이다. 물론 상황에 따라 효과를 나타내는 노출이 횟수가 다르긴 하지만 기본적으로 충분한 반복 노출이 광고효과에 지대한 영향을 주는 것은 사실이다.

⑥ **총 도달률**(GRPs : Gross Rating Points)

총 도달률(GRPs)이란 매체 간 중복이나 반복노출에 관계없이 전체 청중에 전달된 메시지의 총 도달률을 말한다. 일반적으로 총 시청률이라고 불리는데, 유효 도달률과 마찬가지로 도달률과 빈도의 개념이 함께 고려된 개념이다. 보통 GRPs는 4주(1개월) 단위로 계산되며, 매체 스케줄의 비교기준, 상표별 광고비의 구성비 계산, 광고 예산 설정을 위해 활용된다.

예를 들어, 어느 광고가 목표 타깃의 80%에게 3회의 평균빈도로 노출되었다면 이 광고의 총 도달률(GRPs)은 240이다.

총 도달률(GRPs) = 도달률(Reach) × 편균빈도(Average Frequency)

⑦ **노출빈도**(Frequency)

노출빈도란 타깃이 단위 기간 동안 평균적으로 몇 회씩 광고에 노출되었는지를 밝히는 것이다. 즉, 광고 메시지에 노출된 평균 회수이다. 노출빈도는 광고주나 광고대행사 시각이 아닌 순수한 목표 청주의 시각에서 얻어지는 데이터이기 때문에 청중이 목표 빈도에 도달하기 전에 광고주는 '광고싫증'을 나타낼 수 있다는 점에 주의할 필요가 있다.

⑧ **평균빈도**(Average Frequency)

평균빈도란 일정 기간 동안 광고 메시지에 노출된 사람들의 평균 노출 횟수를 말한다. 평균빈도는 항상 도달률과 함께 사용되며, 총 도달률과 도달률을 이용해서 구할 수 있다. 매체전략에서 평균빈도가 중요한 이유는 청중에 소비자가 광고 메시지에 몇 번 노출되었는가에 따라 광고효과가 달라질 수 있기 때문이다.

평균빈도(Average Frequency) = 총도달률(GRPs) / 도달률(Reach)

⑨ **유효빈도**(Effective Frequency)

유효빈도란 유효도달률과 연동되는 개념으로, 광고효과가 발생되기 위해 필요한 광고노출의 반복횟수를 의미한다. 이 역시 제품과 광고환경에 따라 명확하게 구분될 수는 없으나 일반적으로 최소한의 광고효과를 발생시키기 위해서는 최소 3회 이상의 노출이 필요하다는 견해이다.

〈표 8-4〉 도달률과 빈도 선택에 대한 일반적인 기준

도달률이 강조되는 경우	빈도가 강조되는 경우
인지도 제고	호의도 및 충성도 제고
신상품 도입기	매출의 증대
새로운 캠페인 전개	강력한 경쟁자가 있을 경우
세일즈 프로모션 지원	경쟁심화로 노이즈 레벨이 높음
경쟁사를 공략할 경우	다른 브랜드와 차별화가 미약
유통파워가 강할 경우	크리에이티브가 복잡한 경우
독점적 상품일 경우	구매 사이클이 짧은 제품일 경우
제품의 USP가 확실할 경우	소비자 저항이 있는 제품일 경우
고지성 내용일 경우	정보제공형 내용일 경우

⑩ CPM(Cost Per Thousand Impression)

CPM이란 1,000 명에게 광고메시지를 도달시키는데 필요한 비용을 의미한다. 그리고 TV, 라디오, 신문, 잡지 등 모든 매체에서 계산이 가능하다. CPM은 매체의 비용효율성을 판단하는 기준으로 활용되며, 그 수치가 낮을수록 효율적이다. 그러나 다른 매체 간의 CPM을 비교할 때는 그 수치상의 비교의미를 갖지 못한다. 즉, TV 프로그램 A의 CPM이 3000이고, 신문 B의 CPM이 6000이라고 했을 때 단지 물리적인 노출 측면에서 신문이 TV에 비해 2배 비싼 것이지 광고효과 면에서 TV가 2배 효율적이라는 의미는 아닌 것이다.

약어로 'CPT'가 아닌 'CPM'으로 사용되는 이유는 로마숫자로 1,000을 표기하는 단어의 'Mill'에서 유래했기 때문이다.

⑪ CPP(Cost Per Rating Point)

CPP는 1GRPs에 대한 노출비용이다. CPP는 노출 도달 효율성을 측정하는데 가장 기본적인 지표로 활용된다. 즉, 개별 매체를 선정하기 위해 각 매체의 도달상의 효율성을 평가하는데, 매체 스케줄에 대한 사전 또는 사후 도달효과에 대한 효율성 분석을 위해, 그리고 광고예산을 결정하는데 유용하게 사용된다.

⑫ CPRP(Cost Per Rating Point)

CPRP는 시청률 1%를 얻는데 소요되는 비용을 의미한다. CPRP는 각 방송매체 비클의 비용효율성을 비교/평가하기 위한 수치로 활용된다. CPRP는 CPM과 마찬가지로 매체의 비용 효율성을 나타내는 지표로 수치가 낮을수록 효율적이며,

매체기획 시 광고비 효율성 비교, 목표 GRPs를 토대로 한 광고예산의 편성, 광고대행사 Buying 능력에 대한 검토 자료로 활용된다. 그러나 커버리지가 다른 매체 간 단순 비교는 커버리지가 작을수록 효율성이 우수하게 산출되므로 무리가 있다.

CPRP = 총광고비 ÷ 총 시청률(CRPs)

2) 인쇄매체 기본 용어

① 발행부수(circulation)와 열독자 수(readership)

특정 신문의 발행 부수는 신문이 배포된 수량을 말한다. 발행 부수는 지역별 자료가 취합되므로 특정 지역에 대한 매체 활용에 도움을 줄 수 있다. 그러나 발행부수는 실제적으로 인쇄매치를 구독하는 독자의 수와 독자들의 인구통계적 특성을 파악하기 어렵다는 단점이 있다.

열독자 수는 인쇄매체를 읽는 독자의 총 수를 의미한다. 열독자 수는 발행부수에 1부당 평균 독자수의 곱으로 계산된다. 열독자는 비용을 지불하고 매체를 구독하는 일차독자(primary readers)와 비용의 지불 없이 회람 형태로 구독하는 이차독자(secondary readers) 혹은 회람독자(pass-along readers)로 구분할 수 있다.

발행부수 × 1부 당 평균 독자 수 = 열독자 수

최소한 광고주의 시각에서 보면 열독자 수는 발행부수보다 유용한 개념이다. 왜냐하면 광고주가 매체를 통해 이루고자하는 목표는 얼마나 많은 부수를 발행하는가가 아니라, 얼마나 많은 독자들이 그 매체를 접했는가 하는 것이기 때문이다.

② 열독률과 구독률의 차이

인쇄매체의 열독자의 수를 백분율로 전환한 것이 열독률이다. 즉, 일차독자와 이차독자를 합한 열독자이 수를 가독연령대의 인구수로 나누어 그 비율을 백분율로 표시한 것을 말한다. 구독률은 일차독자의 비율만을 의미한다.

③ 커버리지(coverage)

커버리지란 특정 시장의 도달 백분율로 표현된다. 즉, 표적시장에 대한 메시지 전달 정도를 전체 인구통계집단으로 나누어 나타나는 수치이다. 예를 들면, 어떤 지역에서 A잡지가 여성 100명에게 읽혀지고 있는데 그 지역의 전체 여성 인구가 1,000명이라면 A잡지의 커버리지는 10%가 되는 것이다.

8. 광고예산

광고회사에 20년 넘게 근무하면서 단 한 번도 풍족해 보지 못한 것이 두 가지가 있다. 그 하나는 '충분한 시간'이고, 다른 하나는 '풍부한 예산'이다. 그런데 아이러니 하게도 어느 것 하나 중요하지 않은 일은 없었다. 다시 말하자면, 모두들 이 프로젝트가 매우 중요하다고 말하면서 어느 프로젝트 하나 넉넉한 시간과 풍족한 예산을 제공해 준 경우는 없었다는 것이다. 물론 광고주 입장이 이해되지 않는 것은 아니다. 특히, 요즘처럼 나양한 매체 환경 속에서 복잡한 마케팅적 문제들을 해결해 나가기가 얼마나 힘들겠는가? 때문에 요즘 들어 광고대행사마다 매체 기획의 중요성이 더 크게 인식되고 있으며, 그 가운데 중요한 부분을 차지하는 것이 바로 매체예산이다.

1) 매출액 기준법

매출액 기준 광고예산 설정법은 기업의 한 해 매출액의 일정 비율을 광고비로 책정하는 방법으로 일반적으로 기업에서 많이 사용하는 방법 중의 하나다. 현행 한국은행의 '기업경영분석'에는 전체 매출액 뿐 아니라 광고 선전비에 대한 항목도 집계되고 있다. 광고 선전비에는 광고비를 포함한 여러 가지 종류의 판매촉진 관련 비용이 포함된다.

2) 경쟁사 예산 기준법

경쟁사 예산 기준법은 자사의 광고예산의 설정 기준을 경쟁사의 광고 커뮤니케이션 예산으로 삼는 방법이다. 이 방법은 기업의 광고비와 시장 점유율에 상관관계가 있다는 가정에서 출발한다. 그러나 한 제품의 시장 점유율에 영향을 미치는 요인은 광고비 이외에도 다양하게 많을 수 있으며, 경쟁사의 예산의 파악은 전년도 기준에 따르기 때문에 빠르게 변화하는 광고시장에 다소 뒤처지는 대안을 내놓을 수밖에 없다는 한계가 있다.

3) 지불능력 기준법

지불능력 기준법은 광고예산을 일종의 비용 차원에서 접근하는 방법으로 기업 운영에 필요한 주요 경비를 설정한 후에 잉여 예산으로 광고 예산을 설정하기 때문에 때로는 필요 이상의 예산이 설정되어 낭비의 원인이 되기도 하고, 때로는 적은 예산 탓에 적절한 마케팅 활동에 제한을 받기도 한다. 이 방법의 가장 큰 문제는 내부적으로 광고 마케팅 활동의 중요성이 평가절하 되어 있다는 점이며, 따라서 경기가 나빠질 때 가장 먼저 광고 마케팅 예산을 삭감하는 경우가 이에서 기인한다.

4) 목표 기준법

목표 기준법은 광고 목표를 달성하기 위해 필요한 예산 규모가 어느 정도인지를 파악하여, 그 규모만큼의 금액을 광고 예산으로 설정하는 방법이다. 커뮤니케이션 목표를 달성하기 위한 관점에서는 바람직한 방법이라고 할 수 있겠으나, 목표 달성을 위한 예산의 규모를 예측하여 판단한다는 것이 쉬운 일이 아니다. 따라서 예산 설정 시 광고대행사의 치밀하고 객관적인 데이터에 의한 제안이 필요하며, 그 제안에 따르는 책임 역시 감수하는 자세가 필요하다.

5) 손익분기점법

손익분기점법은 말 그대로 기업의 손익분기점을 기준으로 광고 예산을 설정하는 방법이다. 이 방법은 기업에 가장 많은 익을 가져다 줄 수 있는 예산 수준을 제안하는 것으로, 상대적으로 과학적인 예산 설정이 가능하다. 그러나 이 역시 다양한 관점에서 그 수준을 계량화하는 것이 쉽지 않을 뿐 아니라 데이터에 의해 설정된 적정 예산의 규모가 기업에서 부담하기에 과도한 경우 현실성이 떨어 질 수 있다는 단점이 있다.

Chapter 9

프레젠테이션 제안

광고대행사 업무의 시작이 오리엔테이션(Orientation)이라면 그 마무리는 프레젠테이션(Presentation)이라고 말 할 수 있다. 즉, 광고대행사의 모든 업무는 프레젠테이션이라는 과정을 통해 광고주로부터 서비스할 업무를 의뢰받고 이를 통해 수익창출이 시작되기 때문이다. 프레젠테이션은 광고주에게는 자사의 마케팅 과제를 해결하기 위한 수단이며, 광고대행사에게는 기존의 광고대행을 연장하거나 새로운 광고주를 획득할 수 있는 비즈니스의 과정이다.

특히, 경쟁 프레젠테이션은 신규 광고주를 영입하여 자사의 빌링을 높일 수 있는 절호의 기회이기 때문에 기존 업무와 더불어 최선을 다해야할 부분이다. 물론 기존 업무를 진행하고 있는 광고주의 업무도 중요하지만 지속적인 신규 광고주의 개발 없이는 광고회사의 지속적이고 역동적인 발전을 보장받기 어렵기 때문이다. 경우에 따라서는 경쟁 프레젠테이션만을 전담하는 별도의 팀이 구성되어 있는 광고회사도 있으나, 일반적으로 기존 업무를 담당하던 기획팀과 제작팀의 인원을 활용한 태스크 포스팀(task force team)이 구성되어 경쟁 프레젠테이션을 실시하는 경우가 대부분이다.

프레젠테이션을 주도하는 프레젠터는 프레젠테이션의 목적, 그리고 그 목적을 달성하기 위해 무엇을 준비하고 전달해야 하는지를 명확하게 인지해야 한다. 따라서 프레젠테이션 진행상의 도구, 설비 등의 전반적인 준비상태, 프레젠테이션 진행의 기술, 프레젠테이션 내용에 대한 전체적이고 깊이 있는 이해, Q&A에 대한 만반의 준비 및 만약의 돌발적 상황에 대비하는 마음가짐 등 어느 것 하나에도 소홀함이 없는 준비를 해야 한다.

1. 프레젠테이션의 구분

1) 광고주 프레젠테이션 vs. 광고대행사 프레젠테이션

① 광고주 프레젠테이션

광고주 프레젠테이션은 광고주가 자사의 마케팅이나 비즈니스 현황을 객관적으로 돌아보고 점검하는 자리이다. 그리고 이를 통해 기존의 광고대행사를 지속적으로 활용할 것인지, 아니면 새로운 광고대행사와 새로운 파트너십을 시작할 것인지를 자체적으로 결정하는 자리로 활용된다.

② 광고대행사 프레젠테이션

광고대행사 프레젠테이션은 광고대행사가 새로운 비즈니스 기회를 창출하기 위해 자사가 수립한 마케팅 기획(광고, 커뮤니케이션, 프로모션, 크리에이티브 등) 및 제안을 한정된 시간과 공간에서 광고주에게 전달하는 자리이다.

2) 지명형 프레젠테이션 vs. 제안형 프레젠테이션

① 지명형(과제해결형) 프레젠테이션

지명형 프레젠테이션은 광고주가 특정 광고대행사에 의뢰하여 실시하는 프레젠테이션이다. 이러한 경우 광고대행사의 역할은 광고주의 의뢰에 대한 자문의 의미를 갖는다. 지명형 프레젠테이션이 경합형으로 진행될 경우, 기존의 거래회사. 이전에 거래 경험이 있는 회사, 빌링 규모가 큰 회사, 해당 분야에 성공사례가 있는 회사 등을 선정 기준으로 하여 프레젠테이션에 동참할 광고회사를 선택하게 된다.

② 제안형(과제창출형) 프레젠테이션

제안형 프레젠테이션은 광고대행사가 광고주를 대상으로 행하는 다분히 자발적이고 적극적인 형태의 프레젠테이션이다. 이러한 프레젠테이션의 경우 지명형 프레젠테이션 보다 상대적으로 참여의 기회가 많다고 생각될 수 있으나, 고아고주의 참여 열의가 현저하게 낮을 수 있으며, 광고대행사의 적극적이고 자유로운 발상이 가능한 반면, 자칫 광고주의 현안이나 문제점을 제대로 파악하지 못할 우려가 있다.

3) 단독형 프레젠테이션 vs. 경합형 프레젠테이션

① 단독형 프레젠테이션

단독형 프레젠테이션은 한 광고주를 대상으로 한 광고대행사가 실시하는 프레젠테이션을 말한다. 단독형 프레젠테이션은 기존의 광고대행사와의 계약을 연장하는 경우, 광고대행사가 해당 기업의 관계사인 경우, 매출규모나 성공 캠페인 여부, 크리에이티브 능력 등을 이유로 광고주가 임의로 선정하는 경우, 경합에 의한 혼란을 방지하고, 기업의 대표나 담당자의 개인적인 친분에 의한 경우 등을 이유로 실시된다.

② 경합형 프레젠테이션

경합형 프레젠테이션은 한 광고주가 복수의 광고회사를 초청하여 경쟁적으로 실시하는 프레젠테이션을 말한다. 많은 수의 광고대행사가 프레젠테이션에 참여하는 경우, 자칫 광고대행사 간의 출혈경쟁과 광고주의 옳지 못한 판단을 우려할 수 있으며, 경쟁 대행사 간의 전략 파악과 대응, 그리고 다양한 네트워크를 활용한 치열한 로비를 예상할 수 있다. 경우에 따라서 탈락한 광고대행사에 리젝션피(Rejection Fee) 또는 차기 프레젠테이션에 참여할 수 있는 기회를 제공하기도 한다.

2. 프레젠테이션 프로세스

1) 프레젠테이션 공고 및 오리엔테이션

광고주는 자사 제품의 효과적인 마케팅 및 커뮤니케이션 활동을 위해 필요하다고 판단되는 경우 기존의 광고대행사 또는 새로운 광고대행사에 프레젠테이션을 실시할 것을 공고 또는 통보하고 오리엔테이션을 실시한다.

경쟁 프레젠테이션의 경우, 광고주는 프레젠테이션에 초청할 광고대행사의 선택 기준을 내부적으로 설정하여 해당 광고대행사에 이를 알리고 참석의사를 확인하는 절차를 거친다. 그리고 프레젠테이션에 참석 의사를 밝힌 광고대행사를 대상으로 프로젝트에 관한 오리엔테이션을 실시한다.

오리엔테이션은 광고주 입장에서는 광고를 통해 해결해야 할 과제와 이유, 그리고 제안 내용에 관한 세부적인 지침을 주는 자리이며, 광고대행사에게는 성공적인 프레젠테이션을 위한 유용한 정보를 얻는 자리이다.

2) 기획회의 및 기획서 작성

광고기획 회의 및 기획서 작성은 광고주 오리엔테이션을 기초로 하여 광고대행사에서 프레젠테이션의 전략적 방향을 설정하기 위한 첫 걸음을 시작하는 단계이다. 광고주 오리엔테이션에 참여한 팀은 오리엔테이션 내용을 가능한 한 빠른 시간 안에 정리하여 우선적으로 프로젝트에 참여할 모든 부서의 관련자들에게 설명하는 자리를 갖도록 하는 것이 좋다. 광고주로부터 받은 첫 번째 오리엔테이션을 기초하여 마케팅팀과 기획팀이 자사의 전략으로 삼을 프레젠테이션 기획서를 작성하게 되는데, 첫 번째 오리엔테이션에서 주의할 점은 광고주 오리엔테이션을 받은 사람의 의견이 완전히 배제된 광고주 오리엔테이션 내용 그대로를 전달하는 것이 중요하다.

또한 프레젠테이션에 필요한 자료를 수집하고 전략을 수립하는 과정에서 파트너 부서원들의 도움과 협조를 받아나가는 것이 효과적이다. 이는 보통 3~4주 정도 주어지는 프로젝트 기간 가운데 자료수집에 필요한 시간을 줄여줄 뿐 아니라, 향후 기획팀 단독으로 설정한 전략이나 광고 컨셉트에 대한 이견을 줄여준다는 점에서도 상당한 의미가 있다. 이러한 의미에서 특히 기획팀과 제작팀 간의 긴밀한 협조와 팀워크는 무엇보다 중요하다.

특히, 경쟁 프레젠테이션의 기획서는 복수의 광고대행사들 사이에서 차별화되고 설득력있는 탁월한 전략을 제시해야 할 필요가 있다.

성공하는 프레젠테이션을 위한 몇 가지 단계별 방법을 힌트로 주면 다음과 같다.

① 오리엔테이션 내용 공유

문제를 해결하기 위한 가장 첫 번째 단계이자 가장 중요한 단계는 주어진 문제를 정확하게 파악하고 정의하는 일이다. 따라서 성공하는 프레젠테이션을 위해서는 광고주로부터 받은 숙제를 전 팀원이 명확하게 이해하는 단계가 꼭 필요하다. 현장에서 프레젠테이션을 경험하다 보면 똑같은 오리엔테이션 자료를 페이퍼로 나누어 갖고 회의를 했는데도 서로 다른 각도에서 이를 해석하고, 업무가 한참 진행된 후에야 상호간의 이해의 폭을 좁히는 작업을 다시 하게 되는 경우가 허다하다. 따라서 프로젝트 진행자는 첫 번째 오리엔테이션을 진행하면서 모든 관련 부서의 참가자들이 자신들이 앞으로 해결해야할 문제가 무엇인지를 명확하게 이해시키는 일이다.

② 기획서 초안 작성

기획서의 초안 작성을 위해서는 실제로 기획서를 작성하는 사람 못지않게 마케팅 등 관련 부서의 많은 도움이 필요하다. 또한 기획서 작성자가 다른 업무에 신경 쓰지 않고 기획서 작성에 몰입할 수 있는 환경을 만들어 줄 필요도 있다. 대부분의 경우 프레젠테이션에서 발표자의 역할을 할 팀원이 기획서를 작성하는 것이 일반적이나, 현실적으로 프레젠테이션은 팀장이 맡아 하더라도 기획서의 초안 단계에서는 팀장을 서포트하는 팀원이 작성하여 팀장의 결재를 받는 형태로 진행되기도 한다. 그러나 이 경우에도 팀장과 팀원은 긴밀한 협조와 의견공유를 통해 기획서 내용에 관한 의견의 차이가 없도록 해야 한다.

또한 기획서 초안이 완성되면 시간을 절약하기 위해 제작팀을 비롯한 프레젠테이션 참여부서의 팀장들과 일차적인 전략의 개요를 공유해야 하기 때문에 사실상 전체 기획서의 핵심을 정하여 공유하는 단계라고 보는 것이 옳을 것이다.

③ 공유 및 수정 보완

어느 정도 핵심을 갖춘 기획서의 초안은 망설임 없이 부서장 및 관련 부서의 팀장들과 공유하고 의견을 듣는 단계를 거치는 것이 좋다. 이는 단순히 조직의 결재라인을 거친다는 의미보다는 작성자가 수립한 전략을 객관적인 시각으로 판단하고 논리의 비약이나 오류가 있는지, 또는 그간의 풍부한 노하우를 바탕으로 보다 경쟁력 있는 기획서를 만드는데 도움을 주고자 하는 것이다. 혹시나 핵심적인 부분에 있어서 의견차이가 우려된다면 이를 감추고 진행하는 것 보다 이를 솔직하게 드러내고 이에 관하여 신랄한 토론을 통해 의견을 좁히는 작업이 필요하다. 기획서 작성자 역시 열린 마음을 가지고 회의에 참석하여 다양한 의견들을 경청하고 이를 토대로 세부 기획서 작성에 참고할 필요가 있다.

④ 프레젠테이션용 기획서 작성

프레젠테이션을 위한 기획서는 크게 발표용 제출용 기획서와 발표용 기획서로 나뉜다. 제출용 기획서는 분량과 시간의 제한이 없으므로 마케팅 조사보고서로부터 광고전략, 크리에이티브 및 매체전략에 이르기까지 충분한 분량으로 구체적인 보고서의 작성이 가능하다. 그러나 무작정 분량이 많다고 해서 훌륭한 기획서로 인정되는 것은 아니다. 그러나 발표용 기획서는 주어진 시간 안에 내용의 핵심적인 메시지를 효과적으로 전달해야 하는 한계를 극복하기 위해 PPT의 분량에서부터 치밀한 계산이 필요한 부분이다. 특히, 경쟁 프레젠테이션일 경우에는 자사의 발표 순서에 따라 프레젠테이션 발표용 기획서의 구성도 달라져야 할 필요가 있다. 만일, 앞 순서에 발표를 하게 된다면 상대적으로 시장 환경이나 마케팅 전략에 관한 부분에 일정 시간을 할애할 필요가 있으나, 중반부 이후의 순서에 프레젠테이션을 할 경우 이미 앞의 대행사에서 충분히 발표한 내용이므로 자사의 전략과 크리에이티브 전달에 치중하는 것이 시간을 절약하고 광고주의 지루함을 더는 방법이다. 또한 발표용 기획서는 최종 D-day까지도 꼼꼼하게 검토하여 사소한 오탈자라도 발견되지 않는 치밀함을 보일 필요가 있다.

3) 광고 시안 제작

광고 시안 제작을 시작하는 타이밍은 광고대행사에 따라서 또는 팀의 성향에 따라서 다를 수 있다. 빠른 경우에는 광고주 오리엔테이션을 받으면서 부터나 기획서 초안이 정리되면서부터 광고 시안 제작을 위한 아이데이션이 시작된다. 따라서 이처럼 시안 제작 타이밍을 앞당기기 위해서는 기획서 작성의 초기 단계부터 기획팀과 제작팀이 팀워크를 이루는 것이 중요하다. 또한 같은 제품을 과제로 받아 같은 내용의 오리엔테이션을 통해 프로젝트를 진행한다는 점에서 마케팅 전략이나 광고기획전략에서 차별화된 경쟁력을 갖기가 쉽지 않다. 따라서 대부분의 경우 크리에이티브에서 프레젠테이션의 성패가 갈리는 경우가 많다. 그러나 이는 일반적인 의견이나 경험일 뿐 이런 경쟁적 상황에서 광고전략이나 마케팅 전략 차원에서부터 경쟁력을 가질 수 있다면 이미 승률은 상대적으로 높아질 것이다.

한 가지 안타까운 것은 최근 경쟁 프레젠테이션에 활용되는 시안의 수준이 경쟁적으로 높아짐에 따라 거의 실제 방영에도 손색이 없을 정도의 퀄리티로 시안이 제작되다보니 그 시간적 비용적 측면에서 비효율적인 출혈경쟁을 감수할 수 밖에 없는 상황에 이른 것이다. 이에 광고주와 광고대행사가 보다 효율적이고 경제적인 프레젠테이션 문화를 정착하기 위해 프레젠테이션의 포장이나 형식 보다 핵심적 내용에 초점을 맞출 수 있는 방법을 모색하고 실천하는 방향으로 발전해 가야 할 것이다.

4) 리뷰 및 리허설

① 리뷰

각 광고대행사 마다 자사만의 독특한 리뷰 보드(Review Board)를 가지고 프레젠테이션은 물론 일상적인 광고물 제작 및 기획서 작성에 활용하고 있다. 특히, 프레젠테이션을 앞두고 실시하는 리뷰는 매우 중요한 과정이므로 몇 차례로 나누어 실시되는 것이 보통이다. 기획서 작성에 있어서도 초안 작성 시점과 기획서 완성본 작성 시기에 각각 팀장 또는 담당 본부장 리뷰를 실시하는 것이 일반적이다. 크리에이티브 역시 초반의 러프한 아이디어가 작성되기 시작하면 1차 리뷰를 실시하고, 1차 리뷰에서 선정된 안을 가지고 구체적인 시안을 작성하게 되면 2차 리뷰를 실시한다. 그리고 기획서와 제작물 공히 프레젠테이션 D-day가 다가오면 모든 준비가 완료된 상태에서 관련 직원들과 담당 임원이 참석한 가운데 최종 리뷰를 진행하게 된다. 현업에서 프레젠테이션을 담당하는 팀원이나 팀장에게 리뷰는 어쩌면 준비과정에서 가장 스트레스를 받는 단계라고 할 수 있다. 이 최종 리뷰를 무사히 넘기느냐 그렇지 않느냐가 관건이고, 프레젠테이션 날짜를 몇 일 남기지 않고 사내리뷰에서 전략과 광고 제작물이 리뷰를 통과하지 못해 부랴부랴 새로운 기획서와 제작물을 만드는 경우도 종종 있다. 이렇듯 리뷰는 광고대행사에서 프레젠테이션으로 가기 위한 최종 관문의 역할을 하기 때문에 리뷰에 참석하는 사람들, 특히 발언의 영향력을 지니고 있는 임원들의 역할은 매우 중요하다 하겠다.

② 리허설

우여곡절 끝에 사내 리뷰를 마치게 되면 모든 준비를 마친 상황에서, 실제 프레젠테이션 현장과 동일한 환경에서 본격적인 리허설을 실시한다. 리허설은 실제 프레젠터가 실시하는 것을 원칙으로 한다. 또한 당일 프레젠테이션에 참석하는 팀원들이 모두 리허설에 참석하는 것이 좋다. 왜냐하면, 리허설은 프레젠터 혼자서 하는 것이 아니라 프레젠테이션에 참석하는 모든 팀원들이 함께 조직적으로 만들어 가는 것이기 때문이다. 몇 차례의 리허설을 통해 각자의 부분에서 부족하거나 잘못 정리된 부분은 없는지를 꼼꼼하게 살피고, 오류가 발견되면 기동성 있게 보완해 나가야 한다. 또한 프레젠터가 안심하고 프레젠테이션을 진행할 수 있도록 격려해야 한다. 중요한 프로젝트라면 대부분의 최종 리허설은 대표이사까지 참여하는 전사적인 행사가 되기도 한다. 그리고 그 분위기는 사뭇 살벌하다. 실제를 방불케 하는 질문들이 오고가고, 질책과 격려가 빗발친다. 그런데 지나고 보면 전날의 리뷰가 오랜 시간 동안 살벌하게 진행 될수록 현장에서 많은 도움이 되는 경우가 많다. 리뷰에서 나왔던 신랄한 질문들이 모두 예상 질문이 되어 프레젠터로 하여금 미리 준비하게 하는 역할을 해 주기 때문이다. 그러나, 적당한 시점에서는 질책만이 능사가 아니며, 결국은 프레젠터가 자신감을 가지고 광고주 앞에서 결과물을 설득할 수 있도록 격려하는 것도 잊지 말아야 한다.

＊ 리허설을 통해 검증되어야 할 3 가지

- *읽기 쉽게 프레젠테이션 하고 있는가?*
- *간결하게 프레젠테이션 하고 있는가?*
- *인상 깊게 프레젠테이션 하고 있는가?*

＊ 리허설의 단계별 의미

- *1차 리허설 : 프레젠테이션의 전체적인 개요를 확인하는 리허설. 프레젠테이션의 목적과 방법이 확실하게 언급되고 있는지를 검증하는 단계로 부족한 부분은 보충하고, 수정 보완하라. 1차 리허설은 발표자 혼자 진행해도 무방하다.*

• *2차 리허설 : 완벽하진 않지만 실제와 유사한 형태를 갖추고 실시한다. 각 단계별로 이율배반적인 내용은 없는지, 정해진 시간 안에 소화가 가능한지, 참석자들의 체크를 토대로 수정 및 보완하는 과정을 거친다.*

• *3~5차 리허설 : 스텝들이 모인 자리에서 실제와 같은 형식을 갖춰 진행한다. 이 단계에서는 가급적 큰 줄기를 흔들기 보다는 발표자의 자세, 복장, 말투, 속도 등 세부적인 수정이 필요하다. 또한 철저하게 광고주의 시각에서 다양한 질문을 하는 것도 도움이 된다.*

• *최종 리허설 : 모든 기기와 자료, 인원을 당일 프레젠테이션과 동일한 형태로 진행하는 리허설이다. 물론, 모든 제작물이 완성된 형태이어야 하며, 오프닝과 마지막 멘트까지의 시간까지 정확하게 체크되는 단계의 리허설이다. 이 단계에서는 발표자뿐 아니라, 전체 참가자의 역할과 움직임까지 세밀하게 체크하고 점검해야 한다.*

현장 경험에 의하면 프레젠테이션에 앞서 최소 30회 이상의 리허설을 실시하면 프레젠테이션 내용을 충분히 숙지한 상태에서 나름 실수 없는 프레젠테이션을 진행 할 수 있다. "리허설은 실전처럼 치열하게, 실전은 리허설처럼 여유있게" 성공하는 프레젠테이션의 핵심이다.

5) 프레젠테이션

① 이동 및 준비

보다 완벽한 프레젠테이션을 위해서 D-day 전에 실제 프레젠테이션을 진행할 장소를 회사에서부터 실시간 이동하는 시뮬레이션을 진행해보는 것도 좋은 방법이다. 특히 서울 시대의 경우에는 이동 시간대에 따라 상당한 상황적 차이를 보이므로 실제 PT가 진행되는 시간에 소요되는 시간을 미리 파악하여 당일 최소한 30분 전에는 프레젠테이션 장소에 도착해 있는 것이 안전하다. 또한 치밀한 AE는 광고주의 양해를 구하고 발표가 진행될 회의실의 위치와 크기, 배치 등을 미리 파악하여 당일 발표자로 하여금 낯설지 않은 환경에서 발표를 진행할 수 있도록 하며, 어떤 분야에서 어떤 직급의 인원이 몇 명 정도 참석하는지? 대표이사의 성향은 어떤지를 미리 상세하게 파악하고 프레젠테이션에 임하게 한다.

발표에 활용하게 될 기기에 대한 점검 역시 소홀해서는 안 될 부분이다. 가능하면 자사에서 익숙하게 활용했던 기기를 사용하는 것이 좋으나, 부득이한 경우 미리 그 기기에 대한 작동 방법을 철저하게 공부하여 작동에 오류나 실수가 없도록 해야 한다. 또한 만약에 있을 긴급상황에 대비하여 여분의 기기나 응급대처 상황도 숙지하는 것이 좋다.

물론, 프로젝트의 전체적인 진행상황을 숙지한 상태의 한 사람 정도는 회사에 남아 만약에 있을 긴급상황에 대처해줄 수 있도록 하는 것도 방법이다. 또한 최종적으로 회사에서 광고주로 출발하는 시간이 되면 모두들 긴장하고 분주하여 중요한 것을 놓치거나 빠트리고 출발하는 경우가 있을 수 있는데 이를 목록을 작성하여 빠짐없이 챙길 수 있는 역할을 하는 인원도 필요하다.

② 프레젠테이션

프레젠테이션이 시작되는 순간 필요한 것은 자신감과 지금까지 준비한 것을 최선을 다해 전달하는 일 외에는 아무것도 없다. 자사에서 준비한 제안 내용의 만족도 정도와 상관없이 프레젠테이션에 확신을 가지고 몰입하라.

첫인상은 프레젠테이션에서 중요한 역할을 한다. 기업의 문화에 따라, 또는 기업과 광고대행사의 관계에 따라 다르지만 광고주가 프레젠테이션에 임하는 자세 또한 완벽한 중립에 서 있기 보다는 어느 정도 긍정적 시각이나 부정적 시각에 서 있을 수가 있다. 따라서 프레젠터는 광고주의 선입관을 미리 파악하는 일에서부터, 발표의 도입을 어떻게 열어야 할지를 생각해야 한다. 프레젠테이션의 도입부에 청중의 마음을 열지 못하면 프레젠테이션을 전개하고 설득하는데 어려움이 있기 때문이다.

주어진 과제의 리마인드에서 부터 마케팅전략, 광고전략, 크리에이티브 제시, 미디어 플랜에 이르기까지 한 치의 오차도 없는 전략적 기승전결을 가지고 설득작업에 들어가야 한다. 마케팅 전략과 기획 단계에서는 광고주로 하여금 신뢰를 갖게 하고, 향후에 전개될 크리에이티브에 대한 호기심과 기대를 갖게 하는 것이 중요하다. 자신의 연차와 상관없이 광고회사를 대표한다는 자부심을 가지고 자신있는 프레젠테이션을 실시해야 한다. 발표 시 청중 한 사람 한 사람의 눈을 놓치지 않고 마주치는 것도 중요하며, 특히 의사결정권자의 반응에 따라 발표의 속도와 강약을 조절하는 센스와 능력이 필요하다.

특히, 오랜 기간 심혈을 기울여 준비해 온 컨셉트나 광고 제작물에 대한 발표는 가장 중요한 핵심이므로 청중들이 충분히 이해하고 설득될 수 있도록 해야 한다. 경우에 따라서는 프레젠터의 연기가 빛을 발할 때도 있고, 때로는 완벽하게 제작된 영상으로 효과를 극대화 할 수도 있다. 그러나 중요한 부분이라고 해서 굳이 시간을 길게 할애해야 한다는 말은 아니다. 지루하지 않은 범위에서 완벽하게 설득해 내는 것이 프로의 능력이다. 특히 주의해야 할 것은 도입과 전개에 필요없는 시간을 허비해서 정작 가장 중요한 핵심부분에서 시간에 쫓기는 우를 범하지 않기를 바란다.

준비된 전략과 제작물에 대한 발표가 어느 정도 마무리되면 프레젠터는 이제 청중들의 분위기를 긍정적으로 마무리 하는 일만 남은 것이다. 짧은 시간을 할애해서 전체적인 내용을 다시 한 번 정리해 줄 필요가 있다. 특히, 제안의 핵심 부분과 본사의 제안을 통해 기대되는 효과 등을 확신에 찬 목소리로 재차 강조하여 광고주의 신뢰를 강화시키도록 하자.

** 발표 순서에 따른 프레젠테이션 전략*

- *1st Presentation : 광고주의 관심을 가장 잘 집중 시킬 수 있는 최고의 순서. 주어진 과제와 목적에 대한 정확한 확인에서 시작하고, 조사결과, 광고기획, 크리에이티브, 매체와 예산에 대한 부분을 준비해 온 대로 상세하게 설명하는 것이 좋다.*

- *2nd Presentation : 앞선 프레젠테이션 내용이 다소 신경 쓰이는 순서이기는 하지만, 자신의 논리로 자신있게 설득해 나가는 것이 중요하다. 앞선 대행사와 동일한 논리일 경우 보다 쉽게 객관성을 인정받을 수 있고, 다를 경우 자사의 차별화된 전략을 적극적으로 강조할 수 있는 기회로 삼아야 한다.*

- *3rd Presentation : 앞선 팀들과 중복될 가능성이 많고, 청중들 역시 진지함과 집중도가 떨어지는 시간이다. 점심시간 전이라면 허기지고, 식사 후라면 식곤증이 시작되는 시간이다. 중요하지 않은 부분은 과감하게 삭제하고 충분한 시간적 여유를 가지고 본론과 결론에 심도를 더해야 한다. 다른 순*

서의 프레젠테이션 보다 치밀하게 계산된 진행이 필수적이기 때문에 가능하다면 경험이 많고 노하우가 풍부한 프레젠터가 진행하는 것이 좋다.

- *Last Presentation : 청중들이 다소 지쳐있는 시간이기는 하지만, 결정할 시간이 다가왔다는 의미에서 관심과 집중도가 되살아나는 시간이다. 첫 번째 PT 만큼 유리한 순서다. 광고주의 이해를 구한 상태에서 핵심만 설명하는 프레젠테이션도 가능하며, 자신있게 앞선 팀들의 프레젠테이션의 결론을 맺듯 진행하는 것도 방법이다.*

6) 사후 관리

대부분 프레젠테이션은 프레젠테이션에서 끝난다고 생각한다. 그러나 많은 경험에서 보면 프레젠테이션의 진정한 성패는 프레젠테이션이 끝난 후부터 시작되는 경우가 허다하다. 속된 말로 '계약서에 도장 찍기 전까지는 아무도 모른다.'는 말을 명심하길 바란다. 특히, 빌링 규모가 크고, 대행사 간의 실력의 차이가 미미한 경쟁의 경우 한 번의 프레젠테이션을 통해 하나의 파트너 회사를 선정하는 일이 말처럼 쉽지 않기 때문이다. 주의해야 할 일은 프레젠테이션을 마친 후에도 당분간 본사에서 제시한 전략이나 크리에이티브에 대한 보안을 유지해야 하며, 광고주에 대한 부정적인 의견이나 불만이 광고주에게 들어가지 않도록 해야 한다. 샴페인을 너무 일찍 터트리지 않도록 주의하자.

7) 대행사의 선정

광고주 입장에서 짧게는 1년 길게는 그 이상의 계약기간 동안 파트너십을 가지고 함께 동고동락할 광고대행사를 선정하는 일은 쉬운 일이 아니다. 또한, 지금까지 진행되어 온 캠페인의 연계선상에서 기존의 광고대행사와 지속적인 업무관계를 유지하는 결정도, 새로운 광고대행사를 선정하는 결정도 신중하기는 마찬가지다. 따라서 광고주가 광고대행사와 협업하여 풀어가야 할 숙제가 무엇인지에 대한 인식을 명확히 하고, 그 숙제를 풀어갈 수 있는 능력을 지닌 파트너를 냉정한 시각에서 결정할 필요가 있다. 그리고 광고대행사가 선정되면 '갑을 관계'가 아닌 '광고전문가'로서 인정하고 신뢰하는 것만이 광고대행사를 가장 잘 활용하는 길임을 잊지 말자.

광고대행사 선정에 관한 구체적인 내용은 별도의 장에서 언급하기로 한다.

3. 프레젠테이션 청중분석[29)]

최선을 다해 잘 준비된 프레젠테이션이 결과가 좋지 않다면 아마도 가장 큰 원인은 청중에 대한 파악이 제대로 되지 못한 경우일 것이다. 우리는 일반적으로 프레젠테이션을 준비하면서 프레젠테이션의 과제로 받은 제품이나 서비스, 그리고 그 제품을 구매하여 사용하는 소비자에 모든 초점을 맞추지만, 어떻게 보면 가장 중요한 것은 지금 당신의 프레젠테이션을 보고 프로젝트의 파트너를 결정하는 가장 우선적인 목표 타깃은 청중이 되어야 함을 잊고 있었는지도 모른다.

필자는 항상 프레젠테이션을 앞두고 프레젠테이션에 참석하는 청중(광고주)의 규모와 연령, 성비는 물론, 학력, 경력, 성향 등 매우 세부적인 부분에 이르기까지 사전에 파악해 주기를 요구한다. 이것은 성공적인 프레젠테이션을 준비하기 위한 플러스 알파 요소가 아니라, 당연히 알아야 할 필수요소이며 매우 중요한 부분이다.

29) 야하타 히로시(2010), 완벽한 프레젠테이션, 21세기북스

청중에 따라 프레젠테이션 내용은 당연히 달라져야 한다. 내용 뿐 아니라 준비된 프레젠테이션 내용을 전달하는 방법 역시 달라질 수 있다. 따라서 우리가 프로다운 완벽한 프레젠테이션 준비를 위해서 가장 먼저 해야 할 일 중의 하나는 우리가 설득할 청중의 모습과 생각을 파악하는 일임을 잊지 말자.

청중을 파악하지 않고 프레젠테이션 장에 들어가는 것은 마치 얼굴도 모르는 상대에게 프러포즈를 하는 일과 크게 다르지 않다. 우리는 프레젠테이션을 시작하기 전에 다음의 세 가지에 대한 해답을 얻어야 한다.

Q1. 프레젠테이션의 청중은 누구인가?
Q2. 청중들이 프레젠테이션 장에 모인 이유는 무엇인가?
Q3. 청중들은 어떤 메시지를 듣고 싶어 하는가?

잘 준비된 프레젠데이션이 실패하는 가장 흔한 원인은 청중의 의중을 세내로 파악하지 못하는데 있다. 광고를 잘 알지 못하는 청중들에게 너무 수준 높은 제안을 하는 것은 결코 좋은 결과를 보장하지 않는다. 물론 그 반대의 경우 역시 당연하다. 광고주에게는 죄송스런 말이지, 항상 새로운 광고주의 프레젠테이션을 앞두고 광고주의 광고를 이해하는 수준을 파악하는 일에 시간을 할애한다. 즉, 광고적 수준이 60점인 광고주에게 95점짜리 캠페인 기획서를 제시하는 것 보다 75점짜리 기획서와 제작물을 제시할 때 경험적으로는 성공확률이 더 높다는 것을 알 수 있었다. 물론 광고주가 그 동안 수많은 성공캠페인을 집행한 경험이 있는 98점짜리 광고수준을 가지고 있는 회사라면 당연히 100점 이상의 만족을 줄 수 있는 프레젠테이션을 준비해야 하는 것이다. 이 대목에서 한 가지 오해는 없기를 바란다. 말의 핵심은 광고주의 수준에 따라 광고 캠페인에 들이는 노력과 수준을 맞추라는 것이 아니라, 프레젠테이션을 진행하는데 있어서 커뮤니케이션의 방법을 달리 해야 한다는 것이다.

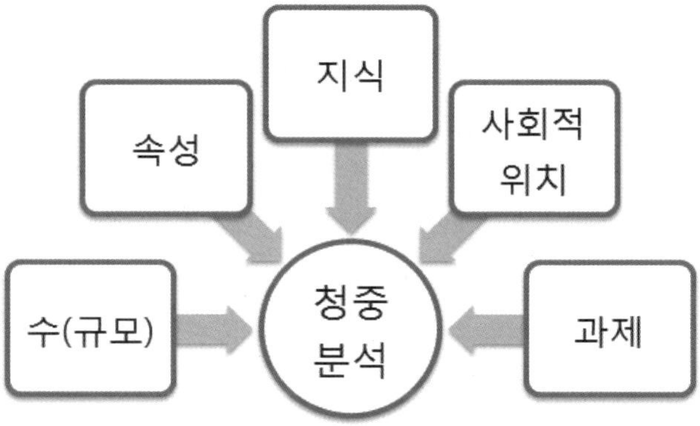

〈그림 9-1〉 청중분석 항목 5가지

〈그림 9-1〉에서 보는 것과 같이 다섯 가지 항목에 대한 사전파악만 실시하더라도 프레젠테이션에서 최소한의 안전장치는 갖추었다고 볼 수 있다. 프레젠테이션에 참여하는 청중의 규모나 수는 어느 정도 되는지? 청중들의 속성 즉, 보수적인 속성을 가지고 있는지? 아니면 진보적인 사고방식을 가지고 있는지? 어떤 형태로 의사결정을 하는 조직인지? 그리고 광고나 마케팅에 대한 지식의 정도는 어느 정도인지? 또 프레젠테이션 자리에 모인 청중들의 사회적 위치는 어떠한지? 그리고 청중들이 우리에게 풀어주었으면 하는 과제가 정확하게 무엇인지를 세세하고 명확하게 파악하고 프레젠테이션에 임해야 한다.

이렇듯 청중에 대한 파악이 철저하게 준비되어 있다면 프레젠테이션에 임하는 프레젠터의 마음가짐 역시 다를 수 밖에 없다. '지피지기면 백전백승'이라 하지 않았는가?

1) 소규모 청중 앞에서의 프레젠테이션

청중의 숫자나 규모는 프레젠테이션에 많은 영향을 미친다. 100명이 넘는 대규모 청중 앞에서의 프레젠테이션과 3명~5명 앞에서 하는 프레젠테이션이 어떻게 같을 수 있을까? 대부분 소수가 참여하는 프레젠테이션의 청중은 서로 잘 아는 관계일 확률이 높다. 그리고 프레젠테이션 분위기도 대규모 청중에 비해 집중도가 높을 것이다. 또한 특별한 경우를 제외하고는 서로 비슷한 이해관계를 가지고 있으며, 프레젠테이션을 마친 후에도 지속적인 협의가 가능한 관계일 가능성이 높다. 이러한 청중 앞에서 실시하는 프레젠테이션은 광범위하고 수박 겉핥기식의 접근 보다는 구체적이고 깊이 있는 접근이 효과적이다. 프레젠테이션에 활용되는 기자재의 종류나 크기 역시 필요이상의 위압감을 주는 설치가 되지 않도록 주의해야 한다.

	청중의 성격	주의해야 할 점
소수의 청중	- 이해관계가 단순하다 - 서로 잘 안다 - 집중이 잘 된다	- 접근의 범위를 좁혀 접근한다 - 구체적인 주제를 다룬다 - 깊이 있는 접근을 한다 - 지나친 연출을 삼간다

2) 대규모 청중 앞에서의 프레젠테이션

프레젠테이션에 참여하는 청중이 100명~200명이 넘는 대규모일 경우에 청중들 간에 서로 인면이 있을 확률은 많지 않고, 상호 이해관계 역시 매우 다양할 확률이 많다. 분위기 역시 산만하여 프레젠테이션에 모두가 집중하리라고 생각했다면 당황하거나 마음의 상처를 받을 확률이 높다. 따라서 구체적이고 깊이 있는 화두로 프레젠테이션을 시작하기 보다는 모두가 관심을 가지고 있는 일반적인 주제로 이야기를 시작하는 것이 더욱 효과적이다. 대규모 청중 앞에서의 프레젠테이션은 프레젠테이션의 내용 못지않게 프레젠테이션에서 활용되는 도구들의 효과를 빌리는 것도 좋은 방법이다. 즉, 영상이나 오디오, 대규모의 스크린 등의 힘을 빌려 전달하고자 하는 메시지를 보다 효과적으로 전달할 수 있다. 프레젠터의 목소리나 억양, 제스처에 이루기까지 많은 부분 신경을 써야 하기 때문에 이런 경우 대부분 어느 정도 프레젠테이션의 경험이 있는 베테랑이 참여하는 것이 일반적이다. 또한 다수의 청중들은 마치 양떼와 같아서 한 두 사람이 앞서 긍정적인 반응을 보일 경우 우르르 동조할 가능성이 많기 때문에 초반에 최고 결정권자나 청중들의 반응을 긍정적인 방향으로 집중시키는 것이 무엇보다 중요하다.

	청중의 성격	주의해야 할 점
다수의 청중	- 이해관계가 다양하다 - 서로 잘 모른다 - 긴장감이 없다	- 일반적인 주제로 시작한다 - 폭넓은 개념을 설명한다 - 프레젠터의 경력이 중요하다 - 연출과 자료에 신경을 쓴다

3) 친밀도가 높은 청중 앞에서의 프레젠테이션

프레젠테이션을 경청하기 위해 모인 청중들 간의 관계 역시 프레젠테이션의 진행에 많은 영향을 미친다. 친밀도가 높은 청중들 앞에서의 프레젠테이션은 서로 질문을 하거나 의사발언을 하는데 거리낌이 없으므로 프레젠테이션 진행 중에 활발한 토론이 벌어질 가능성이 매우 높다. 따라서 이러한 프레젠테이션의 프레젠터는 청중들의 다양한 질문에 적절하게 대처하거나 프레젠테이션 자체를 질문과 청중들의 의사발언 형태로 진행해 나갈 정도의 경력을 지닌 베테랑이 필요하다. 또한 편안한 분위기 속에서 적절한 유머를 섞어 가면서 진행한다면 좋은 결과를 기대할 수 있다. 다만, 너무 긴장감 없는 프레젠테이션으로 진행하다 보면 자칫 의도한 내용을 전달하는데 소홀해 지거나 청중으로 하여금 불쾌한 느낌을 주지 않도록 노력해야 한다.

	청중의 성격	주의해야 할 점
친밀도가 높은 청중	- 긴장감이 없다 - 발언이나 질문이 많다 - 편안하고 자유롭다	- 일방적이지 않도록 한다 - 유머를 활용한다 - 질문을 활용한다 - 적당한 긴장감을 유지한다

4) 친밀도가 낮은 청중 앞에서의 프레젠테이션

대부분의 대규모 프레젠테이션이라면 친밀도가 낮은 청중관계일 가능성이 높다. 상호 처음만나는 관계가 많을 경우 마땅히 대화할 상대가 없기 때문에 형식적으로는 프레젠터의 발언에 집중하는 듯 보이나, 사실은 집중도가 매우 낮을 수도 있다. 이런 경우 대부분 청중들에게 질문을 하여도 묵묵부답이고, 어줍지 않은 유머를 던져다가는 낭패를 당하기 십상이다. 이런 경우 역시 낯선 청중들 간의 사이를 비집고 들어가 분위기를 띄우거나 집중할 수 있게 만드는 요인을 찾아내는데 노력을 기율여야 한다. 즉, 프레젠테이션에 긍정적인 반응을 보이는 소수를 찾아내어 잘 활용한다면 청중들의 만족도를 높이는데 역할을 할 수 있다.

	청중의 성격	주의해야 할 점
친밀도가 낮은 청중	- 반응이 없거나 느리다 - 서로 눈치를 본다 - 분위기가 차갑다	- 의견이나 질문을 부추긴다 - 청중간의 토론을 유도한다 - 분위기 고조용 인물을 찾는다 - 무리한 시도는 지양해야 한다

5) 젊은 청중 앞에서의 프레젠테이션

프레젠테이션을 실시하는데 있어서 청중의 연령을 고려하는 것 역시 매우 유용하다. 젊은 청중을 대상으로 프레젠테이션을 한다면 딱딱하고 형식적인 말투나 진행 보다는 부담 없고 편안한 형태의 진행이 효과적이다. 프레젠테이션에 사용되는 용어 역시 젊은 세대들의 도전과 혁신, 변화, 희망에 맞는 표현을 적절하게 활용하는 것이 좋다. 특히, 젊은 청중들이라고 해서 가르치는 뉘앙스의 접근을 감가야 하며, 또한 어색하게 젊은 청중들이 사용하는 은어나 유행어를 어색하게 활용하는 것도 추천할 만한 일은 아니다. 청중의 세계를 충분히 이해하는 범위 안에서 전달하고자 하는 내용을 소신있고 명확하게 전달하려는 노력이 필수적이다.

6) 중장년 청중 앞에서의 프레젠테이션

중장년층의 청중을 대상으로 하는 프레젠테이션은 대부분 매우 실제적이고 실현가능한 제안에 역점을 두어 실시해야 한다. 또한 프레젠터가 얼마나 신뢰할 만한 사람인가를 판단하는데도 많은 비중을 둔다. 따라서 말투 하나, 몸짓 하나, 첫 인사부터 마지막 퇴장까지 한시도 긴장을 풀어서는 안 된다. 제안 내용 역시 치밀한 검토를 통해 매우 논리적이고 설득력이 있다는 느낌을 줄 수 있어야 하며, 작은 실수나 오타 하나도 치명적인 상처가 될 수 있기 때문에 주의해야 한다.

7) 전문가 청중 앞에서의 프레젠테이션

청중의 지식수준 역시 프레젠테이션을 준비하는데 염도에 두어야 할 매우 중요한 요소 가운데 하나이다. 청중이 이번 프로젝트에 관해서 전문가 수준의 사람들인지? 일반인 수준의 사람들인지? 아니면 전문가 또는 일반인의 비율이 정도 되는지를 사전에 파악하고 준비하라. 만약 당신이 상당한 전문적 지식을 가지고 있는 청중 앞에서 프레젠테이션을 준비하여 실시한다면 사전에 풍부한 자료조사와 준비에 만전을 기해야 한다. 이는 청중들의 인정여부 못지않게 프레젠터 스스로 자신감에 대한 문제이다. 청중들의 기대를 뛰어넘을 만한 충분한 자료와 논리, 그리고 이들을 완벽하게 소화해낸 프레젠터만이 청중의 만족을 이끌어 낼 수 있다. 전문가들은 어쩌면 당신의 첫 마디와 첫 눈빛만 보고도 이미 프레젠테이션 전체를 판단했을지도 모른다. 전문가들은 대부분 자신만의 흔들리지 않는 소신이 있기 때문에 혹여 자신의 의견에 반하는 내용이 제시될 경우 칼날 같은 반론을 제기할 수 있다. 이 경우 역시 미리 준비한 풍부한 자료를 바탕으로 적극적이고 논리적으로 설득하여야 하나, 주의할 것은 노골적인 반론이나, 청중의 전문가로서의 프라이드를 해치지 않는 범위 안에서의 믿을만하고 기술적인 설득 능력이 필요하다.

8) 일반인 청중 앞에서의 프레젠테이션

어려운 이야기를 쉽게 풀어낼 수 있는 사람만이 진정한 전문가라고 할 수 있다. 당신이 전문가라면 아무리 어렵고 복잡한 제품이라도 일반인 청중들 앞에서 쉽고 간략하게 설명하고 설득해 낼 수 있어야 한다. 청중들이 쉽게 이해할 수 있을만한 사례나 경험을 활용하여 일반인 청중의 머릿속에 전달하고자 하는 핵심내용을 인상 깊게 전달할 수 있다면 이것이 성공하는 프레젠테이션의 지름길이다. '눈높이 교육'만 효과적인 것이 아니라, '눈높이 프레젠테이션'의 효과 역시 무시할 수 없다.

9) 호의적인 청중 앞에서의 프레젠테이션

당신에게 이미 호의적인 편견을 가지고 있는 청중들은 대부분 당신의 이야기를 받아들일 마음의 준비가 되어 있다. 그리고 어쩌면 당신이 가진 능력 이상의 기대를 가지고 프레젠테이션에 참석할지도 모른다. 때문에 프레젠터는 청중이 호의적이라고 판단할수록 더욱 참신하고 꼼꼼하게 준비된 프레젠테이션을 준비하고 실시해야 한다. 왜냐하면, 호의적인 청중은 기대도 크기 때문에 그 기대에 당신이 부응하지 못했을 때의 대가는 더욱 혹독할 수 있기 때문이다. 그러나 유능한 프레젠터는 청중 중에 당신에게 특별히 호의적인 청중이 있을지라도 무작정 허물없이 대하거나, 혹여 있을 다른 청중들이 소외감을 느끼게 하는 행동은 자제할 것이다.

10) 비호의적인 청중 앞에서의 프레젠테이션

우리는 어떠한 이유에서든 간에 프레젠테이션을 시작하기 전부터 우리에게 비호의적인 청중 앞에서 프레젠테이션을 해야 하는 경우를 종종 경험한다. 이처럼 난처하고 힘든 경험도 없을 것이다. 그러나 그 자리를 우리가 회피하고나 그 자리에서 도망칠 수 있는 상황이 아니라면, 이런 프레젠테이션이야말로 능력있는 프레젠터의 진가를 발휘할 수 있는 절호의 기회라고 생각하는 것이 효과적이다. 비호의적인 청중에게는 어설픈 유머나 잔꾀는 부리지 않는 것이 좋다. 기본을 지키고 정석대로 접근하자. 그리고 상대가 아무리 당신에게 비호의적일지라도 당신까지 상대에게 비호의적일 필요는 없다. 프레젠터는 상대를 충분히 이해하는 입장을 보여 주는 것이 중요하다. 물론 청중도 인간이기 때문에 비호의적인 편견이 우리가 준비한 프레젠테이션의 내용을 제대로 평가하는데 방해 요소가 될 수 있다. 그러나 그 난공불락을 넘을 수 있는 유일한 방법은 우리가 당신을 위해 진심으로 노력하고 있다는 것을 보여주는 방법이라는 것을 잊지 말자.

11) 중립적인 청중 앞에서의 프레젠테이션

프레젠테이션에 참여하는 중립적인 청중은 호의적이거나 비호의적인 청중에 비해 당신에게 무관심할 확률이 더 높다. 따라서 그들에게 관심을 끌 수 있는 흥미로운 접근과 그들과 관련성 있는 이슈를 제시하는 것이 필요하다. 미움보다 더 가슴 아픈 것이 무관심이라고 하지 않는가? 때문에 무관심한 청중을 앞에 놓고 하는 프레젠테이션 보다 어려운 일은 없다. 앞서 언급했듯이 청중들에게 이 주제가 관련이 있음을 초기에 인식 시키는 것이 중요하다. 그래야만 청중들이 관심을 가지고 당신의 이야기에 귀를 기울인다. 그러기 위해서 가장 쉬운 방법은 재미있는 프레젠테이션을 하는 것이다. 당신의 언어나 제스처를 동원하여 청중을 즐겁게 하라. 모든 기자재를 활용하여 흥미를 끌어라. 청중을 웃기고 울려라. 청중을 세 번 웃길 수 있다면 그 프레젠테이션은 성공할 확률이 높다. 청중을 한 번 울릴 수 있다면 그 프레젠테이션은 무조건 성공이다.

12) 핵심인물 앞에서의 프레젠테이션

지금까지 우리는 여러 청중들 앞에서 어떻게 프레젠테이션을 해야 하는가에 대해서 살펴보았다. 적어도 이 정도 신경써서 준비하고 진행한 프레젠테이션이라면 최소한 기본 이상의 점수는 받을 것이다. 프레젠테이션을 진행하는 내내 분위기도 나쁘지 않았다. 중간 중간 고개를 끄덕이며 긍정적인 반응을 보여주는 청중들도 꽤 있었다. 그렇게 무사히 프레젠테이션이 마무리되려는 순간 저 뒤에서 한 사람이 손을 들어 지금까지와는 다른 의견을 낸다. 청중들은 조금씩 술렁이고, 한바탕 논쟁이 벌어지더니 결국 우리의 제안은 채택되지 않았다. 그 숨어있던 인물은 최종 결정권자일수도 있고 그렇지 않을 수도 있다. 그러나 확실한 것은 그는 조직의 의사결정에 결정적인 역할을 하는 인물임에는 틀림이 없다. 즉, 핵심인물이 누구인지는 사전에 파악하지 못한 것이 결정적인 실패의 원인이다.

핵심인물을 설득하지 못하면 그 프레젠테이션은 결코 성공할 수 없다. 프레젠테이션에 앞서 직 속의 의사결정 구조가 어떠한지를 충분히 파악하라. 그리고 그 인물에 관하여 철저하게 분석하고, 그를 설득할 수 있는 프레젠테이션을 준비하라. 핵심인물에 대한 정보를 얻는 방법은 인터넷이나 인명록, 신문의 인사란, 잡지 인터뷰 등 공식적인 정보를 활용하는 방법과 업계 평판, 소문 등 비공식적인 루트를 통한 정보를 활용하는 방법이 있다.

청중과 핵심인물에 대한 충분한 연구가 완료된 프레젠테이션이라면 이제 그 내용을 가장 효과적으로 전달할 만반의 준비는 마친 셈이다.

4. 성공 프레젠테이션을 위한 10계명

1) 프레젠테이션의 윤곽을 잡아라!

프레젠테이션 윤곽은 너무 단순하거나 너무 복잡해서는 안되며, 전달하고자 하는 핵심내용이 간결하게 정리된 것이어야 한다.

2) 프레젠테이션의 원고를 준비하라!

제출할 기획서와 발표할 원고를 구분하여 준비한다. 발표용 원고는 윤곽에 맞추어진 간결하고 강력한 것이어야 한다.

3) 리허설은 선택이 아니라 필수다!

실제 상황과 유사한 환경(장소, 인원, 시간, 복장, 장비, Q&A)에서 리허설을 실시하라. 리허설은 철저하게 할수록 현장에서 득이 된다.

4) 발표자의 복장은 내용만큼 중요하다!

발표자의 첫인상이나 이미지는 프레젠테이션에서 주고자 하는 신뢰와 무관하지 않다. 복장에서 말 한 마디에 이르기까지 신뢰와 전문성이 느껴지게 하자.

5) 자신있고 겸손한 태도로 발표하라!

자신감이 넘치되 오만하거나 독선적이지 않은 태도를 유지하는 것이 중요하다. 시선은 한 곳에만 머물지 말고 청중 개개인을 보면서 이야기하듯 하라. 물론, 의사결정권자와의 'eye-contact' 는 매우 중요하다.

6) 시청각 자료를 효과적으로 활용하라!

동영상이나 사운드 자료를 적극적으로 활용하라. 프레젠테이션의 핵심을 흩트리지 않는 범위에서 시청각 자료의 활용은 비교적 효과적이다.

7) 약속된 시간을 철저히 지켜라!

프레젠테이션 시간은 제한적이지만, 광고주와의 약속이다. 주어진 시간 안에 준비된 내용을 충분히 발표할 수 있도록 사전에 점검하라. 시간을 지키는 일은 프로의 기본이다.

8) 시작1분과 마지막 1분이 성공을 좌우한다!

오프닝 1분의 내용을 준비하라. 그리고 마지막 1분을 정리할 내용을 준비하고 연습하라. 물론, 독창적이고, 감동적이고, 프레젠테이션 내용과 절묘하게 맞아 떨어져야 한다.

9) 긍정적인 사고를 가져라!

충분히 준비했다면 확신을 가져라. 이번 프레젠테이션의 가적 적합한 사람은 바로 자신이라는 자신감을 가져라. 그리고 준비한 내용을 충실하게 전달하라.

10) 실수와 경험은 가장 좋은 보약이다!

처음부터 완벽한 사람은 없다. 발표자는 타고나는 것이 아니라, 충분한 시행착

오와 반복적인 경험을 통해 얻어지는 기술이고 자신감이다. 오늘 그 보약을 먹는 날이라 생각하라.

5. 성공 프레젠테이션을 위한 이미지 트레이닝

(1) 음성 이미지

① 고저

자연스러운 음조를 유지하라. 강조할 포인트를 제외하고 높은 음의 남용은 피하는 것이 좋다.

② 속도

발표의 속도는 청중을 고려하여 부담이 없어야 한다. 특히, 중요한 부분은 한 박자 쉬어 천천히 또박또박 강조하여 주의를 끌어라.

③ 음량

모든 사람들이 쉽게 들을 수 있는 큰 소리로 말하되, 시종일관 단순한 음량으로 진행하기 보다는 변화를 주어 청중의 주의를 끌어라.

④ 중지

긴장을 풀고 생각할 여유를 갖기 위해, 다른 주제로 넘어가기 위해, 또는 강조할 필요가 있다고 생각하는 부분에서 잠시 말을 멈추고 여유를 갖는 기술도 필요하다.

2) 언어 이미지

① KISS : "Keep it Short and Simple"
잊지 말자! 프레젠테이션은 짧고 단순할수록 좋다.

② 언어 : 발표자의 발음과 문법은 정확하고 명확해야 하며, 특별한 경우를 제외하면 사투리와 비속어 사용은 금하는 것이 좋다.

③ 형태 : 발표자의 경력과 스타일에 따라 읽기방식(reading style), 암기방식(memorizing style), 즉흥방식(impromptu)으로 진행하는 경우가 있을 수 있다.

3) 시각 이미지

UCLA의 연구결과에 의하면 인간의 의사전달 방법은 7%의 언어 메시지, 38%의 음성 메시지, 55%의 시각 메시지에 의해 전달된다고 한다.

① 시선
프레젠터는 시선으로 청중을 압도하는 힘을 가지고 있어야 한다. 시선은 5초 단위로 묶어 골고루 배분하여야 하며, 시선의 중심은 결정권자가 되어야 한다.

② 표정

적당히 자신감 있는 표정을 준비하자. 긴장된 얼굴은 금물이며, 지속적인 미소나 시종일관 무표정도 바람직하지 않다.

③ 제스처

남요하지 않는 범위에서 자신에게 맞는 제스처를 개발해 활용하는 것도 개성 있는 프레젠테이션을 진행하는 방법이다.

④ 복장

프레젠터의 복장은 광고주의 기업문화에 수용 가능한 범위에 있어야 한다. 너무 보수이거나 너무 개방적인 느낌 보다는 발표자의 전문성과 신뢰를 헤치지 않는 범위에서 산뜻하고 깨끗한 느낌이면 충분하다.

⑤ 자세

양 발에 몸무게가 고루 실리도록 편안한 자세를 유지하라. 양 손을 마주 잡거나, 열중쉬어 자세, 주머니에 손을 넣거나, 팔짱을 낀 자세를 가급적 피하는 것이 좋다.

6. 각종 상황 대처법

•
•
•

1) 질문 대처법

프레젠테이션에서 청중이 질문을 한다는 것은 그만큼 관심이 있다는 것이다. 따라서 어떤 질문도 즐겁고 긍정적인 마인드로 답변할 마음의 자세가 중요하다. 프레젠터는 항상 다양한 각도에서의 예상 질문에 대한 준비를 해야 하며, 자신은 전문가이고 청중은 당신의 훌륭한 조언을 기다리고 있다는 것을 명심하라.

• 질문 시기

① 프레젠테이션 전에 서면으로 받는 방법

① 프레젠테이션 중간에 질문을 받는 방법

③ 프레젠테이션 종료 후 질문을 받는 방법

• 답변 방법

① 먼저 질문을 잘 듣고 질문의 내용을 정확하게 이해한다.

① 질문 내용을 청중에게 요약하여 반복 확인한다.

③ 답변 내용을 머릿속에 정리하여 차분하게 대답하되, 전체 청중을 대상으로 답변한다.

④ 답변을 부가적으로 보완해줄 파트너가 있다면 추가 답변을 요청하는 것도 합리적이다.

2) 반대의견 대처법

어떤 프레젠테이션에서나 자신의 의견과 반대되는 의견을 가진 광고주는 항상 존재한다. 따라서 당황할 필요도 없으며 불쾌할 필요도 없다. 반대의견도 관심의 표현임을 알고, 질문에 적극적으로 대처하되 논쟁은 금물이다.

우선 반대의견의 근본적인 원인과 중요도를 파악하여 가장 적절한 대응방안을 마련하는 것이 효과적이다. 아래의 표를 참고로 하여 반대의견의 원인이 이해부족, 진정한 반대 또는 불평, 의심 중 어느 부분에 속하는지를 파악하여 적절하게 대응 할 필요가 있다.

모든 프레젠테이션의준비가 끝나고, 예상 질문과 반대의견에 대한 대응방안이 마련되었다 하더라도 예상하지 못했던 돌발 상황은 항상 발생되기 마련이다. PT 도중 정전이 되거나, 발표자가 선에 걸려 넘어지거나, 물컵이 쏟아지거나, 광고주가 준비한 프로젝트에 문제가 생겨 PT 진행이 지연되거나... 이보다 더 심각한 사건도 항상 결정적일 때 벌어지곤 한다. 그러므로 발표자를 포함한 모든 참가자는 프레젠테이션이 완전히 끝날 때까지 일어 날 수 있는 모든 상황에 철저하게 대비하고, 그 상황에 가장 빠르고 유연하게 대응할 수 있는 방법을 찾는 것이 좋다.

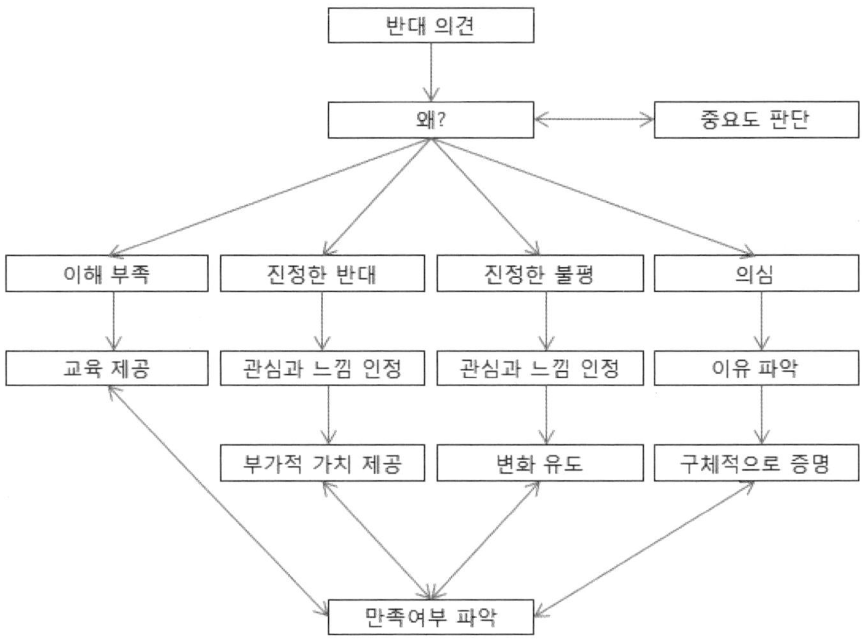

〈그림 9-2〉 질문 대처방법 시뮬레이션

간혹 프레젠테이션 현장에서 문제의 청중을 만나는 경우가 있다. 문제 청중의 종류에는 무반응자. 수다쟁이, 이기주의자, 으스대는 자, 불평꾼 등 다양하다. 이들의 등장은 화재와 같아서 초기에 즉각적으로 대응하지 않으면 걷잡을 수 없는 상황으로 번지는 경우가 있다. 그들이 무안해 하거나, 적대감을 일으키지 않는 범위 내에서 신속하게 그들의 욕구에 대응하는 프로다움을 보이는 것이 중요하다. 대부분 그런 사람들의 돌발 행동은 이미 광고주들도 골칫거리로 알고 있을 확률이 높기 때문이다.

Chapter 10

인터넷, 모바일, SP, 옥외 등

그리 멀지 않은 과거만 해도 우리는 '4대 매체'라는 말을 많이 사용했다. 당시의 '4대 매체'라 함은 TV, Radio, 신문, 잡지를 일컫는 말이었다. 그런데 지금의 매체 환경은 어떤가? 이미 광고매출 규모에서 인터넷 광고가 4대 매체 안에 속한지 오래며, 모바일 기술의 진화로 다양한 이동형 뉴 미디어가 등장하고 있는 실태이다.

이러한 다양한 뉴 미디어의 등장은 전통적인 4대 매체에 대한 의존에 불안감을 줄 뿐 아니라, 실제 현대의 소비자들과 효과적인 커뮤니케이션을 실현하는데 많은 한계를 느끼게 하고 있는 것이 사실이다. 따라서, 새로운 차원에서의 IMC적 시각을 가지고 다양한 매체환경에 빠르게 적응하며, 소비자들과 만나고자 하는 적극적인 노력이 필요하다.

1. 인터넷 광고

1) 인터넷 광고의 개요

인터넷 마케팅이란 개인이나 조직이 인터넷을 이용하여 마케팅 활동을 하는 것으로 기업과 소비자가 쌍방향 커뮤니케이션을 통하여 광고, 이벤트, 정보 제공 등의 다양한 마케팅 활동을 실시하는 것을 말한다.

인터넷 광고는 '인터넷이라는 사이버공간(Cyber Space)에서 특정 광고주에 의해 유료형태로 자사의 제품, 서비스 등에 관한 정해진 목적 수행을 위해 활용되고 있는 멀티미디어적 커뮤니케이션 활동을 수행하는 행위'이다. 또한 인터넷 광고는 기업이 인터넷을 이용하여 고객과의 일련의 커뮤니케이션 활동을 하는 행위를 포함하며, 특히 홍보의 목적으로 웹사이트를 구축하여 기업소개, 각종 기업정보 소개, 고객관리, 제품소개, 각종 이벤트프로모션, 상거래 등의 인터넷 마케팅 커뮤니케이션 활동을 전개하는 것까지를 포괄적인 의미의 인터넷 광고로 의미된다.

2) 인터넷 광고의 특성

인터넷 광고와 전통적인 매체 간의 특성을 비교하는 데 있어서 일반적으로 다음의 여섯 가지 특성이 활용된다.

① 얼마나 많은 목표 소비자에게 도달할 수 있는가?
② 얼마나 정확하게 목표 소비자에게 도달 할 수 있으며, 정보욕구에 부응할 수 있는가?
③ 목표 소비자가 광고주에게 피드백 하는 것이 얼마나 용이한가?
④ 매체를 통해 얼마나 많은 양의 정보가 전달 될 수 있는가?
⑤ 특정 매체를 통해 메시지를 전달하는데 어느 정도의 비용이 필요한가?

〈표 10-1〉 광고 매체별 특성

매 체	도달률	선택성	피드백	정보용량	비 용
TV	매우 높다	매우 낮다	매우 낮다	낮다	낮다
Radio	높다	낮다	매우 낮다	매우 낮다	매우 낮다
신문	높다	중간	낮다	중간	높다
잡지	중간	중간	낮다	중간	높다
인터넷	낮다	높다	매우 높다	매우 높다	매우 낮다

인터넷 광고는 선택성, 피드백, 정보용량, 비용 등에 있어서 상대적인 장점을 지니고 있으나, 도달률에 있어서 전통적인 매체에 비해 열세에 있기 때문에 성장의 이유와 한계를 동시에 비지고 있는 매체이다.[30)]

30) 한광석 외(2012). 광고론, 서울 : 글로벌

3) 인터넷 광고의 장점

한 시대에서 새로운 매체가 등장하여 성장하기 위해서는 그 매체가 기존의 다른 매체들이 지니고 있지 못한 장점과 경쟁력을 가지고 있기 때문이다. 특히, 인터넷 매체는 초근 다른 매체들에 비해 가장 빠른 성장속도를 보이고 있다. 이 역시 인터넷 매체만이 지니고 있는 장점에서 기인한 것이라 보고 그 몇 가지 특징을 살펴보기로 한다.

① 타깃 지향성

인터넷 광고가 기존의 다른 매체들에 비해 장점으로 생각할 수 있는 가장 기본적인 요소는 자사의 제품에 관심을 가지고 있는 타깃들에게 세분화된 광고 노출이 가능하고, 이를 통한 소비자들의 능동적인 반응을 기대할 수 있다는 것이다. 예를 들어, 특정 유학 사이트나 여행 사이트에 회원가입을 하여 로그인 한 고객들에게 해외유학과 여행에 관련한 광고를 집행하는 것은 다른 매체광고의 집행보다 훨씬 큰 광고효과를 기대할 수 있을 것이다.

② 상호작용성

인터넷 광고는 다른 매체에 비해 어느 정도의 타깃들이 자사의 광고를 보았는지를 비교적 쉽게 알 수 있다. 이는 소비자들이 자발적 능동적으로 사이트를 방문하고 광고를 접하기 때문에 이미 수용적인 태도를 가지고 광고에 노출된다고 볼 수 있기 때문이다. 이러한 매체와 고객 간의 상호작용은 제품과 고객 간의 접점에서 매우 긍정적인 여할을 한다.

③ 정보전달의 유연성

인터넷 광고의 특장점 중에 하나는 정보전달의 유연성에 있다고 볼 수 있다. 인터넷 광고는 메시지 내용의 구성이나 제작이 용이할 뿐 아니라, 시장이나 소비자 상황에 따라 빠르고 쉽게 정보 내용을 보완하거나 변경하여 집행할 수 있다. 뿐만 아니라, 1년 365일 24시간 노출이 가능하고 실시간으로 집행과정에 대한 통제가 가능하다.

4) 인터넷 광고의 유형

인터넷 광고는 광고의 형태나 위치, 또는 기법에 따라 다양하게 분류되고 있다. 최근에는 TV광고와 같은 동영상 광고까지 등장하고 있다.

① 일반 애니메이션 배너

가. 짚(Gif) 배너

단순 이미지로 노출되는 가장 기본적인 형태의 배너광고 형태. 제작이 쉽고 비용이 경제적이라는 장점이 있으나, 다양한 이미지의 구현이나 사운드 등의 멀티미디어를 필요로 하는 표현에는 한계를 가지고 있다. 단순 반복노출 광고에 활용된다.

나. 플래시(Flash) 애니메이션 배너

단순한 이미지 형태의 광고가 아닌 플래시 프로그램을 활용하여 다양한 형태의 이미지와 사운드 등의 멀티미디어 효과를 구현하는 배너 형태. 그러나 제작 시간과 비용의 부담을 감수해야 하며, 용량의 크기로 인한 한계가 있을 수 있다.

다. 리치 미디어(Rich Media) 배너

기존의 단순 배너보다 풍부한 정보를 담을 수 있는 매체라는 의미로 '리치 미디어'라는 용어를 활용한다. JPEG, DHTML, Java Script, Shock Wave 등을 이용하여 만든 멀티미디어 형태의 광고로 비디오 및 오디오, 사진과 애니메이션 등을 포괄한다. 리치 미디어는 광고 메시지의 일방적인 전달 방법에서 벗어나 소비자가 광고를 적극적으로 이용하는 형태이다. 클릭률과 기억률에서 일반 배너보다 압도적이다.

- Floating Ad : 사이트의 일부 또는 전체를 뒤덮는 광고 형태. 모니터 전체를 덮는 전면광고가 아니라, 콘텐츠 위에 떠 있는 돌출형 광고. 업체에 따라, FX 광고, TI 광고라고 부르기도 한다. 전면광고에서 느껴지는 부담감을 줄이고, 브랜드 가치를 높일 수 있다는 장점 이 있다.

- Interstitial Ad : 인터스티셜(interstitial)이란 '사이에 있다'라는 뜻으로 페이지 사이 또는 사이트 중간에 집행되는 광고를 말한다. 사이트를 탐색하는 동안 화면이 바뀌는 중에 돌출적으로 노출되는 광고로 강제노출이 가능하여 주목률을 높일 수 있으나, 이용자의 의사와 상관없이 노출되므로 자칫 광고제품에 대한 부정적인 이미지를 줄 수 있다.

- 동영상광고 : 일반적으로 사이트 이용자가 화면에 마우스를 갖다 대면 배너가 확장 되면서 동영상과 사운드가 구현되는 형태의 광고이다. 동영상광고는 자연스럽게 광고 메시지를 노출할 수 있다는 특징 때문에 영화, 뮤직비디오 등 온오프를 넘나드는 크로스미디어 마케팅에 효과적으로 활용되고 있다.

• 서비스 연동형 광고 : 키워드 광고(검색광고)는 서비스 연동형 광고의 대표적인 경우이다. 즉, 사이트 이용자가 문득 '블랙박스'를 구입하고 싶을 때 포털 매체의 검색 창에 '블랙박스'라고 원하는 키워드를 치면 바로 관련 사이트가 나타나는 형태의 광고이다. 특히, 특정 사이트와 연계되는 상품을 광고하는 스폰서십 광고(Sponsorship Ad)의 형태는 그 광고효과가 입증되면서 활발하게 활용되고 있다.

5) 인터넷 광고 집행 실무

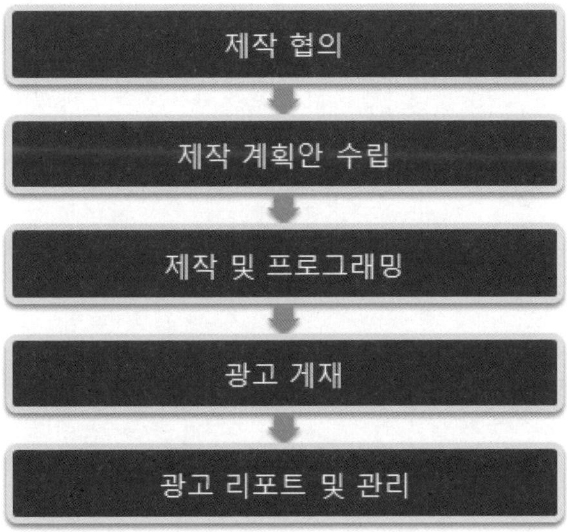

〈그림 10-1〉 인터넷 광고 집행 5단계

① 1단계 : 제작 협의

인터넷 광고 제작의 1단계인 제작 협의는 실제 인터넷 광고 업무를 시작하기 전에 점검해야 하는 사항들을 확인하는 단계이다. 인터넷 광고의 제막 및 실행을 위해 준비해야 할 것들과 우선순위 등을 파악하고 정리하여 향후 원활한 업무 진행을 돕기 위해서이다. 그리고 제작 협의에 필요한 관계들은 사내의 관련부서 뿐 아니라, 협력 부서 및 광고주에 이르기까지 꼼꼼하게 챙기는 것이 효율적인 광고 집행에 도움을 준다.

가. 제작 목록 정리

제작 협의 단계에서 가장 우선시 되어야 하는 부분은 무엇을 제작할 것이지를 결정하는 일이다. 제작 목록을 정리하지 않고 업무에 들어가다 보면 너무 많은 제작물에 욕심을 내게 되고 시간적 비용적인 비효율성으로부터 벗어나기가 힘들게 된다. 따라서 사전에 제작해야 하는 광고 종류의 목록과 이들의 우선순위를 정해 놓는 것이 좋다. 그리고 이 제작물들의 작업분량과 각각의 예상 일정들 까지 목록화 하여 정리해 놓는다면 훌륭한 스타트를 하는 셈이다.

〈표 10-2〉 제작 목록(사례)

구 분	항 목	내 용	비고
제작	마이크로 사이트	디자인, 프로그래밍	
	배너광고	플래시 배너, 동영상 배너	
	동영상	영상 제작 및 편집	
미디어	배너광고	동영상 배너	
	제휴광고	제휴 사이트 협의 진행	
소셜 미디어	블로그	파워 블로거 섭외	
	바이럴	커뮤니티 게시판 활동	
	트위터	일별 트윗 활동 계획	

모바일	애플리케이션	전략검토, 제작비 책정 및 업체 협의	
	모바일 광고	비효율성 검토 및 정리	
이벤트	신규회원 이벤트	기존 이벤트 효율성 검토	
	구매증대 이벤트	타사 사례 정리 후 결정	

나. 제작 일정표 작성

모든 광고일정은 넉넉하지가 않은 것이 현실이다. 따라서 사전에 제작일정을 정리해 놓고 정해진 일정에 따라 일사분란하게 움직이는 것이 가장 효과적인 업무를 진행하는 방법이다. 특히, 출시 일정이나 새로운 서비스의 개시일 등과 같이 일정이 광고 집행을 결정하는 가장 중요한 결정요인이 되는 경우에는 더더욱 광고의 질 못지않게 일정을 맞추는 일이 중요함을 잊지 말아야 한다.

다. 제작비 책정

제작비는 현실적으로 광고물의 수준을 결정하는데 많은 영향을 주는 요소임에도 불구하고 앞서 언급한 일정과 함께 항상 넉넉하지 못한 것이 현실이다. 따라서 베테랑 광고인이라면 주어진 예산에서 가장 효과적인 인터넷 광고물을 만들어 내는데 노력을 기울여야 할 것이다. 제작비용은 전체 인터넷 캠페인 예산의 10~30%를 책정하는 것이 일반적이나 이는 캠페인 여건에 따라 가변적이니 참고하길 바란다.

라. 채널 선택

인터넷 광고에서는 미디어의 역할이 무엇보다 중요하다. 즉, 끊임없이 새롭게 태어나고 발전하는 미디어의 특성을 어떻게 활용할 것인가에 대한 전체적인 계획을 세우고, 이를 바탕으로 전체적인 계획을 세우길 바란다. 세부적인 부분은 각 사이트나 인터넷 매체 구매를 대행하는 미디어 렙사를 통해 도움을 받는 것이용이한 방법이다. 또한 미디어는 매우 빠르게 변화하고 있기 때문에 전략을 수립한 후에도 채널에 대한 지속적인 정보 수집과 환경에 적응해 가는 노력이 필수적이다.

마. 리포팅과 트래킹 방법 선택

인터넷 광고가 다른 매체집행과 다른 점은 노출 정도와 방문수 등을 정확하게 리포팅 할 수 있다는 것이다. 따라서 광고 효과를 제대로 측정하여 관리하기 위해서는 제품특성, 캠페인 특성, 시장환경, 등을 고려한 리포팅과 트래킹 방법에 대해서도 사전에 검토하고 협의할 필요가 있다.

② 2단계 : 제작 계획안 수립

인터넷 광고 제작의 2단계는 구체적으로 제작할 내용에 관하여 점검하고 정리하는 단계이다. 즉, 제작 업무의 설계도를 그리는 단계라고 볼 수 있다. 가장 좋은 방법은 브리프(Brief)를 작성하는 것이다. 이는 일반적으로 정리하는 광고브리프와 크게 다르지 않으며, 그 용도는 개인 작업의 방향성을 잡아준다는 것 뿐 아니라, 상호 협력 업무를 하고 있는 직원들 사이에 일관성있는 업무 진행을 돕는데 역할을 한다.

브리프에 언급되어야 하는 내용들을 정리하면 아래와 같다

- 브랜드
- 프로젝트 명
- 제작 완료일
- 기획담당자

- 제작 담당자
- 제품의 주요 특성
- 시장 상황
- 목표 집단
- 커뮤니케이션 목표
- 커뮤니케이션 컨셉트
- 필수 사항
- 기타

③ 3단계 : 제작 및 프로그래밍

인터넷 광고 제작의 3단계는 실제 광고를 개발하고 제작에 들어가는 단계이다. 우선 인터넷 광고는 기존의 매체들보다 훨씬 그 방법과 목적에 있어서 다양하다는 것을 염두에 둘 필요가 있다. 실제 인터넷 광고를 제작하는 방법과 프로그래밍에 관한 구체적인 내용은 생략하기로 한다.

④ 4단계 : 광고 게재

인터넷 광고 제작의 4단계는 제작이 완료된 광고물을 노출할 사이트에 전달하고 노출을 시작하는 단계이다. 광고 제작 못지않게 중요한 일은 제작된 광고가 계획된 일정에 따라 노출되고 있는지를 점검하고 관리하는 일이다.

인터넷 광고 제작은 디자인적 요소뿐 아니라, 형식이나 기술적 부분에서도 점검이 필요하다. 광고를 게재하고자 하는 서버에 광고가 원활하게 노출되기 위해서는 이미 사이트에서 제공한 가이드라인에서 용량이나 명령어 삽입 등이 무리

없이 맞추어져 있는지를 확인할 필요가 있다.

또한, 각 광고별로 랜딩 페이지가 제대로 연결되는지를 집행 전에 꼼꼼하게 점검한다. 광고를 게재하는 사이트는 제작물에 대한 검수를 완료한 상태에서 랜딩 페이지에 대한 검수를 실시한다.

⑤ 5단계 : 광고 리포트 및 관리

인터넷 광고 제작의 5단계는 광고가 게재된 이후에 광고효과를 지속적으로 높이기 위해 관리하고 운영하는 마지막 단계이다. 이는 단순한 노출 뿐 아니라, 상세 정보 검색, 이벤트 참여, 회원가입, 제품 판매 등에 관한 목표들이 원활하게 달성되고 있는지를 지속적으로 모니터링 하고 리포팅하여야 한다.[31]

---

31) 임현태(2011). 인터넷 광고 이기는 전략, 서울 : e비즈북스

2. 모바일 광고

⋮

모바일 매체는 7세대 매체이자 인터넷에 이은 두 번째 디지털 매체다과거의 대중매체와는 다른 장점을 지닌 모바일 매체는 대단한 잠재력을 지니고 있다. 모바일 매체는 유래없는 저렴한 비용으로 역량을 발휘한다.

① 대규모로 보급된 개인매체
② 휴대성이 뛰어나다.
③ 카메라와 음성을 활용하는 독특함 입력장치 보유
④ 결재 장치가 내재되어 있다.

궁극적으로 모바일은 상황성(context), 즉시성(Immediacy), 개인화(Personalization)을 제공하는 강력한 광고매체인 것이다. 2011년 현재 휴대전화 사용 인구는 30억 명이 넘는다. 이는 텔레비전 수 보다 2배가 많고, 컴퓨터 사용 인구의 3배에 달하는 숫자다. 그리고 인터넷 접속의 25퍼센트 이상이 휴대전화를 통해 이루어진다. 물론, 여러분이 이 책을 보는 순간에는 그 비중이 더 많아져 있을 것이다. 무엇보다 모바일은 의사소통을 가능하게 만드는 도구이다.[32]

---

32) 체탄 샤르마 외, 김태훈 옮김(2011). 모바일고광, 서울 : 연암사

2011년 현재, 인터넷 사용 인구는 11억 명이지만 문자 메시지 사용 인구는 18억 명이다. 이처럼 넓은 도달범위는 이미 TV 매체에 상당한 영향을 미쳤다. 모바일 광고의 큰 장점 중 하나는 기존 매체에 양방향성을 제공한다는 것이다. TV 프로그램에서 진행되는 실시간 투표, 라디오 프로그램에 보내는 사연, 신문이나 잡지에 실린 바코드를 통한 구매 행위 등은 모두 특별한 경험과 수익원을 만들어낸다.

1) 모바일이 TV에 부여한 양방향성

문자 투표는 이미 세계적인 현상이다. 모바일을 통한 문자 투표는 청중들의 반응이 거의 즉각적으로 이루어지며, 그 참여도 역시 쉽게 측정할 수 있다는데 큰 장점이 있다. 또한 강력한 전염효과를 지니고 있어 소녀팬 클럽이 합심하여 특정 가수의 투표율을 높이는 일은 그리 어렵지 않다.

이러한 모바일이 지니고 있는 양방향성은 1992년 텔레비전 방송국들이 자체적으로 수립했던 양방향 TV에 대한 기획을 무색하게 할 정도였다.

2) 모바일이 옥외에 부여한 양방향성

오길비(Ogilvy)는 타임 스퀘어에 도브의 광고모델에 대한 이견을 문자 메시지로 보낼 수 있는 광고판을 세웠다. 소호 거리에 세워진 앱솔루트 보드카(Absolut Vodka) 광고판에는 문자 메시지를 보내면 4분짜리 음악을 무료로 다운로드 할 수 있는 전화번호가 나와 있다. 모두 성공적인 광고효과를 거두었다. 월트 디즈니는 새로운 놀이기구를 광고하는 광고판에 나온 전화번호로 문자 메시지를 보내면 곧 홍보물을 수신할 것인지를 묻는 메시지가 도착한다. 요즘 우리에게 QR 코드를 활용한 옥외광고의 양방향성은 더 이상 낯설지가 않다. 이처럼 옥외광고는 모바일이 제공하는 양방향성에 힘입어 새롭게 태어나고 있다.

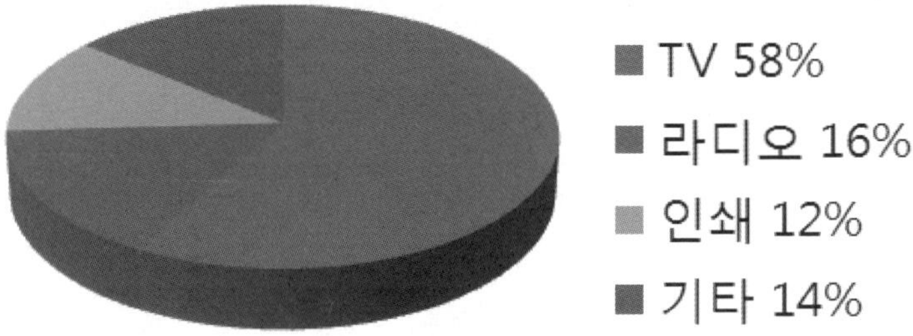

〈그림 10-2〉 매체별 문자 메시지 응답률

3) 모바일이 기존 광고에 제공하는 측정성

TV나 라디오, 또는 옥외광고 효과를 조사하기 위해 더 이상 설문조사를 할 필요가 없다. 모바일이 소비자들의 직접적인 반응을 유도하고 측정할 수 있도록 해준다. 향후 기존 매체들에서 모바일과 연계하여 역량을 발휘하는 광고의 형태는 지속적으로 발전할 것이다.

〈표 10-3〉 모바일과 기존 매체의 결합

소비자와의 접점	광고 모델 및 기대 결과	해결과제
• TV나 인쇄, 라디오 프로그램에서 행동 촉구 • 디지털 광고판에 문자 발신용 단축코드 기재 • 사전 승인 절차 포함 • 간섭이 아닌 참여 기반 • 대중성에 따른 뛰어난 도달 범위 • 입소문 유발 • 바코드를 통한 거래 • 단축키나 바코드 이용	• 단축코드 기반 메시지 • 높은 측정성 • 행동촉구에 대한 즉각 반응 확인 • 즉석복권 • 방송에서 높은 수용률 • 주요 스포츠 경기장에서 인기 • 바코드를 활용한 실질적 요율체계 • 기존 매체를 위한 정확한 참여도 측정	• 대규모 문자 메시지 전송 용량 확보 • 메시지 발신용 단축코드 확보 • 처리시간 단축 • 특별 메시지 요금을 통한 매출 증대

4) 모바일 광고의 가치사슬

모바일 광고는 잠재력의 크기만큼 엄청나게 복잡한 가치사슬을 가지고 있다. 가장 기본적인 단계에서 모바일 광고의 가치사슬은 광고주, 광고대행사, 솔루션 제공업체, 사이트 운영업체, 이동통신사, 소비자로 구성된다.

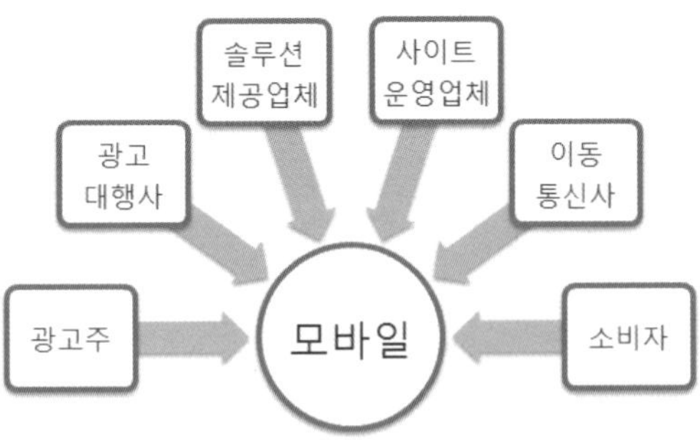

〈그림 10-3〉 모바일 공급 가치사슬

5) 2014년의 모바일의 하루

이미 모바일은 현대인의 하루를 지배하는 문명 중의 단언컨대 가장 강력한 기기이다. 특히, 젊은 세대들에게 모바일은 그들의 커뮤니케이션의 대부분을 담당하는 대변인과도 같은 존재이다.

19살 스테판은 휴대전화에서 울리는 음악소리를 들으며 잠을 깬다. 일어나자마자 잠자는 사이에 와 있을지도 모르는 문자와 페이스 북의 댓글들을 확인한다. 그리고 짧은 답글을 남긴다.

스테판은 간단하게 아침 식사를 하면서 아침 메뉴를 사진으로 찍어 페이스 북에 올리고 새로운 뮤직 비디오를 다운받는다. 또 이번 주말에 친구와 놀러 갈 놀이동산의 쿠폰 등을 다운 받는다.

등교하기 전에 휴대전화로 실시간 교통상황을 파악하고 이용한 대중교통을 결정한다. 등교하는 동안 친구들과 SNS를 통해 오늘 같이 할 과제에 관하여 상의하고, 교수님과도 안부 인사를 주고받는다. 교수님이 보내신 이모티 콘에 픕~하고 웃다가 옆 사람의 눈치를 본다. 그러나 옆 사람도 휴대폰을 통해 드라마를 보느라 정신이 없다.

오늘 수업 중 한 과목은 휴대폰을 통한 원격강의로 진행된다. 과제 역시 휴대폰을 통해 동영상을 제작하여 업로드 하면 된다. 수업을 마치고 친구와 오늘 개봉하는 영화를 보러 왔다. 통신사 할인 쿠폰을 가지고 팝콘과 음료를 무료로 받았다.

영화관람 도중 휴대폰에서 알람이 울린다. 앗, 여자 친구와 약속이 있었던 것을 깜박했다. 우선 하트 팡팡~♥ 날려 위기를 모면하고 영화에 몰두한다. 저녁에 집에 들어가니 여자 친구가 새침한 표정으로 영상통화를 날린다. 어제 다운받아 배운 최신 아이돌 댄스로 또 위기를 모면했다.

무드 모드로 설정해 놓은 음악을 들으며 하루를 마무리 한다.

내일 아침 모닝 콜도 부탁해~!

이렇듯 우리 일상에서 모바일이 차지하는 비중은 절대적이다. 위에 나열한 스토리는 일부에 지나지 않는다는 것을 여러분들도 알 것이다. 이제, 모바일은 단순한 통화 수단이 아니라, 종합 커뮤니케이션 수단이며, 정보 수단이고, 교육, 쇼핑, 결세를 망라하는 그야말로 현대인의 생활수단이다. 따라서 모바일이 할 수 있는 역할을 광고에 국한하는 것조차도 부족함이 많은 것이 현실이며, 그 만큼 모바일의 성장 잠재력은 엄청나다는 것을 말해준다.

3. 세일즈 프로모션

1) 세일즈 프로모션의 개요

최근 전통적인 매체효과가 감소되고 소비자들의 라이프스타일이 다양화되는 상황에서 비용대비 효과적인 매체집행 방법으로 세일즈 프로모션이 각광을 받고 있다. 그 배경에는 판촉 매체의 발달과 유통세력의 강화도 한 몫을 하고 있는 것이 사실이다. 또한 POS 시스템(point of sales system)[33] 및 여러 정보수집 방법이 발달 등을 포함한 여러 가지 소비자관련 데이터의 이용 가능성이 증가하면서 다양한 판촉활동을 용이하게 만들고 있다. 이러한 판촉은 이제 다른 마케팅 활동을 보조하는 역할이라기보다는 소비자와의 커뮤니케이션에 직접적으로 영향을 미치는 요소로 주목받고 있다. 특히, 매장 밖 소비자(customer) 뿐 아니라, 매장 안 소비자(shopper)에게 직접적인 구매 행동을 불러일으키기 위한 마케팅 커뮤니케이션의 역할을 수행하고 있다.

세계적인 마케팅 서비스 에이전시인 Arc에 따르면 소비자의 60%~85%가 브

33) 바코드 등을 이용하여 점두에서 상품의 가격 및 판매수량 등을 수집하여 상품의 재고관리와 발주에 활용하는 판매시점에서의 정보관리 시스템.

랜드를 인지하고 있지만, 자신이 인지한 브랜드를 구매하는 소비자의 규모는 5%~15% 내외에 머문다고 한다. 그리고 더 놀라운 사실은 60%~75%의 소비자들이 매장 내에서 자신이 구매할 브랜드를 다시 결정한다는 것이다. 이러한 이유로 우리는 소비자를 '매장 밖 소비자'와 '매장 안 소비자'로 세분하여 관리할 필요가 있으며, 이를 위해 세일즈 프로모션의 역할이 중요성을 드러내는 것이다.[34)]

많은 사람들이 SP와 SP광고를 혼동하여 사용하는 경우가 있다. 나는 SP광고가 기존의 4대 매체를 보완하는 기능과 독자적인 판촉 기능의 양면성을 지니고 있기 때문인데 전통적인 SP활동의 수단은 쿠폰, 샘플링, 프리미엄 등이 있다. 여기서 SP활동은 SP가 기능상 고전적, 전통적으로 고유하게 지니고 있는 강력한 판매 지극 활동을 통한 SP본연의 여러 가지 수단을 통한 활동들은 말한다. SP광고는 판촉활동을 알리기 위한 판매 메시지로 구성되어 있으며 일반적으로 전통적인 4대매체 뿐 아니라 인터넷 광고나 옥외 광고 등 모든 커뮤니케이션 요소들을 효과적으로 동합하여 판촉 메시지를 전달하게 된다.

2) 세일즈 프로모션의 효과적인 방법

① 시험구매 유도

세일즈 프로모션은 기존에 구매하던 상품에서 자사의 상품으로 구매전환을 유도하는 역할을 한다. 즉, 지금까지 다른 상품을 구매하던 소비자를 자사제품으로 유도하는 것으로 상포충성도가 높았던 제품에서 이탈하여 시험(trial)구매를 유도하는 것이다. 이는 세일즈 프로모션을 통한 매력적인 판매 메시지에 자극을

34) 한광석 외(2012). 광고론, 서울 : 글로벌

받아 구매상표를 전환하여 구매증가를 일으키기 위한 것으로 브랜드 충성도가 낮은 소비자들의 경우 매우 효과적이다.

예를 들면 김치냉장고나 가정용 금고와 같은 제품들을 기존의 김치의 저장이나 현금 등의 유가재산을 보관하는 역할 외에 감각적인 디자인성을 추가하여 실내 인테리어 측면에서도 한 몫을 하는 제품으로 제작 판매하면서 무이자 할부 서비스 프로모션을 진행한다면 더 많은 매출을 올릴 수 있는 기회가 될 것이다.

② **전략적 프로모션 기획**

세일즈 프로모션의 역할은 무엇보다 즉각적인 소비자 반응에 있다. 즉, 세일즈 프로모션은 구매시점에서 소비자들의 기존 태도를 변화시키는 역할을 해야 한다. 이를 위해서는 구매에 대한 동기부여를 자극하고 확신을 심어줄 수 있는 욕구를 자극하기 위해 전략적인 접근이 필요하다.

가. 독창적인 제안

세일즈 프로모션에서의 독창적 제안이란, 소비자가 제품구매를 위한 직접적인 행동을 하도록 하는 차별화된 구매제안을 말하는 것이다. 즉, 피자 한 판을 주문하면서 샐러드나 스파게티를 주문하면 무조건 반값이라는 프로모션 제안을 통해 전체적인 매출을 올리는 아이디어와 같은 경우나, 아이돌의 사진이 실린 달력 등을 증정하여 구매를 자극하는 등의 독창적 행위를 말한다.

나. 제휴

자사제품의 특성만 가지고 소비자를 설득하기에 한계가 있을 경우 우리는 제휴(affiliation)라는 방법을 활용할 수도 있다. 즉, 자사 브랜드와 연계된 다른 기업의 브랜드와 통합적 관계를 형성하여 마케팅에 활용하는 것이다. 예를 들면 자동차 브랜드의 경우 자동차 주행에 필요한 연료나 보험 브랜드와의 전략적인 제휴를 생각할 수 있고, 호텔 브랜드와 같은 경우 외식브랜드나 쇼핑센터와 같은 브랜드와 적절한 제휴 프로모션을 준비하여 실시한다면 효과적일 수 있다.

다. 세일즈 프로모션

독창적인 제안이나 제휴와 같은 프로모션보다 단기적인 매출증대 효과를 내기 위해 중장기적인 전략의 바탕을 두지 않은 단순한 세일즈 프로모션을 실시하기도 한다. 그러나 이 역시도 전략적 전술적 방법에 기반을 두었을 때 더 큰 효과를 기대할 수 있다. 이는 단기적인 매출증대를 위한 행사가 중장기적으로 브랜드의 가치를 떨어뜨리는 치명적인 결과를 초래할 수도 있기 때문이다.

즉, 지나친 가격할인이나 샘플링 등의 제안은 경쟁제품에 비해 브랜드 이미지를 실추시킬 수 있으며, 비용효율성을 고려하지 않고 진행되는 프로모션은 자칫 예산낭비와 출혈경쟁을 초래하기도 한다.

4. 옥외광고

•
•
•

1) 옥외광고의 개요

광고의 역사는 옥외광고의 역사와 더불어 시작되었다 해도 과언이 아니다. 특히, 오늘날 도시의 발달과 교통수단의 발달로 인해 옥외광고 매체의 이용도는 눈에 띄게 증가하고 있는 현실이다.

옥외광고를 집행하는 목적은 소비자들의 주목을 끌고 호감을 증진시켜 브랜드에 대한 호의적인 태도를 형성하게 하는 데 있다. 특히, 옥외광고는 불특정 다수를 대상으로 옥외라는 장소에서 일정기간 지속적으로 시각적인 자극을 주는 매체이다. 따라서 구매에 직접적인 영향을 주는 매체라기보다는 반복적 노출에 따른 기업이나 브랜드의 이미지 제고라는 목적을 수행하는데 역할을 한다.

2) 옥외광고의 특성

옥외광고는 높은 노출빈도로 인해 대다수의 소비자들에게 매우 광범위한 접근이 가능한 매체이다. 옥외광고가 지니고 있는 본래의 의미는 '옥외의 일정한 공간을 점유하여 불특정 다수의 가시영역에 시각적인 자극을 주는 광고'의 하나로 광고효과가 상대적으로 지역적이다.

이와 같은 옥외광고는 다른 광고가 가지지 못하는 몇 가지 효과를 지니고 있다. 첫째, 옥외광고는 다른 광고매체와 비교하여 물리적 스케일이 크기 때문에 강력한 임팩트를 줄 수 있다는 '스케일 효과(scale effect)'를 가지고 있다. 둘째, 옥외광고는 정기적으로 접촉할 기회가 많기 때문에 일반인들이 광고를 기억하며 잠재의식에 스며들게 한다는 '서브리미널 효과(subliminal effect)'를 가지고 있다. 셋째, 타 매체와는 달리 도시경관의 중요한 요소로 평가받으면서 고정성과 상징성, 지역성, 장기성 등의 특징을 지니는 '랜드마크 효과(land mark effect)'이다.

5. PPL

PPL(product placement)은 영화나 드라마 등 영상 매체에 기업의 브랜드나 제품을 자연스럽게 등장시켜 시청자들의 무의식 속에 상품의 이미지를 심는 기법으로 판매 증진이나 이미지 개선을 목적으로 하는 형태의 마케팅 커뮤니케이션 수단이다.

PPL은 원래 영화 속에 등장하는 제품이나 소품을 적당한 장소에 배치하는 데서 유래하였으나, 영화나 드라마에 등장하는 제품이나 소품들이 실제적인 판매에 적지 않은 역할을 하게 된다는 것을 알게 되면서부터 새로운 마케팅 수단으로 각광받기 시작했다.

특히 PPL은 시청자들에게 광고라는 인식을 주지 않으면서 자연스럽게 제품을 소개할 수 있기 때문에 '간접광고'라고 불리며, 영화나 드라마의 주 대상층과 제품의 타깃이 정확하게 부합될 경우 상당한 마케팅 효과를 기대할 수 있게 된다. 스토리 속에서 주인공이 제품을 직접 먹거나 입거나 사용하도록 함으로써 시청가나 관객들은 자연스럽게 그 제품에 대한 소비욕구를 형성하게 되는 것이다. 15초 내지 30초에 그치는 직접광고보다 자연스럽게 그리고 적합하게 만들어진 PPL은 기대이상의 효과를 주기도 한다.

PPL은 이미 세계적으로 강력한 광고 마케팅 방안으로 정착되고 있다. 우리나라의 경우 방송광고의 경우에 비해 영화 속 PPL이 다소 자율적으로 운용되고 있는 실정이다. 중요한 것은 PPL 역시 무절제한 제품의 등장 보다는 영화나 드라마의 메인 스토리를 헤치지 않는 범위에서 자연스럽고 적절하게 제품을 등장시킴으로써 마치 시청자들이 드라마의 스토리에 자신도 모르게 빠져드는 것처럼 제품에 대한 호의적인 이미지가 자신도 모르게 침투되는 것이 PPL을 가장 PPL답게 활용하는 방법일 것이다.

Chapter 11

광고주와 광고대행사

성공하는 광고 캠페인을 만들기 위해서는 광고주와 광고대행사의 상호 전문성이 밑바탕이 된 파트너십이 가장 필요하다. 광고주의 입장에서는 자사와 소비자 사이에서 자사의 브랜드나 제품을 소비자에게 가장 효율적으로 커뮤니케이션 할 수 있는 방안을 마련해 주는 전문가가 광고대행사이며, 광고대행사 입장에서는 자사의 비즈니스와 수익의 기초가 광고주로부터 시작되는 것이다. 물론, 광고주와 광고대행사 모두 소비자라는 집단을 최우선시 하지만 그 이전에 양자 간의 역할이 얼마나 원활하게 진행되는가에 따라 캠페인의 성공 여부가 달려 있다고 해도 과언이 아니다.

1. 광고주의 광고대행사 선정 프로세스

광고주와 광고대행사의 만남은 새로운 광고대행사를 선정하기 위한 준비에서부터 프레젠테이션, 그리고 파트너십을 발휘하는 모든 과정에서 철저한 계획과 준비가 필요하다.

1) 광고회사 선정 계획 결정

① 신규 선정 / 교체 필요성 점검

광고주는 광고대행사를 신규로 선정하거나 기존 대행사를 교체하려고 할 때, 다음 사항을 신중하게 검토하고 결정해야 한다.

가. 신규 선정이나 교체를 검토하는 이유

a. 광고주 측 이유

- 광고광주가 처음 광고를 시작하는 경우

- 광고주가 새로운 브랜드를 출시하는 경우
- 기업합병, 브랜드 정렬, AOR
- 판매실적 저하
- 기타

b. 기존 광고대행사 측 이유

- 기존 광고대행사와의 계약 만료
- 광고대행사의 전략적 불일치나 크리에이티브 질 저하
- 광고대행사의 미디어전략이나 구매의 질 저하
- 광고대행사의 성과나 서비스에 대한 불만
- 광고대행사가 경쟁사 업무를 대행하게 된 경우
- 기타

나. 광고대행사 교체가 최선인지 점검

광고회사의 교체를 결정하기 전에 기존의 관계를 유리하려는 노력이 필요하다. 이는 교체로 인한 득 보다는 실이 많을 수 있기 때문이다.

a. 경험적으로 볼 때 광고주와 대행사의 장기적인 파트너십이 브랜드를 건강하게 키우는데 도움이 된다.
b. 새로운 광고대행사를 찾고, 결정하고, 오리엔테이션 하는데 많은 시간이 필요하다.
c. 적절하지 않거나 불필요한 광고대행사 교체는 잠재적으로 위험할 수 있다.
d. 광고대행사를 자주 교체하는 것은 일관성, 영업기밀 유지, 새 파트너 교육 등 여러 가지 문제가 발생 할 수 있다.

다. 교체하지 않고 광고대행사 바꾸기

수 년 동안 파트너십을 유지해 온 광고대행사를 새로운 위험을 감수하면서 까지 교체하지 않고서 더욱 좋은 관계로 발전시킬 수 있다면 그 방법을 선택하는 것이 옳다.

a. 광고대행사에 정기적인 점검을 실시한다.
b. 광고대행사의 문제점에 대해 함께 토론하고 개선해 나간다.
c. 업무 영역을 재설정하고, 최고의 실적을 낼 수 있도록 격려한다.
d. 업무 프로세스를 적절하게 개선한다.
e. 인력 재배치를 요구한다.

② 신규 선정 / 교체 결정

가. 신규 또는 교체 목적 공유

광고주가 광고대행사를 선정하거나 교체하는 목적은 브랜드나 사업의 수익성을 제고하기 위함임을 명심해야 한다. 사업 분야나 브랜드 별로 광고대행사를 선정하고자 한다면 자사의 조직구성이 다수의 광고대행사를 관리할 수 있는 조직인지를 우선 검토해야 한다. 또한 사내의 담당부서는 물론 관련부서와 충분한 협의를 거친 후 최종 결정권자의 재가를 받아야 하며, 내부 품의나 공람 등의 절차를 거쳐 신규 또는 교체 선정의 목적이나 계획 등을 공유하는 것이 좋다.

광고대행사의 선정은 가능하면 일회성 행사이기 보다는 향후 지속적으로 파트너십을 이어갈 회사를 선정하는 것이 상호 발전에 도움이 된다는 것을 잊지 말자.

나. 기존 광고대행사에 통보

광고대행사 교체가 결정되면 기존 광고대행사와 진행 상황에 관하여 의논하는 것이 바람직하다. 우선, 기존 광고대행사를 경쟁 프레젠테이션에 참여 시킬지의 여부부터 검토해야 한다. 만약, 동일한 조건에서 기회를 줄 용의가 없다면 경쟁에서 제외하는 것이 바람직하다. 반대로 같은 조건의 새로운 경쟁을 의도한다면 기존 광고대행사의 동의를 얻어 경쟁에 참여하게 하며, 다시 동일 대행사가 선정되었을 경우 이전의 경험을 토대로 보다 양질의 광고서비스가 가능하도록 격려하는 것이 바람직하다.

③ **광고대행사 선정 방법**

광고대행사를 신규로 선정하거나 교체하기 위해서는 수위계약 또는 경쟁 프레젠테이션의 방법을 택하게 된다. 그리고 수위계약의 방법을 선택한다 하더라도 프레젠테이션을 실시하는 것이 일반적이다.

따라서 프레젠테이션에 참여하는 에이전시의 숫자에 따라 단독 프레젠테이션과 경쟁 프레젠테이션으로 나눌 수 있으며, 경쟁 프레젠테이션이라 하더라도 광고주의 선택 여부에 따라 지명형 프레젠테이션과 지원형 프레젠테이션으로 나누어 구분할 수 있다. 즉, 다수의 광고대행사를 광고주가 지명하여 참여의사를 묻는 형태라면 지명형 경쟁 프레젠테이션이라고 할 수 있으며, 특정 범위 안에 드는 광고대행사(예를 들면 빌링 순위 20위 권 내의 광고대행사) 중 자발적인 지원에 의해 참여하는 형태라면 지원형 경쟁 프레젠테이션이라고 볼 수 있다.

광고주는 기존의 광고대행사를 교체하려는 구체적인 이유와 새로운 광고대행사에 기대하는 바를 의사결정의 중심에 두고 어떤 형태의 광고대행사 선정이 적합한지를 결정해야 할 것이다.

④ 경쟁 프레젠테이션 운영팀 결성

경쟁 프레젠테이션을 실시하기로 사내적으로 결정이 되면 우선적으로 경쟁 프레젠테이션의 전 과정을 관리하고 운영할 팀을 구성하는 것이 급선무이다. 운영팀에는 광고담당자를 비롯하여 마케팅, 매체, 인터렉티브, 생산관리자 등이 포함될 수 있으며, 다국적 프로젝트인 경우 국제업무를 담당하는 직원을 포함하는 것도 도움이 된다.

운영팀이 결성되면 경쟁 프레젠테이션의 총괄 책임자, 그리고 광고대행사와 커뮤니케이션 창구 역할을 누가 할 것인가를 결정하는 것이 효율적이다.

⑤ 타임 테이블 작성

운영팀은 전체 과정에 관한 실질적인 타임라인을 준비해야 한다. 타임라인은 내부적인 동의를 얻은 상태에서 광고대행사에 전달되어야 한다. 타임라인에는 언제 프로젝트의 최종 결론이 내려지고, 이를 어떻게 전달할지가 포함되며, 단계별 진행 날짜가 포함되어야 한다. 특히, 오리엔테이션에서 프레젠테이션까지 충분한 시간이 주어져야 하며, 전체적인 마케팅 솔루션을 제공하는 프레젠테이션의 경우 최소 4주 이상의 시간을 제공하는 것이 효과적이다.

〈표 11-1〉 유형별 프레젠테이션 준비기간(사례)

프레젠테이션 유형	적정 기간
크리덴셜 프레젠테이션	2주 이상
전략 프레젠테이션	3주 이상
전면 크리에이티브 프레젠테이션	4주 이상

〈표 11-2〉 프레젠테이션 타임테이블(사례)

업무단계	일정																비고
	1월				2월				3월				4월				
프레젠테이션 범위 결정																	
광고예산 결정																	
브리프 작성																	
선정 기준 결정																	
광고대행사 탐색																	
1차 리스트 작성																	
1차 심사																	
최종 후보 결정																	
참여회사의 정보 공유																	
프레젠테이션 장소 결정																	
평가팀 구성																	
프레젠테이션 실행 및 평가																	
사내 의사결정																	
대행사 통보																	
대행계약																	
기타																	

⑥ 경쟁 프레젠테이션 목적과 대행사 역할 규정

경쟁 프레젠테이션을 통해 만족할 만한 결과를 얻으려면 사전에 목적과 역할을 명확하게 규정해 놓는 것이 좋다. 광고주는 브랜드나 기업 해결하고자 하는 과제가 무엇이고, 광고주가 해야 할 역할과 광고대행사가 해야 할 역할을 객관적으로 구분하여 할당해야 한다.

■ 기업 또는 브랜드 과제

- 신제품 개발
- 브랜드 포지셔닝 개발
- 신제품 출시
- 브랜드 확장
- 장기 캠페인의 재활성화
- 동일한 포지셔닝에서의 신규 캠페인 기획
- 브랜드 리포지셔닝
- IR(Investor Relations) Program
- 위기관리 프로그램
- 글로벌 캠페인 전략
- 기타

■ 상기 과제에서 요구되는 브랜드 커뮤니케이션

- 광고
- 매체 기획 및 구매
- 신제품 개발 또는 디자인
- 내부 커뮤니케이션

- PR, SP or Sponsorship
- Web, Interactive or Digital
- B2B
- 기타

■ 광고대행사에 대한 요구사항

- 서비스 : 크리에이티브, 매체, PR, 지겁 마케팅 등
- 업무능력 : 전략, 크리에이티브, 매체, 인터랙티브, 기타
- 대상지역 : 글로벌, 전국 또는 지방
- AOR : 전면대행 또는 부분대행(크리에이티브 or 매체)
- 예산규모 : 캠페인 예산 규모에 따라 광고대행사이 규모나 회사수를 결정
- 광고주 상충 : 주요 경쟁사의 광고대행사에 대한 참여 또는 제외 여부
- 캠페인 경험 : 해당제품과 가튼 카테고리 제품에 대한 캠페인 경험을 고려할 것인가?
- 기업문화 : 광고주와 광고대행사의 기업문화 고려

■ 경쟁 프레젠테이션 윤리

- 각종 마케팅 정보를 얻을 목적으로 프레젠테이션을 실시해서는 안 된다.
- 프레젠테이션은 반드시 업무 파트너를 구할 목적으로 시작해서 대행 계약으로 마무리해야 한다.
- 예산 등에 허위나 과장이 있어서는 안 된다.
- 필요 이상으로 많은 수의 회사를 경쟁에 참여시키는 것은 지양하고, 불필요한 프레젠테이션 횟수나 비용의 부담을 주어서는 안 된다.
- 광고대행사에 합리적인 마케팅 서비스 외의 부당한 서비스를 요구해서는 안 된다.

■ 프레젠테이션 비용(Rejection Fee)

- 광고주는 프레젠테이션 비용과 수수료에 관하여 광고대행사와 공개적으로 협의하고, 업계의 일반적인 기준과 합의 내용을 존중해야 한다.
- 광고회사의 업무 동기유발과 프레젠테이션 준비에 사용된 시간적 경제적 부상을 위해 적절한 정도의 프레젠테이션 비용(Rejection Fee)를 지급하는 것은 바람직하다.
- 특히, 대규모 경쟁 프레젠테이션의 경우 상당한 금액의 비용발생이 예상되므로 광고주는 사전에 프레젠테이션 준비 범위를 엄격하게 제한하거나 비용보상 범위를 언급해 주는 것이 바람직하다.

⑦ 광고주의 브리프 작성

효율적이고 만족스러운 프레젠테이션을 위해서 가장 우선되어야 할 부분은 광고주가 오리엔테이션 브리프를 통해 프레젠테이션의 목적과 기대하는 바를 명확하게 전달해 주어야 한다. 종종 제한된 정보를 제공해 주고 나머지 부분을 대행사의 능력평가 부분으로 생각하는 경우가 있는데, 이는 광고대행사가 정작 준비해야 할 중요한 분분에 대한 시간을 엉뚱한 곳에 할애하게 되는 어리석인 일임을 기억하라. 자사의 문제를 해결하기 위한 신뢰할 만한 파트너를 선택하는 일이라면 가능한 많은 정보를 광고대행사와 공유하여 함께 숙제를 풀어가고자 하는 마인드가 필수적이다. 그리고 그 정보는 경쟁 프레젠테이션에 참가하는 모든 대행사에 공정하게 제공되어야 한다.

■ 효과적인 브리프를 위한 체크리스트

- 프레젠테이션을 실시하는 목적이 명확한가?
- 프레젠테이션결과에 대한 광고주의 기대사항이 언급되었는가?

- 프레젠테이션에서 제시되어야 하는 범위를 명확하게 규정하고 있는가?
- 규조, 조직, 작업 과정, 보상 시스템 등에 관한 구체적인 지침이 있는가?
- 광고주와 제품 : 기업, 제품 카테고리, 제품, 주요 경쟁 제품, 유통, 가격 등에 관한 정보
- 제품의 특장점 : 경쟁제품과 비교한 자사제품의 실질적 감성적 특장점
- 캠페인 목표 : 해당 년도에 광고 캠페인을 하는 구체적이고 세부적인 목표에 대한 언급(예 : 신규 소비자 창출 or 기존 소비자 유지, 판매증대 or 인식전환 등)
- 타깃 그룹 : 광고주가 생각하는 인구통계적 심리적 타깃을 서술하고, 보유하고 있는 관련 정보를 제공하라
- 원하는 포지셔닝 : 캠페인 결과 소비자가 브랜드에 대해서 어떤 태도를 갖기를 원하는지를 구체적으로 명기
- 메인 메시지 : 광고 캠페인을 통해 전달하고자 하는 메시지의 우선순위를 정하고, 그 가운데 메인 메시지가 무엇인지를 명확하게 전달하라.
- 일정, 범위, 예산 : 프레젠테이션 및 제작일정, 제안의 범위, 전체 캠페인 예산을 오픈하라.
- 담당자 및 책임자 : 기타 문의 사항에 관하여 누구와 연락해야 하는지 알려줘라.
- 기타 참고사항 : 법적 제한, 독특한 기업문화, 터부시 되는 표현, 과거의 성공 또는 실패사례 등 광고대행사에서 프레젠테이션을 준비하면서 참고할 사항이나 자료를 미리 언급해 주어라.

⑧ 선정기준 설정 및 광고회사 탐색

경쟁 프레젠테이션을 통한 광고대행사 선정기준은 프레젠테이션이 진행되기

전에 내부적인 협의를 거쳐 결정되어야 한다. 광고대행사의 전략, 크리에이티브, 관련 제품 성공 캠페인 경력, 인력 구성 등 평가요소를 결정하여야 하며, 각 요소들의 비중도 사전에 공유하는 것이 좋다. 이는 평가를 진행하면서 의도와는 다르게 매우 비이성적인 기준에 의해 판단의 오류를 범하는 경우가 있을 수 있으며, 그 결과가 자사에 미치는 영향이 크기 때문이다. 광고주는 광고대행사 선정기준이 정해지면 이 기준에 부합하는 광고회사들의 크리덴셜을 검토하여 최종적으로 경쟁에 참여할 대행사를 결정해야 한다. 우선 1차 리스트를 작성하기 위해 후보 리스트에 있는 광고대행사들에 연락하여 참여 의사를 타진할 필요가 있다.

가. 1차 리스트 결정

1차 참여대상 회사로 5~6개 정도를 선정하고 각 사에 참여의사를 타진한다. 그리고 참여의사를 밝힌 회사에 RFI(Request for Information)를 발송한다.

나. 1차 심사

일반적으로 1차 리스트에 오른 광고대행사 중 참여의사를 밝힌 대행사 모두에게 프레젠테이션 참여 기회를 주기도 하고, RIF를 통한 서류 심사나 면담, 평판, 인적 자원에 대한 심도있는 조사 등을 통한 1차 심사 절차를 거치기도 한다.

〈표 11-3〉 RIF에 의한 서류 심사표(사례)

구 분	항 목	배점	점수
업무역량	과제를 수행할 역량이 있는가?	20	
컨플릭트 및 소유구조	문제 발견 시 평가 중지	Y/N	
회사규모	프로젝트를 수행할 만한 규모인가?	5	

전문능력	충분한 전문능력을 가지고 있는가?	10	
크리에이티브	캠페인 성과 및 수상경력이 풍부한가?	10	
업적	관련된 성공사례나 업적이 있는가?	15	
전략	전략적 사고 능력과 소비자 인사이트가 있는가?	15	
지리적 환경	광고주와의 접근성 및 목표시장 커버리지 여부?	10	
가치 부가	기타 가치있는 역량과 능력이 있는가?	5	
프레젠테이션	브리프에 맞게 프레젠테이션 했는가?	10	
합 계		100	

RIF 양식

1. 세부사항
   회사명 :
   주소 :
   전화번호 :
   사업자등록번호 :
   창립일 :
   연락 담당자 :

2. 배경
   소유규조 :
   철학 및 플래닝 프로세스
   경쟁 우위 요소

3. 재정상황
   3년간 취급고 및 이익 현황 :
   보상 방법(커미션 또는 피 등) :

4. 경력 및 전문분야
   현재 주요 광고주 :
   광고주별 주요 대행 업무 :
   최근 개발 및 해지 광고주 :
   해당 프로젝트 관련 성공 사례 :
   인력 현황 :
   기타 부가 정보 :

⑨ 최종 후보 결정

사전 심사를 거쳐 최종 경쟁 프레젠테이션에 참여할 광고대행사가 결정되면 광고주는 광고대행사에 프레젠테이션 초청 공문을 발송한다. 공문에는 프레젠테이션 참여 회사, 프레젠테이션 개요(제품, 범위, 매체, 예상 등), 선정기준 등을 명기하는 것이 보통이다. 때로는 참여 경쟁 회사를 밝히지 않는 경우도 있다.

보통 기존 광고대행사를 포함하여 3~4개 정도의 회사가 참여하는 것이 일반적이다. 광고주가 프레젠테이션을 위해 광고대행사에 제공하는 자료에 대한 보안문제, 평가에 소요되는 자사 인력의 시간 및 경제적 투자, 평가의 용이성 등을 감안하면 적절한 수준의 회사를 초청하는 것이 효율적이며, 자칫 번번이 너무 과다한 경쟁을 붙이다 보면 기업에 대한 평판이 안 좋아져 향후 마케팅 활동에 지장을 초래할 수도 있기 때문이다.

주의할 것은 최종 후보 결정 단계에서 참여불가 의사를 밝히는 대행사가 발생할 수 있으므로, 1차 심사에서 탈락한 광고대행사에 미리 통보하기 보다는 프레젠테이션 참여회사가 최종적으로 결정 된 후에 탈락한 회사에 대한 통보를 하는 것이 진행을 원활하게 하는 순서다.

또한, 최종 프레젠테이션에 참가하여 광고주의 자료들을 제공 받는 광고대행사에는 보안 서약서를 작성하도록 하여, 향후 기밀유지에 주의하도록 하는 절차도 필요하다.

2) 프레젠테이션 준비 및 실행

① 오리엔테이션

광고주는 광고대행사에 프레젠테이션에 필요한 모든 자료를 제공해 주는 것이 좋다. 종종 과제만을 던져 주고 나머지를 광고대행사에서 알아서 해 오는 것을 능력의 잣대로 생각하는 광고주가 있으나, 이는 시작부터 광고대행사와의 파트너십을 저해하는 행위다. 좋은 자료를 정확하게 전달해야 좋은 전략, 효과적인 크리에이티브가 나올 수 있다는 것을 명심하라.

- 광고 캠페인(프레젠테이션) 목적
- 각종 조사자료
- 경쟁사 정보
- 사내 장단기 마케팅 계획
- 예산
- 기타 참고자료

오리엔테이션은 광고주가 광고대행사에 프레젠테이션을 위한 정보를 제공하는 자리이기도 하지만, 광고대행사 입장에서는 자사의 성공적인 프레젠테이션을 위한 정보를 얻는 자리이기도 하다. 따라서 광고주가 준비한 오리엔테이션 내용 외에 필요하거나 궁금한 사항이 있으면 적극적인 질문을 통해 해답을 얻을 필요가 있다. 질문의 방법은 오리엔테이션 현장, 별도의 통화나 e-mail 등 방법이 있을 수 있다. 또한 광고주 입장에서는 공식적인 질문 외에는 개별적인 답변을 금하기도 하며, 각사의 개별적인 질문들을 취합하여 전체 메일로 회신하는 방법도 합리적이다.

② 프레젠테이션 장소 결정

경쟁 프레젠테이션은 대부분 광고주 회의실에서 진행되지만, 경우에 따라서는 각 광고회사 회의실에서 진행하기도 한다. 광고주의 편의성이나 형평성을 고려한다면 하루에 광고주에서 프레젠테이션을 진행하는 것이 합리적이지만, 다른 시각에서 보면 각 대행사의 업무 환경이나 문화적 분위기를 파악한다는 점에서 대행사 회의실을 이용하는 것도 나름 의미가 있다고 할 수 있다. 또는 광고주 사정상 프레젠테이션 장소를 마련할 수 없을 경우 별도의 장소를 활용하기도 한다.

광고대행사 입장에서 보면 자사 회의실을 이용하는 것이 보다 편리하고 편안한 분위기에서 프레젠테이션을 진행할 수 있다는 장점이 있다.

③ 평가 인원 구성

프레젠테이션 진행 담당자는 경쟁 프레젠테이션의 평가를 누가 어떻게 진행할 것인가를 결정하는 문제가 매우 예민한 부분이기도 하다. 대표이사나 담당 임원은 물론, 광고 담당자, 영업 담당자 등 프로젝트 관련 부서의 관계자들이 일반적으로 참석하고, 객관성과 전문성을 높이기 위해 소비자 평가단이나 외부 전문가를 평가 인원에 포함시키기도 한다.

공정한 평가를 위해 평가팀에 선정된 인원은 대외적으로 비밀에 부치는 것이 바람직하며, 평가인원으로 선정된 사람들에게는 참여 광고대행사와 마찬가지로 회사에서 프레젠테이션을 하는 목적과 평가방법에 관하여 상세하게 오리엔테이션을 실시함으로써 평가에 오류가 없도록 해야 한다. 또한 평가자 개인은 개인부서의 현안을 중심으로 평가하여 전체적인 평가에 부서 이기주의가 반영되지 않도록 하는 것이 합리적인 선정을 하는 길임을 잊지 말자.

④ 프레젠테이션 실행

경쟁 프레젠테이션은 사전에 공지한 시간과 기분과 방법에 의해 공정하게 진행되어야 한다.

프레젠테이션 일정과 시간 및 발표순서는 합의에 의한 방법으로 사전에 정하는 것이 좋으며, 프레젠테이션에 할애할 시간 역시 사전에 공유하여 모든 대행사가 주어진 시간에 발표를 마칠 수 있도록 하는 것이 좋다. 광고대행사 역시 자사에 주어진 시간 안에 모든 발표를 마쳐야 한다.

또한 광고주는 모든 광고대행사의 프레젠테이션 내용과 Q&A 내용을 가능하면 기록으로 남겨두는 것이 좋다. 경우에 따라서는 더욱 공정한 프레젠테이션을 위해 발표 장면을 녹화하는 것도 방법이다.

⑤ 평가 및 의사결정

평가는 광고주의 상황에 따라 다양한 방법이 있을 수 있다. 평가 결정권자가 누구냐에 따라서 최고 경영자가 평가하는 방법, 최고 경영자를 포함한 관련 부서원들이 투표를 통해 평가하는 방법, 관련 부서원들의 평가의견을 참고로 하여 최고 경영자가 평가하는 방법 등이 있을 수 있으며, 평가시기에 따라 현장 평가 방법과 사후 회의를 통한 평가 방법이 있을 수 있다. 이처럼 평가 경정권자나 평가시기와는 무관하게 공정한 평가를 하여 향후 자사의 마케팅 활동에 도움을 주는 광고대행사를 선택하고자 하는 의도에는 이견이 없어야 한다.

〈표 11-4〉 프레젠테이션 평가표

평가항목	세부평가 기준	배점	점수
광고전략	당사 브랜드를 잘 이해하고 있는가?		
	효과적인 마케팅 커뮤니케이션 전략을 제안했는가?		
	전략이 명확하고 설득력이 있는가?		
	당사의 문제점에 대한 적합한 해결책인가?		
크리에이티브	제안한 전략에 따른 메시지를 전달하고 있는가?		
	타깃의 니즈를 만족시킬 만한가?		
	차별적이고 참신한가?		
	경쟁사 대비 경쟁력이 있는가?		

미디어	미디어 믹스 전략이 설득력이 있는가?		
	효과적인 신규매체 제안이 있는가?		
BTL	효과적인 PR 전략을 제안하고 있는가?		
	효과적인 SP 전략을 제안하고 있는가?		
	효과적인 인터렉티브 전략을 제안하고 있는가?		
수행능력	최근 광고주 개발 실적은 우수한가?		
	최근 광고주 유지 실력은 우수한가?		
	활용 인력이 우수하고 열정적인가?		

프레젠테이션이 마무리 되면 모든 평가와 의사결정에 관한 일정이 1주일 안에 마무리 되는 것이 이상적이다. 의사결정에 관한 모든 권한은 광고주에 있기는 하지만, 효율적인 광고대행사 관리나 윤리적 측면에서 판단하여 무리가 없는 일정 안에 결과를 결정하여 통보하는 것이 바람직하다. 최종 대행사 선정에 이견이 있거나 한 대행사로 결정할 수 없는 상황이 발생하면 부득이한 경우 2개 대행사를 제품을 구분하거나 담당 업무를 구분하여 활용하거나 복수 대행사를 대상으로 2차 프레젠테이션을 실시하는 경우도 있다.

⑥ 통보 및 계약

경쟁 프레젠테이션 참여 회사에 대한 최종 결과는 정중하게 문서상으로 진행하는 것이 예의이다. 가능하면 최종 선정회사와 탈락회사에 동일한 날짜에 통보하는 것이 여러 가지 문제의 소지를 줄일 수 있는 방법이다. 또한 탈락한 회사에는 탈락 사유에 대한 오해가 없어야 하며, 차기 기회에 함께 파트너십을 가질 수 있는 가능성을 배제하지 말아야 한다.

최종 선정된 광고회사와는 계약기간, 조건, 대행 범위 등을 명확히 하여 계약을 체결하고 대내외에 공표한다. 선정된 광고대행사와는 파트너십에 대해 분명히 해 두어야 하는데 보수를 포함한 계약문제, 타임 테이블, 업무 방식 등에 대한 합의가 필요하다. 특히, 계약서에는 업무 인수인계에 관한 조항이 포함되기를 권장하며, 저작권 및 각종 지적 재산권에 관한 조항도 포함시키기를 권한다.

⑦ 사후 업무

경쟁 프레젠테이션의 모든 과정이 끝나면 탈락한 광고대행사로부터 제공된 모든 대외비자료는 회수하는 것이 좋다. 또한 계약 해지 또는 만료된 광고대행사와는 최대한의 예의를 갖추고, 계약해지 내용을 사전에 통보하고, 현재까지 정산되지 못한 건이 있다면 완벽하게 마무리 하는 것이 좋다.

그리고 프레젠테이션에서 탈락한 광고대행사가 제안한 아이디어를 허락없이 사용하는 결례를 범해서는 안 된다.

선정된 광고회사와는 정식으로 미팅이나 워크숍 자리를 마련하여 앞으로 업무를 같이하게 될 파트너들과 상견례와 향후 업무 진행 방법 및 내용을 구체화할 필요가 있다. 또한 프레젠테이션에서 제안한 내용들이 실제 집행이 가능한 제안인지에 관해서도 검토하여야 한다.

또한 광고주의 담당자는 과거의 대행사와 신규 대행사 간의 업무 인수인계가 원활하게 이루어 질 수 있도록 도움을 주어야 한다.

3) 광고주와 광고대행사의 파트너십

① 파트너십의 기본 조건

가. 파트너십의 목적

광고주와 광고대행사의 파트너십은 광고주의 마케팅 과제를 효율적으로 해결하고 광고대행사의 수익구조를 높이기 위한 가장 기초적인 관계형성이다.

광고주와 광고대행사가 파트너십을 공고하게 하려는 목적은 상호 긴밀한 업무협조를 통해 효율적인 광고 캠페인을 실시함으로써 궁극적으로 광고주와 광고대행사의 비즈니스 목표를 달성하는데 있다.

나. 파트너십의 전제조건

a. 상호이해

상대방의 Needs와 Wants를 이해하는 것이 최우선이다. 나아가 상대방의 취향 등 개인적인 성향까지 공유함으로써 더욱 친숙한 파트너십 형성이 가능해 진다.

b. 상호신뢰

신뢰는 서로에게 업무적인 도움을 줄 수 있다는 믿음 이상으로 서로 인간적인 부분에까지의 신뢰관계를 형성하는 것이 중요하다. 이를 위해서는 말과 행동의 일관성과 지속성이 필요하다.

c. 상호성공

광고주는 광고대행을 통해 궁극적으로 얻고자 하는 매출목표를 달성해야 하고, 광고대행사는 광고주의 캠페인을 통해 자사의 취급 목표액을 달성하여 이익을 창출하는 것이 목표일 것이다. 따라서 파트너십을 통해 양자의 목표를 함께 달성하는 Win-Win의 즐거움을 만끽하는 것이 최선이다.

② 파트너십의 3요소

광고주와 광고대행사가 상호이해, 신뢰, 성공을 이루는 관계로 성장하기 위해서는 양사가 파트너 정신과 전문능력을 바탕으로 건설적인 쌍방향 커뮤니케이션을 이룰 수 있는 관계가 되어야 한다.

가. 파트너 정신

상호 인정하고 존중하는 자세에서 광고주와 광고대행사 간의 파트너십이 구축될 때 가장 이상적인 업무진행을 기대할 수 있다. 광고대행사에 대한 불신과 존중하는 마음의 결여, 위압적인 자세를 전제로 하는 소위 '갑을 관계'로는 높은 시너지 효과를 기대할 수 없다. 상호 친근한 협력관계를 유지하여 광고대행사의 생산성을 높이도록 하자.

나. 전문 능력

광고주와 광고대행사는 각기 자신의 분야에서 전무가가 되어야 하고 그 전문성을 인정해 주어야 한다. 광고주는 광고대행사의 전문성을 인정하고, 그에 관한 권한을 부여하라. 이것이 광고회사의 아웃풋을 극대화시킬 수 있는 방법이다. 그리고 광고대행사에서는 담당 업무에 대한 열의를 가지고 전문성을 갖춘 인재를 배치하여 해당 업무의 전문성을 극대화할 수 있는 방법을 찾아라.

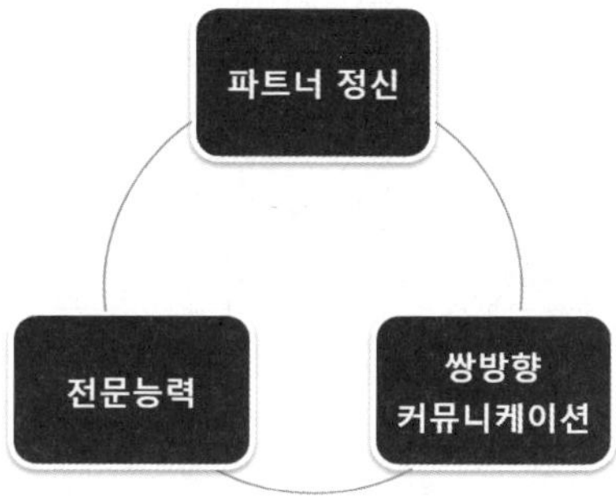

〈그림 11-1〉 파트너십의 3요소

다. 쌍방향 커뮤니케이션

광고주와 광고대행사는 지속적으로 열린 사고와 커뮤니케이션으로 업무적 문제를 해결해 나가는 자세가 필요하다. 우선 광고목표를 명확하게 정하고, 이에 대한 광고대행사의 동의를 이끌어라. 이를 통해 광고대행사가 광고주의 제품, 사람, 문화를 충분히 이해하고, 조직에 대해 충성도를 가질 수 있도록 해라.

③ 파트너십 구축을 위한 광고주의 역할

가. 상세하게 브리핑하라

프로젝트에 관한 기존 자료를 바탕으로 상세하고 충분하게 브리핑해 주는 것이 광고대행사로 하여금 보다 좋은 캠페인을 할 수 있게 하는 최선의 방법이다.

나. 충분한 시간을 주어라

중요한 프로젝트라면 광고대행사가 아이디어를 숙성시킬만한 충분한 시간을 주고, 이 프로젝트에 열정을 쏟을 수 있도록 격려하라.

다. 리더가 되라

광고주의 리더십은 브랜드가 어디로 가야 하는지에 대한 명확한 비전에서 나온다. 좋은 결과가 나올 수 있도록 촉구하고 격려하되 전문가의 의견은 존중하라.

라. 주요 업무는 광고대행사를 참여 시켜라

광고주가 고민하고 있는 중요한 문제에 대해서 광고대행사와 함께 고민하고 의논하라. 이는 직접적인 도움뿐 아니라 간접적으로 소속감과 동기부여의 의미가 있다.

마. 솔직하고 신속하게 피드백하라

긍정적이고 건설적인 시각에서, 편견없이 객관적으로 신속하게 피드백하라.

바. 끈끈한 인간관계를 구축하라.

관계를 위한 노력은 광고대행사에서만 하는 것이 아니다. 성공 캠페인을 위해서는 광고주의 노력이 더 필요하다. 공식적 비공식적으로 친밀한 인간관계를 유지할 수 있도록 시간을 투자하라.

사. 함께 일하기 즐거운 상대가 되라

광고주의 열정은 광고대행사에 전파된다. 열정적이고, 도전적이고, 자신감 있으며, 상대를 칭찬하고, 행복하게 하여 함께 일하기 즐거운 상대가 되라.

(참고 : 파트너십 가이드라인, 한국광고주협회 발행)

〈첨부1〉 광고대행사 AE의 50계명

Account Management

1. 돈 버는 광고를 만들라
2. 기획의 중심에 서라
3. 진정한 동반자가 되라
4. 문제해결의 첨병이 되라
5. 광고주보다 빠른 시간표를 가져라
6. 광고할 제품에 익숙해져라
7. 페이퍼 워크의 전문가가 되라
8. 광고주 사정에 해박하라
9. 소비자를 철저히 이해하라
10. 크리에이티브 마인드를 가져라
11. 모두 전담이라 믿게 하라
12. 업무에도 순서가 있다
13. AE도 아이디어를 내라
14. 타이밍을 놓치지 마라
15. 소신있게 조언하라
16. 협상의 주도권을 잡아라
17. 모든 커뮤니케이션을 문서화하라
18. 광고주를 기다리게 하지 마라
19. 상황을 정확히 읽어라
20. 광고주와 함께 커 나가라
21. 광고주에 애착을 가져라

22. 스포트라이트는 광고주에 양보하라

23. 일 년짜리 행행을 벗어나라

24. AE의 월급은 광고주가 준다

25. 이별을 잘하는 선수가 되라

26. 사귐에도 스트레스가 필요하다

27. 담당광고주 비난은 금기다

28. 광고주에게 성실한 체 하지마라

29. 광고주와 친구가 되라

30. 경쟁을 즐겨라

31. P/T의 중심이 되라

32. 차별화된 P/T를 하라

33. 연습 또 연습하라

34. P/T는 계속된다

Agency Management

35. 무조건 잘 만들어라

36. 항상 준비를 철저히 하라

37. 만장일치는 있을 수 없다

38. 열정에 불을 지펴라

39. 원칙과 타협하지 마라

40. 교정 볼 때 긴장하라

41. 자존심을 건들지 마라

42. 해결사를 자처하라

Self Management

43. 어학 능력은 필수다
44. 문화적 소양을 쌓아라
45. 트렌드를 주목하라
46. 에티켓을 지켜라
47. 건강을 유지하라
48. 남의 말에 귀를 기울여라
49. 고생을 자처하라
50. 인간적인 AE가 되라

(참고 : 광고대행사 AE가 알아야 할 50 계명, 조건희)

광고대행 계약서

광고주 " ㈜ㅇㅇㅇㅇ "(이하 "甲"이라 칭함)과 광고대행사 " ㈜ㅇㅇㅇㅇ" (이하 "乙"이라 칭함)사이의 광고대행 업무계약을 아래와 같이 체결한다.

- 아 래 -

제 1조 목 적

본 계약서는 "甲"이 "乙"을 "甲"의 광고대행사로서 지명하며 "乙"은 광고대행사로서 광고업무를 성실하게 수행할 것을 계약함에 있어서 당사자 쌍방의 준수사항을 약정함을 목적으로 한다.

제 2조 "甲"의 임무

"甲"은 "甲"의 모든 광고업무를 "乙"에게 종합대행 시킨다.

제 3조 "乙"의 임무

"乙"은 "甲"의 종합광고대행사로서 "甲"으로부터 수임한 광고 업무에 대하여 기획, 제작, 매체관리 등의 업무를 종합적으로 수행한다.

제 4조 상호협조

"甲"과 "乙"은 광고업무를 수행함에 있어 필요한 자료 및 편의를 상호제공하여야 하며 "乙"은 대행 중 취득한 "甲"의 업무상의 모든 비밀을 누설하여서는 안 된다.

제 5 조 업무절차

"乙"은 광고활동에 관한 목표, 전략, 계획, 제작 및 예산 등에 대한 건의를 "甲"에게 하고 "甲"의 승인을 얻어 이를 수행한다.

제 6 조 수수료 및 제작비

제1항 "乙"은 "甲"으로부터 매체광고비를 수령하며 매체대행수수료는 "乙"이 사용 매체사로부터 지급 받는 것을 원칙으로 한다.

제2항 광고제작비는 "甲"이 "乙"에게 지급한다.

1. 인쇄광고물 제작비는 실제 소요원가 및 동 원가의 17.65%의 제작수수료 및 기획, 카피, 디자인료(아트워크료), 시안료 등의 정가항목을 합산한 금액으로 한다.
2. 전파광고물은 제작비의 실제 소요원가 및 동 원가의 17.65%의 제작수수료 및 기획, 카피 등의 정가항목을 합산한 금액으로 한다.

제3항 "乙"은 광고전반, 매체계획 및 매체 접촉 등 광고계획 작성에 소요되는 경비를 부담한다. 단, "甲"의 사전 승인 하에 행하여진 시장 조사비 등 특별히 소요되는 비용은 "甲"이 부담한다.

제 7조 지급방법

"乙"은 "乙"이 대행한 광고비 및 제작비를 집행 당월 말일 기준으로 청구하고 "甲"은 이를 세금계산서 발행일로부터 20일 이내에 현금으로 지급한다.

제 8 조 기 간

본 계약의 유효기간은 2013. 1. 1 로부터 2013. 12. 31 까지 하고 계약만료 1개월 전에 "甲", "乙" 쌍방에서 이의가 없을 때는 다시 1년씩을 연장 계약된 것으로 한다.

제 9 조 변　상

정당한 사유 없이 일방적인 위약으로 발생한 손해는 위약자가 손해액을 배상한다.

제 10조 기타사항

본 계약에 명시된 이외의 사유로 발생하는 쌍방의 이견은 "甲", "乙" 쌍방의 합의 하에 타결한다.

제 11조 계약의 발효

본 계약은 약정일로부터 발효한다.

이상 본 계약서 2통을 작성하여 "甲", "乙" 각 1통씩 보관한다.

2014년 1월 1일

甲 : 대구광역시 달서구 달구벌대로 1095 계명대학교

대표이사 : 홍 길 동 印

乙 : 서울특별시 중구 남대문로 1길 43 (주) 한국커뮤니케이션

대표이사 : 홍 길 순 印

Chapter 12

캡스톤디자인 작품 전시회

마지막으로 2013년 광고홍보학 캡스톤디자인에 참여했던 9팀의 작품을 소개하고자 한다. 캡스톤디자인 작품 전시회에 출품을 했던 장면들을 가급적 생생히 담으려고 노력했다. 또 본선에 진출한 2팀의 최종 PPT 파일도 첨부하였다. 앞으로 광고홍보학 캡스톤디자인을 수강하는 학생들에게 큰 도움이 되리라 생각한다.

2013
계명대학교
캡스톤디자인
작 품 요 약 서

광고홍보학과

비비비빅

참여학생 이유림 | 광고홍보학과 김가비 | 광고홍보학과
최지은 | 광고홍보학과 김주희 | 광고홍보학과

지도교수 이시훈
맨토 | 소속 최정은 | 스탠딩에그

애완쇼핑몰 '복실이' 마케팅전략제안서

작품배경 및 수행과정

인터넷 쇼핑몰 시장이 넓어짐에 따라 지속적인 유지보수 관리에 문제점이 많이 생기고, 여러 가지 어려움을 겪고 있다. 최근 화제가 된 유명연예인의 유기견 보호활동(이효리, 이상순, 신애 등)을 통해 잠재 되어있던 대중들의 애완동물 관심이 더 증가했다. 이를 통해 더 많은 관련 사업체들이 활동을 하며, 경쟁사가 생기고 소비자의 선택의 폭이 넓어짐을 발견할 수 있다. 이러한 배경 아래, 확장되는 애완시장온라인 쇼핑몰 시장에서 우리의 '복실이' 가 1위 쇼핑몰로 올라갈 수 있는 전략을 제시해야 할 것이다. 팀원은 총 4명 구성으로 큰 기획은 같이 진행하고 있으며 서기, 총무, 대외협력 등 세부적인 역할은 나눠서 진행하고 있다. 9월달 까지는 시장환경분석을 거시적/미시적으로 나눠서 조사를 하는데 주력했다면, 10월부터는 자료를 정리하고 전략제안서에 기획방향을 제시하고 다듬어 나갔다. 11월부터는 앞에 잡은 큰 틀을 세부적으로 정리를 하고 지금까지 우리의 전략을 뒷받침 해 줄 컨셉과 IMC를 구상하여, 프로젝트 진행한다.

캡스톤디자인 결과

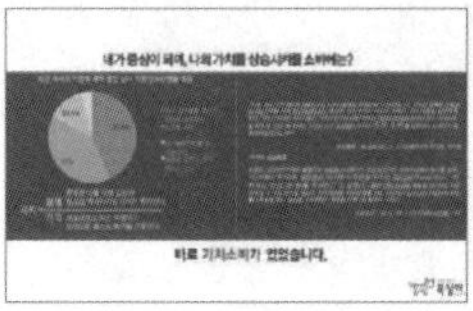
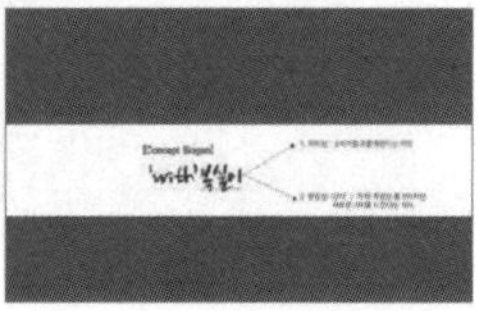

마케팅전략 기획서 (복실이와 '함께하자는 의미' 와 '가치를 준다는 의미'를 지닌 컨셉으로 웹툰마케팅과 연관한 마케팅전략 제시)

광고홍보학과

6699

참여학생 도현지 | 광고홍보학과 박수진 | 광고홍보학과
이소연 | 광고홍보학과 박정연 | 광고홍보학과

지도교수 이시훈
맨토 | 소속 이아윤 | 스탠딩 에그 커뮤니케이션즈

장독대에 빠진 허브

작품배경 및 수행과정

| 배경

옴니허브는 한약재의 신뢰성을 회복하기 위해 지난 2002년 설립되어 50여종의 한약재와 70여종의 한방차를 생산하고 있는 한약재 전문기업입니다. 작품의 배경은 옴니허브가 장류사업이라는 새로운 영역으로 사업을 확장하게 됨에 따라 그에 맞는 적절한 마케팅 전략이 필요하다고 여겨졌습니다. 최근 순창군이 장류산업에 새로운 바람을 불어넣기 위해 전문가 워크숍을 개최하고 활로를 모색했습니다. 많은 전문가들이 이제는 장류를 단순한 먹거리에서 힐링과 연계시킨 발효상품 개발의 중요성을 강조했습니다. 또한 이제는 시설이 아닌 경험을 상품으로 개발해야 한다는 전문가들의 의견이 많았습니다. 옴니허브에게 적절한 마케팅 전략을 제시하기 위해 관련 자료를 수집하고 스탠딩 에그 커뮤니케이션즈의 이아윤 멘토님의 도움으로 피드백과 의견 조율을 하며 한 편의 기획서를 만들게 되었습니다.

| 팀원 구성 및 역할

도현지(팀장), 멘토와의 커뮤니케이션 담당(이소연), 지출내역관리(박정연), 기획서 PT작성(박수진)

| 기간 별 수행 진행 경과

1~2주: 옴니허브와 장류사업에 대한 자료 수집
3~4주: 멘토와의 의견 조율 및 방향 설정
6~12주: 본격적인 기획안을 작성, 멘토에게 수정사항 및 피드백
13~14주: 기획안 수정 및 완성

캡스톤디자인 결과

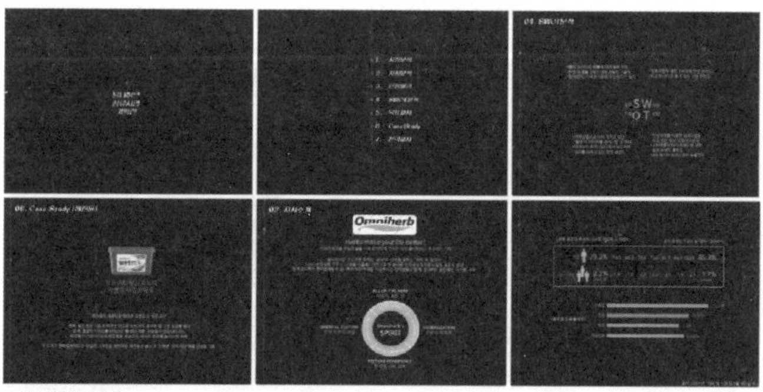

마케팅기획안 이미지

광고홍보학과

가치날개

참여학생 문세지 | 광고홍보학과 이지윤 | 광고홍보학과
석정하 | 광고홍보학과

지도교수 이시훈
맨토 | 소속 김태호 | (주)애드앤피엘스미스

어린이 한자 학습에 관한 소비자조사 및 장원교육 리포지셔닝 제안

작품배경 및 수행과정

| 작품배경 및 수행과정

장원교육은 장원한자 브랜드로 한자 학습지 시장에서 높은 점유율을 차지하고 있다. 타 학습지기업이 일반 교과과목에 비중을 많이 두고 있는 것에 비해 동아시아권 언어를 전문으로 다루는 것이 특징이며, 현재 한자를 필두로 중국어, 일본어를 통한 동아시아권 언어를 전문으로 Vision2015의 목표를 향하고 있다. '세이펜'이라는 학습보조기기를 학습에 활용하는 등 효과적인 교육을 위해 많은 노력을 기울이고 있다. 그러나 치열한 학습지 시장에서 장원교육의 주 제품인 한자과목이 영어, 국어, 수학 등 주요과목에 비해 학교 성적과 직접적인 연관성이 다소 낮아 소비자의 외면을 받기 쉬운 상황이며 타 학습지기업에서 주요과목 경쟁력을 바탕으로 한자를 끼워 팔기 판촉으로 제공하는 위기가 있다. 이러한 상황에서 더 이상 한자만으로 장원교육의 명맥을 유지하는 건 무리가 있다고 판단하여 소비자 조사를 바탕으로 앞으로의 기회를 포착하여 동아시아 언어 전문 학습지로서 장원교육이 나아갈 방향을 찾고자 한다.

캡스톤디자인 결과

광고홍보학과

김둘이둘

참여학생 김경미 | 광고홍보학과 김보미 | 광고홍보학과
이문영 | 광고홍보학과 이미소 | 광고홍보학과

지도교수 이시훈
멘토 | 소속 이태훈 | 애드엔스미스

79가 79에게 추천하는 대구사랑 대리운전

작품배경 및 수행과정

| 배경

최근 무보험가입 대리운전업체 또는 길거리 대리 운전자를 이용함으로써 일어나는 현금도난, 접촉사고 후 뺑소니, 웃돈 요구로 인한 시비와 폭행, 성폭행, 핸드폰 분실 등으로 술에 취해 대리운전을 이용하는 고객들은 무방비 상태로 범죄에 노출되고 있으며 안전귀가 문제는 가정과 직장에 심각한 사회문제로 대두됨에 따라, 소비자들의 안전에 대한 인식도 함께 높아지고 있어 서비스의 양적 향상보다 질적 향상이 중요해지고 있다.

이와 같은 현시점에 대구지역 내에서 대리운전 1위 업체인 대구사랑 대리운전 또한 더 나은 서비스를 제공하고자 새로운 마케팅 전략을 필요로 하고 있다. 이에 김둘이둘팀은 이 프로젝트를 수행하고자 한다.

기존 문헌 연구를 통해 부족한 부분의 자료를 수집하고자, 설문지 조사를 시행하였다. 이문영 학생이 만든 설문지를 통해 30·40대들의 대구사랑 대리운전 이용 실태에 대한 소비자 조사를 실시하였고, (설문지 시행은 팀원 전원 참여) 김경미 학생의 SPSS 분석을 통해 자료를 정리하였다. 이후 아이디어 회의를 통해 이미소 학생의 슬로건을 택하여 프로젝트 틀을 잡았다. 전체적인 중간 과정에서 김보미 학생은 PPT 제작을 담당하였다.

캡스톤디자인 결과

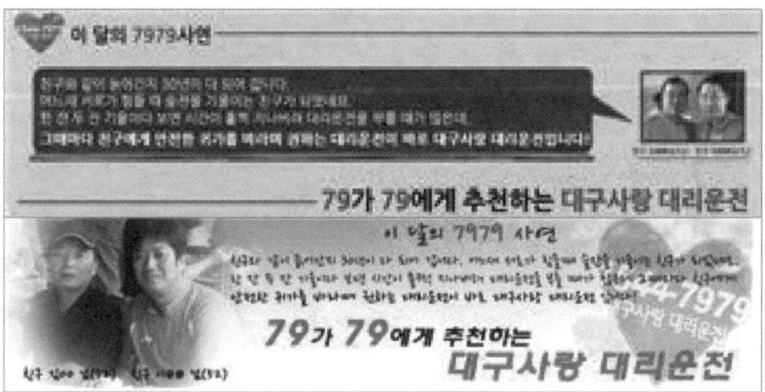

대구사랑 대리운전은 이미 대구 지역 대리운전 업계 내 1위 업체이다. 하지만 사회적으로 대리운전에 대한 부정적 인식에 대한 문제가 대두되면서 대구 지역 업계 1위인 대구사랑 대리운전 또한 그 부정적 인식을 피해갈 수 없다. 그래서 본 팀에서는 대구사랑 대리운전에 대한 긍정적 인식 환기를 위해 소비자의 감성에 소구하는 "79가 79에게 추천하는 대구사랑 대리운전"이라는 장기적인 프로모션을 제안한다.

광고홍보학과

에이투비

참여학생 신유미 | 광고홍보학과 김수민 | 광고홍보학과
이정빈 | 광고홍보학과 서송미 | 광고홍보학과

지도교수 이시훈
맨토 | 소속 이아윤 | 스탠딩에그

썬팜의 새로운 브랜드네이밍 확립 및 커뮤니케이션 마케팅 방안

작품배경 및 수행과정

| 작품배경 및 수행과정

동양종합식품은 최근 들어 자체 브랜드를 앞세운 마케팅을 부쩍 강화하고 있다. 인지도가 높은 사명 (동양종합식품) 대신 육가공냉동식품 브랜드 '썬팜'(Sun Farm)을 전면에 내세워 공격적인 시장 개척에 나서고 있다. 하지만 '썬팜'의 브랜드명은 타 식품회사의 육류 브랜드인 '썬팜'과 브랜드명이 동일하여 소비자에게 혼동을 일으킬 수 있다. 소비자의 기억에 남기 쉬운 브랜드네이밍을 제안하고 안정적인 초기 시장진입을 위한 커뮤니케이션 및 마케팅 방안에 대해 고민해보았다.

| 팀원 구성 및 역할

신유미–팀장 김수민–사원

이정빈–재무기획 서송미–사원

| 기간 별 수행 진행 결과

10월	11월	12월
기업체선정 및 주제 파악	대략적인 방향과 틀 잡기	주제관련 PPT 작업시작
기업체에 대한 조사 및 파악	브랜드네이밍 선정	작품요약서 및 최종결과 보고서 제출
멘토와 연락 및 신청서 제출	중간과정 멘토와 연락	
제품에 맞는 타켓 조사 및 선정	피드백하기	

캡스톤디자인 결과

광고홍보학과

15번 출구

참여학생 김현아 | 식품가공학과 김현진 | 광고홍보학과
백민기 | 광고홍보학과 왕초 | 광고홍보학과
이희준 | 경영학과
지도교수 류진한
맨토/소속 정형우 | 스탠딩에그

만경관, 대구시 love mark 영화관으로 거듭나다.

작품배경 및 수행과정

| 작품배경

만경관(萬鏡館)은 1923년에 이재필이 설립한, 대구에서 최초로 설립된 조선인 자본의 극장이다. 만경관을 2002년 6월 MMC만경관으로 개칭하여 국내 최초로 24시간 영화를 상영하고 좌석 자유선택 시스템을 도입하여 영화를 원하는 시간에 원하는 자리에서 볼 수 있는 맞춤형 극장이다. 2002년 6월 28일 개관한 MMC 만경관은 기존에 있던 만경관 극장이 멀티플렉스로 신축 개관했으며, 50년이 넘도록 대구 관객들의 영화 관람을 책임져 왔다.

하지만 내부적으로 불편한 지리적 위치, 부대시설 부족, 예약 시 좌석선택이 불가능, 낙후 된 주변 상가, 영화관 홍보와 주변상가와 연계한 할인제도가 부족하다는 의견과 외부적 요인인 대구 시내 중심의 번화가의 이동, 최신식 대형 멀티플렉스 CGV와 롯데시네마의 세력 확장 등의 문제로 현재는 대다수의 소비자에게서 잊혀 져 가는 처지에 처하게 되었다.

한때 만경관과 함께 대구를 대표하던 한일 극장 역시 대기업의 자본을 이기지 못하고 CGV에 병합되게 되었는데, 우리 '15번 출구' 팀은 대구 지역의 역사와 함께 해온 극장으로써 만경관은 이러한 절차를 밟지 않고 이번 수행 과제를 통해 대형 기업의 극장의 위협에서 벗어나 지역 시민과 함께 성장할 수 있는 영화관이 되기를 바라고 있다.

만경관의 단점을 장점화 시키면서 '대구시에서 가장 사랑 받는 영화관 love mark로 만들자'라는 목표 아래 만경관 내부에서 해결점을 찾는 것이 아닌 대구시와 co-work로 영화거리라는 거시적 마케팅을 제안할 예정이다. '현재'에 머물러 있는 현 영화 컨텐츠 산업의 범위를 뛰어 넘어 '과거'와 '현재', '미래'의 영화산업을 담고 있는 movie street을 조성할 계획으로 컨텐츠 제작을 하고 있다.

9월 달은 시장환경분석을 거시적/미시적으로 나눠서 조사를 하는데 주력했다면, 10월부터는 자료를 정리하고 전략제안서에 기획방향을 제시하고 컨셉 도출에 힘을 쏟았으며 11월부터는 앞에 잡은 큰 틀을 세부적으로 다듬고 지금까지의 전략을 뒷받침 해줄 컨텐츠를 구상하고, 가상 시안을 잡아 마무리 할 것이다.

캡스톤디자인 결과

만경관 주변 골목을 '영화거리'로 만들어 시민들의 이목을 집중시키며 만경관 주변 골목상권 활성화에도 이바지 할 예정이다.

만경관 내부적으로도 '영화박물관'을 설치하여 시민들의 발걸음을 향하게 하는 동기를 제공할 예정이다.

광고홍보학과

고도리

참여학생 한송이 | 광고홍보학과 전윤서 | 광고홍보학과
추수경 | 광고홍보학과 서희찬 | 연극예술과

지도교수 류진한
맨토 | 소속 신지은 | 고도예술기획

뮤지컬 명성황후 온라인 마케팅

작품배경 및 수행과정

| 작품배경 및 수행과정

대구 고도 예술 기획에서 12월부터 시작하는 뮤지컬 명성황후에 대한 온라인 홍보 활동 제안

고도 예술 기획의 페이스북을 중심으로 한 온라인 홍보활동 계획

| 팀원 구성 및 역할

한송이(팀장, 홍보 기획), 전윤서(회계, 홍보 기획)

추수경(서기, 자료 조사), 서희찬(멘토 컨텍 및 자료 조사)

| 기간별 수행 진행 경과

10월_ 멘토와의 만남을 통해 현재 고도 예술기획의 온라인 활동에 대한 사전 조사 위주 활동

11월 중순_ 문제점 파악, 구체적인 홍보 활동 계획

11월중순부터 12월까지_ 본격적인 온라인 활동 및 오프라인 홍보(고도리 페이지&화투패 홍보물)

캡스톤디자인 결과

_ 뮤지컬 명성황후 상영일에 맞추어 고도예술기획을 상징하는 고도리 페이스북 오프라인 홍보물. '고도리'라는 캐릭터 특성

_ 캐릭터 고도리를 이용하여 명성황후의 다양한 이야기를 하는 공간을 적용, 실제 화투패를 홍보물로 활용.

고도리 페이스북 페이지

오프라인 홍보물-고도리 화투패

광고홍보학과

설상가상

참여학생 김현우 | 광고홍보학과 김나연 | 광고홍보학과
김수빈 | 광고홍보학과 김민지 | 일본어문학과
윤민혜 | 광고홍보학과
지도교수 류진한
맨토 | 소속 –

Rui&co X Havana Express

작품배경 및 수행과정

| 작품배경 및 수행과정

Rui&Co의 경우에는 대형 SPA브랜드인 유니클로나 스파오에 비해 '보세브랜드'라는 인식이 강하다. 또한, 차별적인 컨셉이나 프로모션 전략을 실시하지 않고 있었다. 하지만, 최근 'URBAN STYLE'이라는 새로운 이미지를 제시함으로써 소비자들의 인식 속에 포지셔닝을 시도하였지만, 이는 비교적 낮은 인지도를 얻어 호응을 얻지 못하는 상황에 처해있다.

그래서 우리는 현재 소비자들의 인식 속에서 Rui&co가 포지셔닝에 실패하고 있는 원인을 분석하고 이를 해결하여 'URBAN STYLE'이라는 이미지에 대한 인식 강화를 위한 마케팅 전략을 제시하고자 한다.

이에 우리는 같은 자회사의 브랜드인 HAVANA EXPRESS는 Rui&Co가 원하는 'URBAN STYLE'이 잘 녹아 있는 브랜드로 판단 및 20대를 타겟 층으로 한다는 공통점을 발견하였다. 앞서 일본에서 커피와 패션이라는 색다른 아이템을 이용한 콜라보레이션의 성공사례를 이용하여, HAVANA EXPRESS와의 콜라보레이션은 Rui&Co에게 인지도 상승의 효과와 더불어 국내의 커피 전문점이나 SPA브랜드들이 시도하지 않아 소비자들의 관심을 끌 것으로 판단하였다. 이에 색다른 콜라보레이션 컨셉을 제시하여 20대 소비자들의 니즈에 맞춘 새로운 가치의 창출을 목표로 다음과 같은 기획서를 제작했다.

팀원 구성은 제작, 기획, 크리에이티브로 나누어서 제작 2명, 기획 1명, 크리에이티브 2명으로 진행하였다. 기존에 (주)주원과 합의하에 멘토를 지정하여 진행하려고 하였으나, 회사 사정상 인원을 배치 할 수 없어 멘토 없이 기획서 작성 후 기업 측에 제안서를 제출하는 방식으로 진행하기로 하였다.

캡스톤디자인 결과

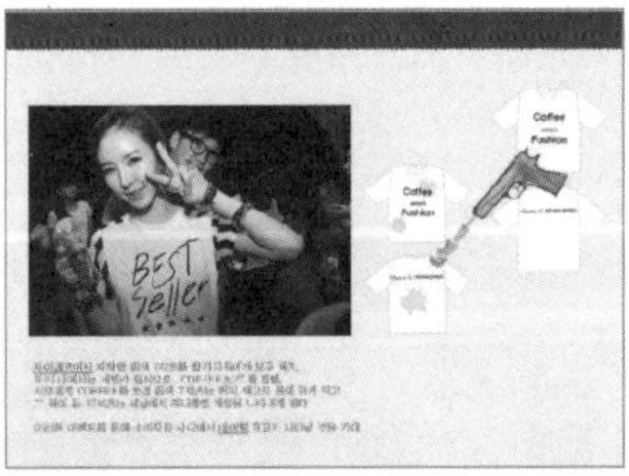

콜라보레이션을 통해 루이앤코가 알리고자 했던 '어반스타일'을 확실하게 소비자에게 전달 할 수 있을 것이라고 기대함.

광고홍보학과

소나기

참여학생 윤준호 | 광고홍보학과 최진아 | 광고홍보학과
김미지 | 광고홍보학과 안광호 | 언론영상학과

지도교수 류진한
맨토 | 소속 –

포레스트12 브랜드 마케팅 방안 [바이럴 영상]

작품배경 및 수행과정

| 배경

10주년을 맞이하여 스파밸리가 '포레스트 스파밸리'로 새단장함
그 중 가장 큰 변화는 '포레스트12' 수목원이 새롭게 개장하게 됨
단순한 수목원이 아닌 종합적인 힐링리조트로서의 특성화를 모색하고 있는 실정

바이럴 영상

'포레스트12'에 관한 바이럴 영상 제작 후 바이럴 마케팅 진행 (블로그 , SNS , 언론 기사를 통한 마케팅)

| 팀원 구성 및 역할

윤준호(전체 프로젝트 운영 및 기획), 최진아(총무 및 프로젝트 일정 진행)
김미지(포레스트 12바이럴 마케팅) , 안광호(바이럴 영상 제작)

| 기간별 수행 진행

1주 – 2주	포레스트 12 리서치 조사 및 토의 및 컨셉 설정	
3주 – 4주	사전답사, 컨셉 정리	박진석 팀장
5주 – 6주	포레스트12 담당자 1차 미팅, 광고회사 마케팅 문의	애드메이저
7주 – 8주	바이럴 영상 촬영 콘티, 2차 미팅	
9주 – 10주	영상 스토리보드 제작, 마케팅 부스 설치	
11주	3차 미팅	
12주 –13주	바이럴 영상 촬영, 편집	
14주	최종 시사 및 서류검토	

캡스톤디자인 결과

포레스트 12 마케팅 방향

포레스트12 바이럴 영상 제작

2013
계명대학교
캡스톤디자인
프레젠테이션

프레젠테이션(사례1)

MMC 만경관 대구의 Love Mark로 거듭나다

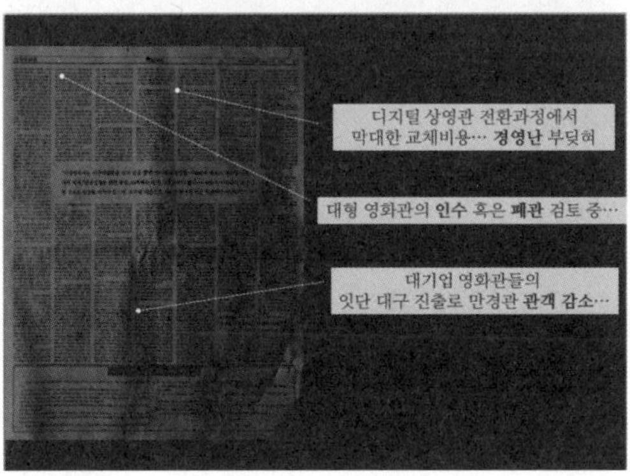

MMC 만경관
CGV
CGV
LOTTE CINEMA
LOTTE CINEMA
CGV
LOTTE CINEMA
대구의 수많은 대형 경쟁사 보다
더 많은 사랑을 받기 위한!

WHY?

그래서 설정한 우리의 오직 단 한가지 목표

만경관을 대구에서 가장
사랑 받는 극장으로 Positioning 하자

Love Mark

만경관은 경쟁사들보다
더 큰 사랑을 받을 수 있을까?

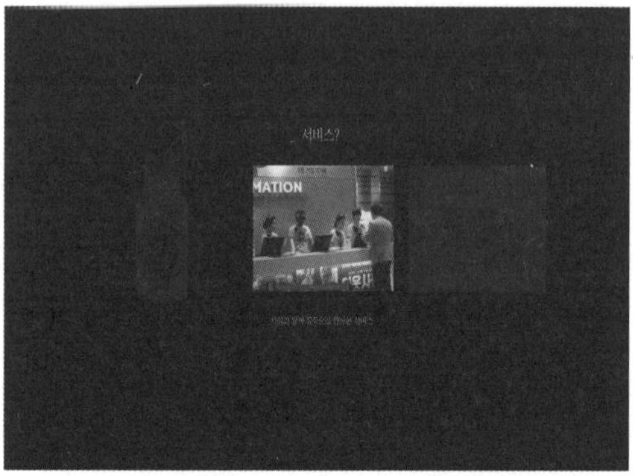
서비스?
MATION

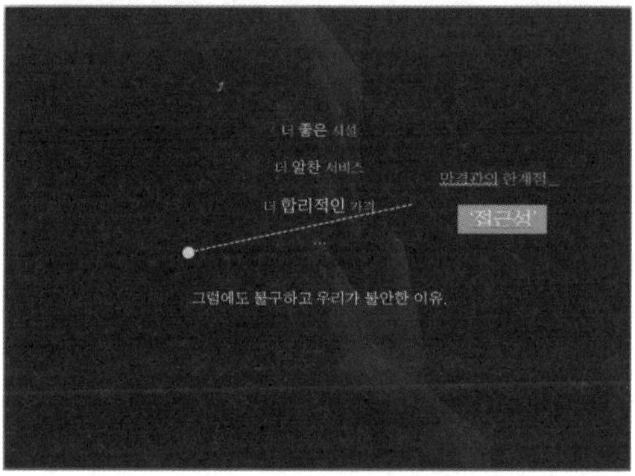
더 좋은 시설
더 알찬 서비스
더 합리적인 가격
...
만경관의 한계점_
'접근성'
그럼에도 불구하고 우리가 불안한 이유.

대구중부
경찰서
대구근대
역사관
대구우체국
대한항공
종로약국
롯데영플라자
CGV
MMC
고보문구
대구점
CGV
물리적 접근성, 떨어진다
낙후된 교통인프라

낙후된 소비인프라

이처럼 경쟁사 대비 상대적으로 부족한 접근성 때문에,
만경관은 현재 소비자의 마음에서 멀어진 상태

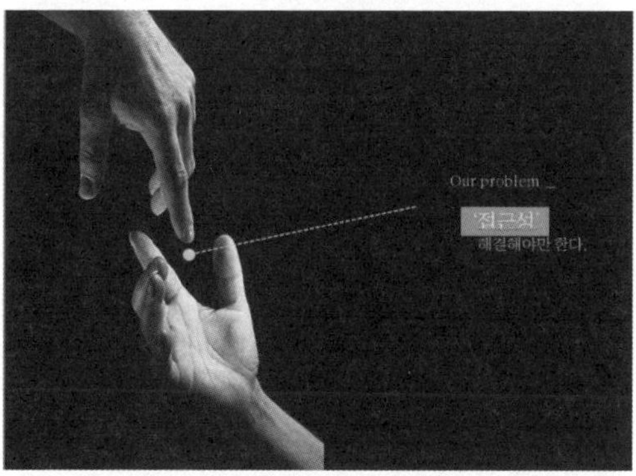
Our problem _
'접근성'
해결해야만 한다.

신세계 백화점 입점?
SHINSEGAE
지하철 4호선 만경관역?
만경관

우리의 두 번째 고민_
그럼에도 불구하고,
만경관에 '가야 하는' 이유에 대한
Reasonable message는 없을까?

경쟁사분석
키워드조사
검색엔진
시장조사
아이디어
자료조사
소비자라이프스타일
블로그
소비자분석

단 하나의 실마리, 근대골목투어

근대골목투어는,

이에 그치지 않고,
평소에는 사람들의 소비가 거의 발생하지 않는
골목상권에도 이윤을 가져다 줬다.

대구시와 Co-work으로 진행한 하나의 거시적 마케팅

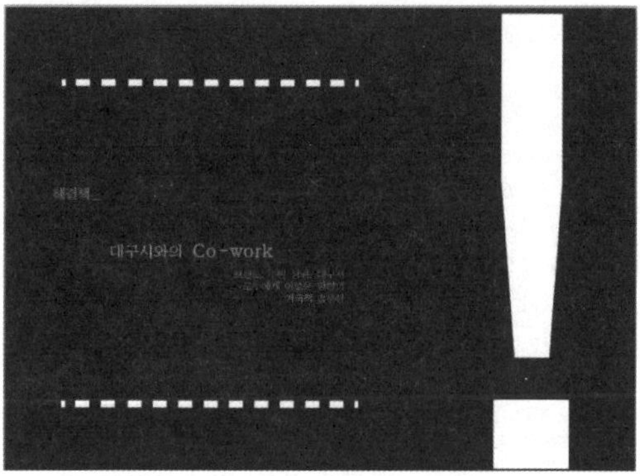
대구시와의 Co-work

Mkt. Concept
Movie Street
만경관 영화거리

만경관의
!

대백극장은 주변 인프라가 크고 다양
유동인구의 목적 또한 다양

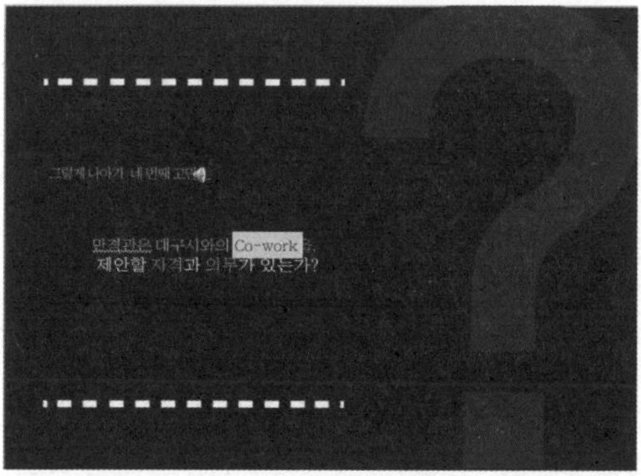
만경관은 대구시와의 Co-work를,
제안할 자격과 의무가 있는가?

SURE

192
2.
201
3.
존재만으로도
대구영화산업역사의 상징

만경관 주변 낙후된 상권 발전을 위해,
대구 시와 CSR차원의 비즈니스를
성사시켜야 할 의무가 있다.

MMC만경관
Movie Street
만경관 영화거리

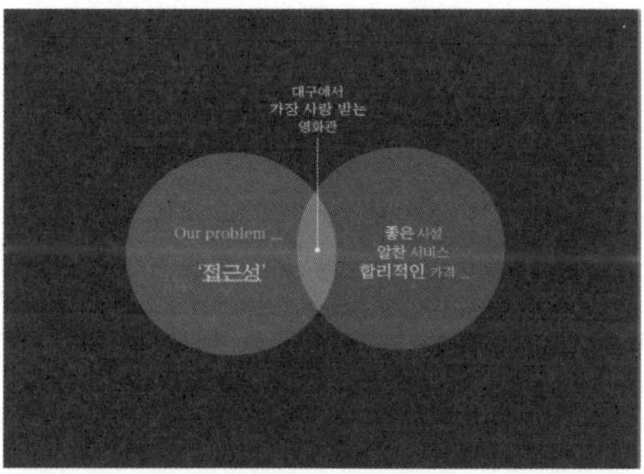
대구에서
가장 사랑 받는
영화관
Our problem ...
'접근성'
좋은 시설
알찬 서비스
합리적인 가격 ...

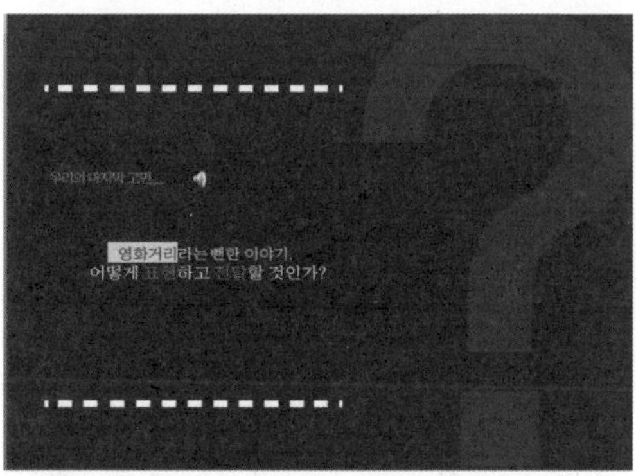
우리의 마지막 고민...
영화거리라는 뻔한 이야기,
어떻게 표현하고 전달할 것인가?

BUSAN
International
Film Festival
실시간 예매순위
1위 친구2
2위 결혼전야
3위 더 파이브
현재

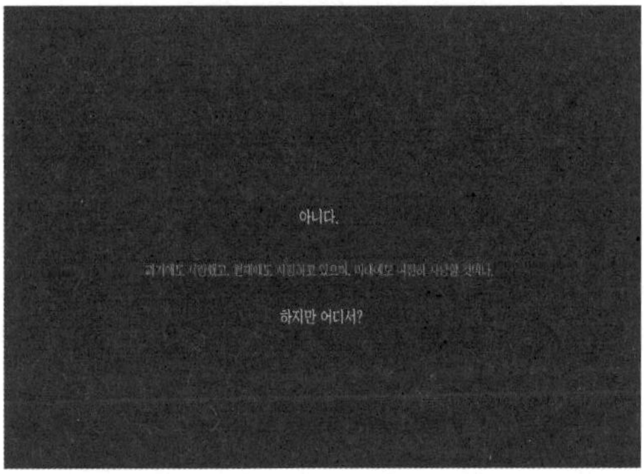
아니다.
과거에도 사랑했고, 현재에도 사랑하고 있으며, 미래에도 여전히 사랑할 것이다.
하지만 어디서?

91년째 그 명성을 이어오는 만경관,
그릇이 다르다
MMC 만경관15
BEN-HUR

그릇이 된다.

Comm. Concept
영화그리고.길

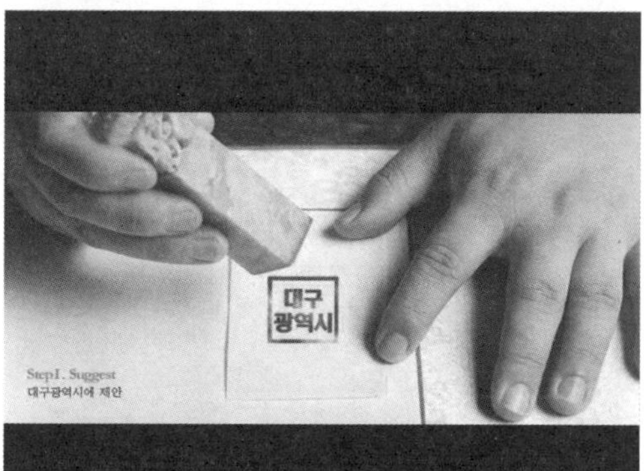
대구
광역시
StepI. Suggest
대구광역시에 제안

Step II. Communication
만경관에서 영화그리길
I. 그리길
영화를 그리워 하는
II. 그리길
앞으로 영화를 그릴

만경관에서 영화그리길
I. 그리길
영화를 그리워 하는

만경관에서 영화그리길
I. 그리길
영화를 그리워 하는
개요
기대효과

I. 그리길
영화를 그리워 하는

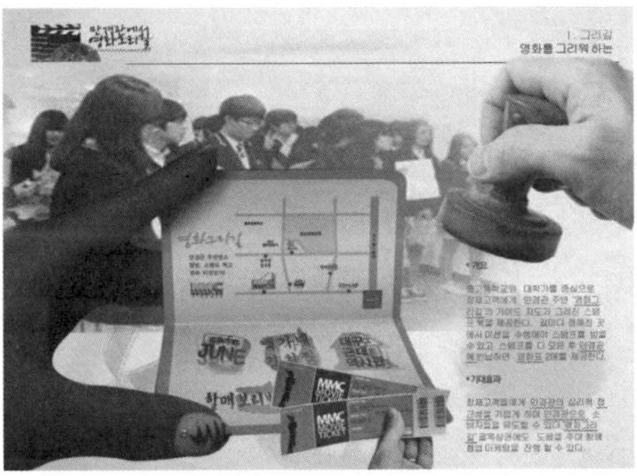
I. 그리길
영화를 그리워 하는

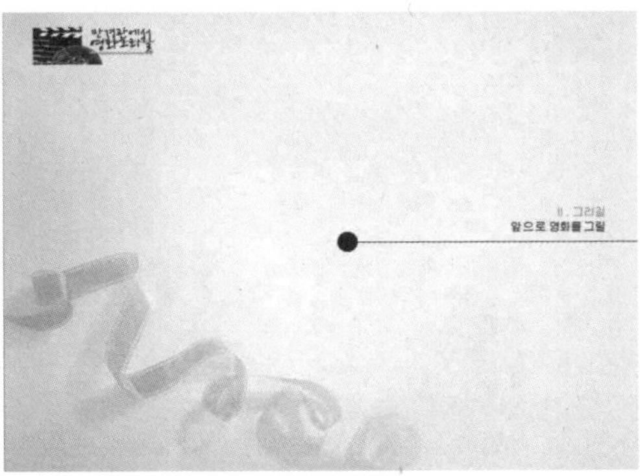
II. 그리길
발으로 영화를 그릴

II. 그리길
앞으로 영화를 그릴
• 기대효과

II. 그리길
앞으로 영화를 그릴
PARIS BAGUETTE
• 개요
• 기대효과

II. 그리길
앞으로 영화를 그릴
• 개요
• 기대효과

앞으로 영화를 그릴
포토존
옛날영화상영관
萬 경관
미소관
• 개요
• 기대효과

상기 커뮤니케이션을 통해
머지않아 만경관이
대구의 LOVE MARK 영화관으로
거듭나길 바라며,
감사합니다

프레젠테이션(사례2)

대구사랑 대리운전 소비자조사 및 마케팅 전략 제안

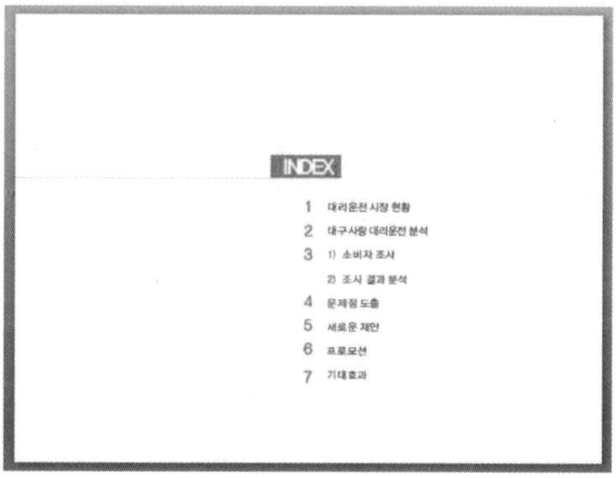

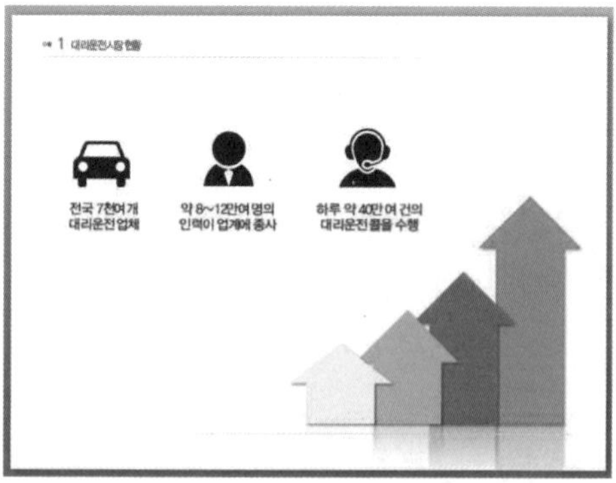

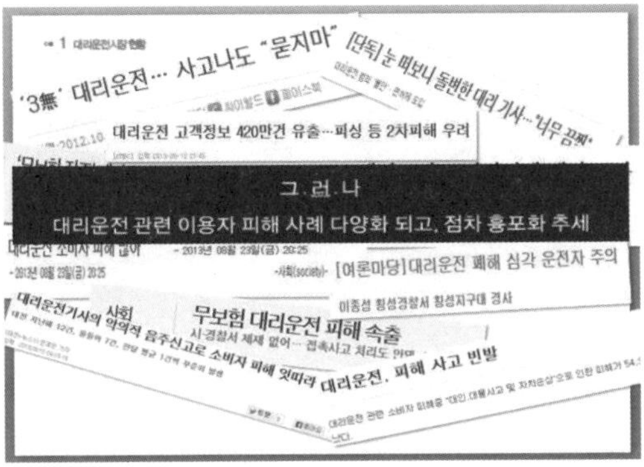
1 대리운전시장 현황
'3無' 대리운전… 사고나도 "묻지마"
[단독] 눈 떠보니 돌변한 대리 기사…'너무 끔찍'
대리운전 고객정보 420만건 유출…피싱 등 2차피해 우려
그.러.나
대리운전 관련 이용자 피해 사례 다양화 되고, 점차 흉포화 추세
[여론마당] 대리운전 폐해 심각 운전자 주의
이종섭 횡성경찰서 횡성지구대 경사
대리운전기사의 악의적 사회
무보험 대리운전 피해 속출
대리운전, 피해 사고 빈발

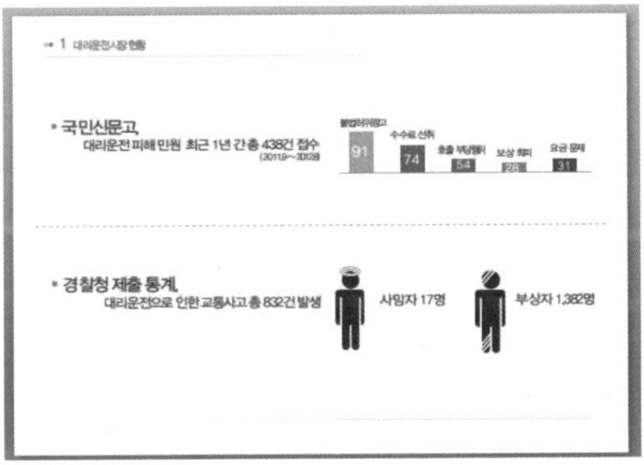
1 대리운전시장 현황
국민신문고,
대리운전 피해 민원 최근 1년 간 총 438건 접수
(2011.9~2012.8)
수수료 선취
91
74
31
요금 문제
보상 회피
경찰청 제출 통계,
대리운전으로 인한 교통사고 총 832건 발생
사망자 17명
부상자 1,382명

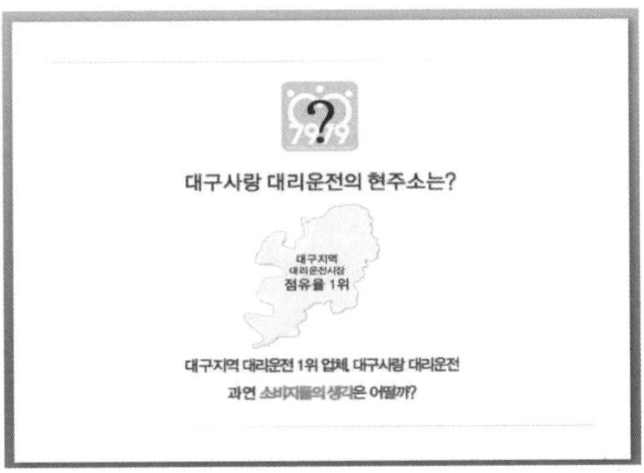
?
대구사랑 대리운전의 현주소는?
대구지역
대리운전시장
점유율 1위
대구지역 대리운전 1위 업체, 대구사랑 대리운전
과연 소비자들의 생각은 어떨까?

→ 3.1 소비자조사

· 조사 개요

| 목 적 | 본 조사는 대구사랑 대리운전을 이용해본 소비자들을 대상으로 본 기업에 대한 인식을 조사, 분석함으로써 신뢰로운 대리운전 서비스를 제공하여 고객만족으로 연결될 수 있는 마케팅 전략을 수립하고자 함

| 조사대상 | 대구사랑 대리운전 이용경험이 있는 고객

| 조사방법 | 설문조사

| 조사장소 | 1차 : 팀원 각각 개별 조사 / 2차 : 대구 중구 덕산동 삼성생명 빌딩 앞

| 조사기간 | 1차 : 2013. 10. 15 ~ 2013. 10. 17 / 2차 : 2013. 11 . 1 . 금

→ 3.1 소비자조사

· 조사 내용

구분	내용
대리운전 업계에 대한 일반적 질문	대리운전의 필요성 대리운전 이용 방법 대리운전 선택 시 고려사항 대리운전 안전성 정도 대리운전 신뢰성 정도 대리운전 체감 요금 정도 대리운전 서비스 만족도 대리운전 보험제도 인지 정도 대리운전 보험 가입 여부 및 소비자 피해 보상 제도 인지 정도
대리운전 이용 피해	이용자들이 받는 피해의 심각성 정도 경험 횟수 피해 경험 종류 피해에 대한 배상 및 보상 만족도 대리운전 이용 시 불안 요소 대리운전 이용 시 불만족스러운 요소 피해를 예방하기 위한 대책 대리운전 관련 법규 규제 정도 수준

구분	내용
대구사랑 대리운전	대구사랑 대리운전 이용 경험 유무 대구사랑 대리운전 인지 여부 대구사랑 대리운전 인지 경로 대구사랑 대리운전 이용 방법 대구사랑 대리운전 선택 시 고려사항 대구사랑 대리운전 서비스 안전성 정도 대구사랑 대리운전 서비스 신뢰성 정도 대구사랑 대리운전 체감 요금 정도 대구사랑 대리운전 서비스 만족도 불만족 이유 만족 이유 대구사랑 대리운전이 개선해야 할 점 대구사랑 대리운전 재이용 의향 정도
인구 통계학적 속성	연령 직업

→ 3.1 소비자조사

· 설문지

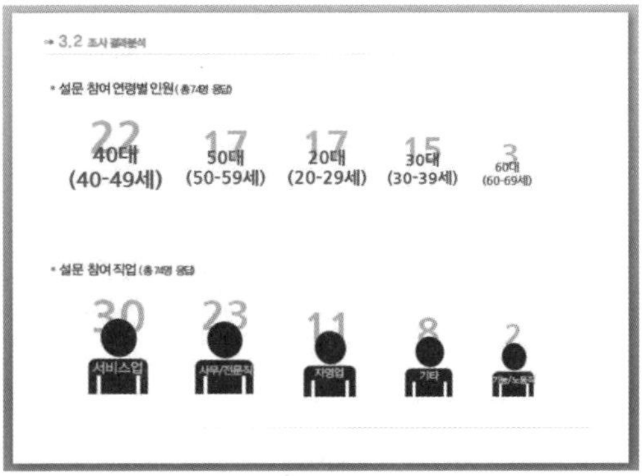
3.2 조사 결과분석
설문 참여 연령별 인원(총74명 응답)
22
40대
(40-49세)
17
50대
(50-59세)
17
20대
(20-29세)
15
30대
(30-39세)
3
60대
(60-69세)
설문 참여 직업(총 74명 응답)
30
서비스업
23
사무/전문직
11
자영업
8
기타
2

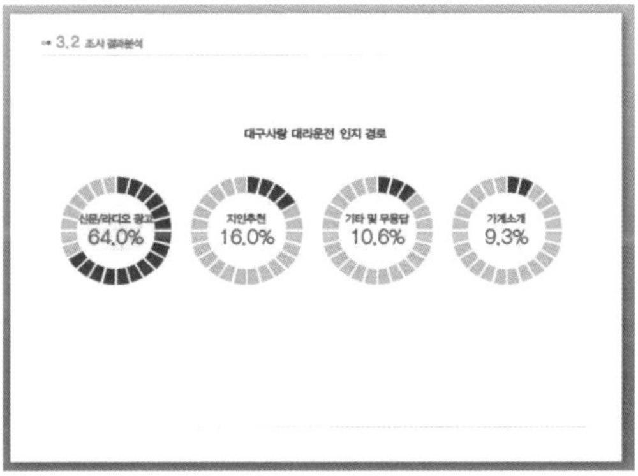
3.2 조사 결과분석
대구사랑 대리운전 인지 경로
신문/라디오 광고
64.0%
지인추천
16.0%
기타 및 무응답
10.6%
가게소개
9.3%

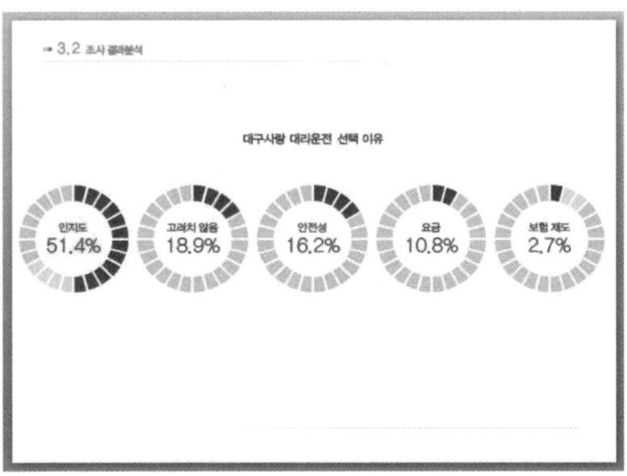
3.2 조사 결과분석
대구사랑 대리운전 선택 이유
인지도
51.4%
고려치 않음
18.9%
안전성
16.2%
요금
10.8%
보험 제도
2.7%

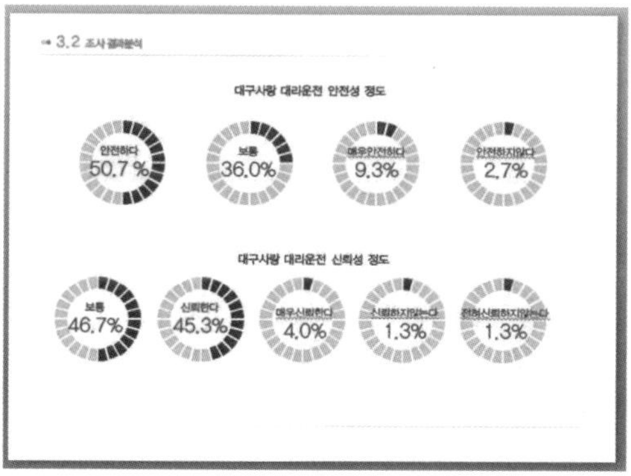

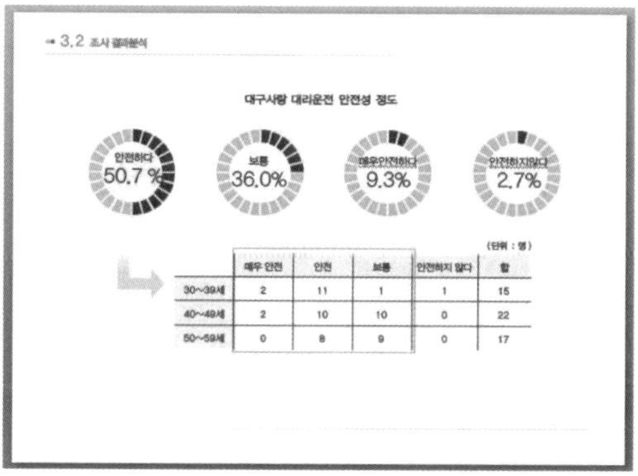

	매우 안전	안전	보통	안전하지 않다	합
30~39세	2	11	1	1	15
40~49세	2	10	10	0	22
50~59세	0	8	9	0	17

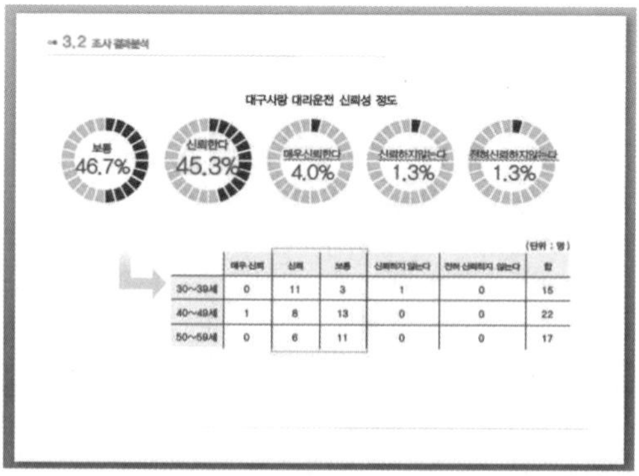

	매우 신뢰	신뢰	보통	신뢰하지 않는다	전혀 신뢰하지 않는다	합
30~39세	0	11	3	1	0	15
40~49세	1	8	13	0	0	22
50~59세	0	6	11	0	0	17

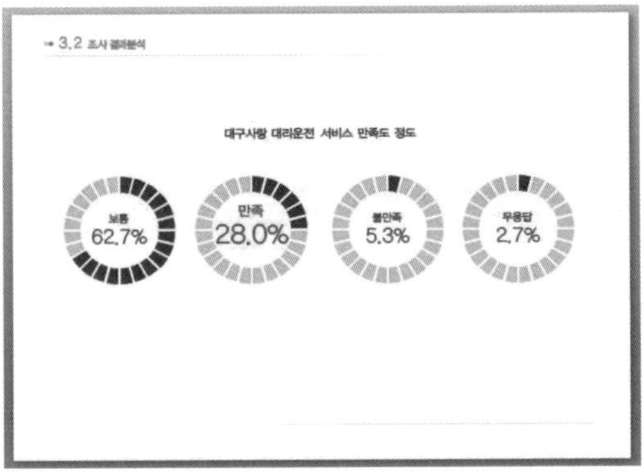
3.2 조사 결과분석
대구사랑 대리운전 서비스 만족도 정도
보통
62.7%
만족
28.0%
불만족
5.3%
무응답
2.7%

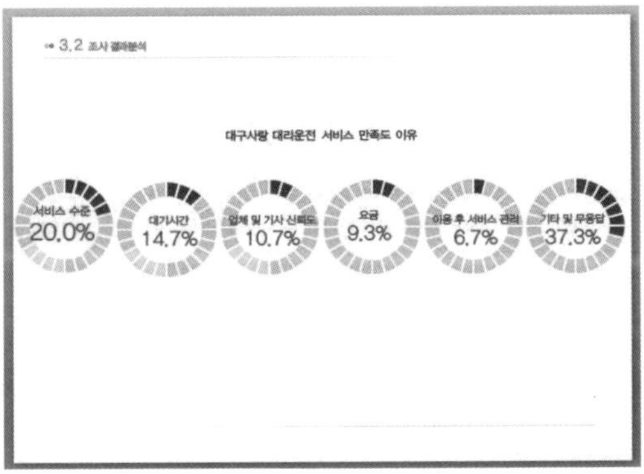
3.2 조사 결과분석
대구사랑 대리운전 서비스 만족도 이유
서비스 수준
20.0%
대기시간
14.7%
업체 및 기사 신뢰도
10.7%
요금
9.3%
이용 후 서비스 관리
6.7%
기타 및 무응답
37.3%

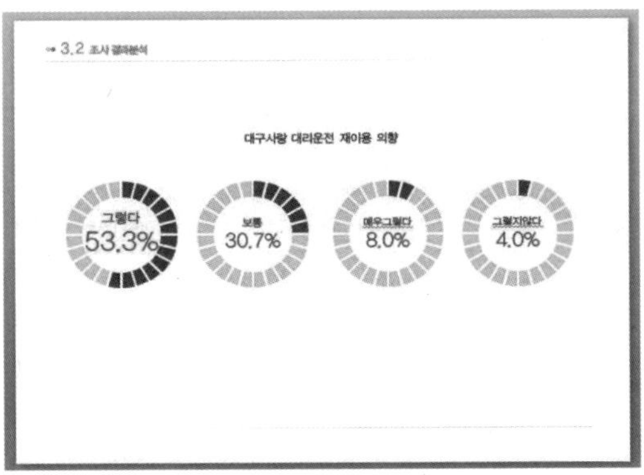
3.2 조사 결과분석
대구사랑 대리운전 재이용 의향
그렇다
53.3%
보통
30.7%
매우그렇다
8.0%
그렇지않다
4.0%

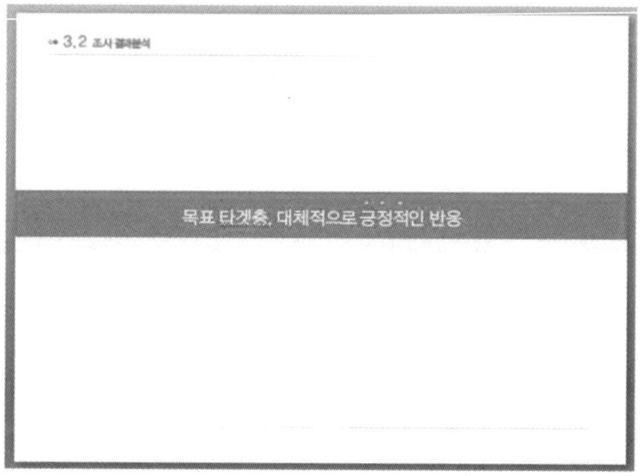
3.2 조사 결과분석
목표 타겟층, 대체적으로 긍정적인 반응

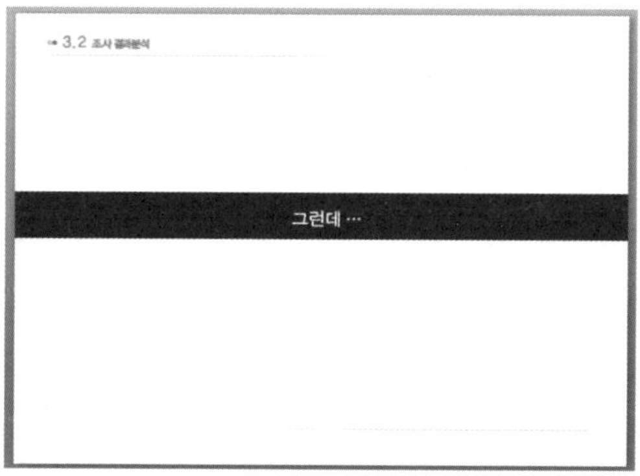
3.2 조사 결과분석
그런데 …

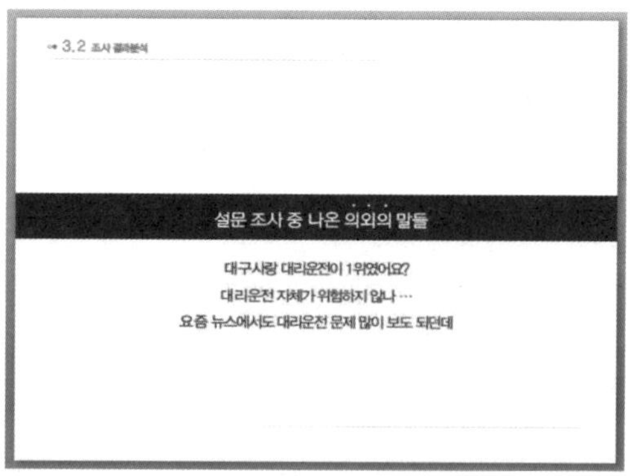
3.2 조사 결과분석
설문 조사 중 나온 의외의 말들
대구사랑 대리운전이 1위였어요?
대리운전 자체가 위험하지 않나 …
요즘 뉴스에서도 대리운전 문제 많이 보도 되던데

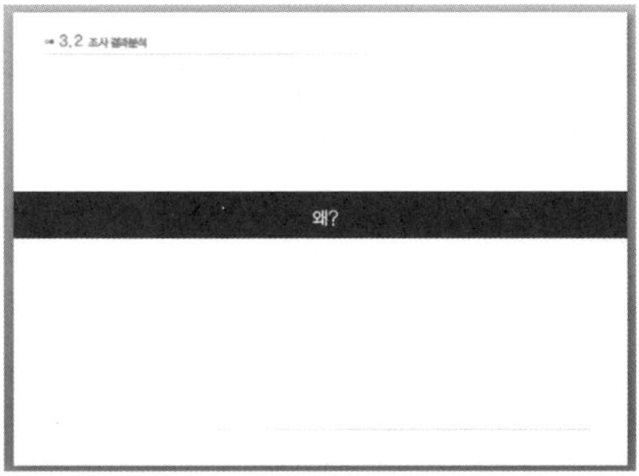
3.2 조사 결과분석
왜?

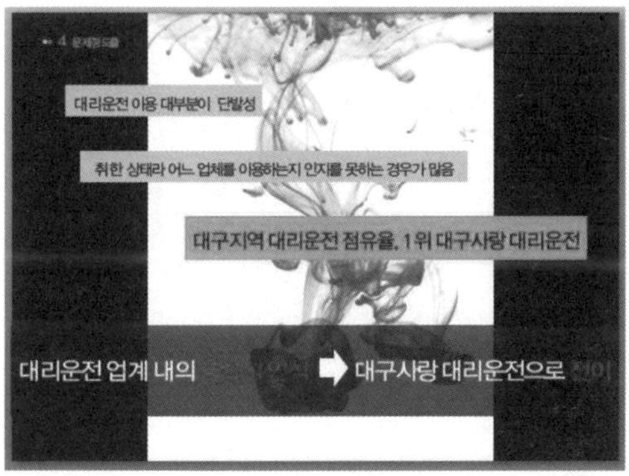
대리운전 이용 대부분이 단발성
취한 상태라 어느 업체를 이용하는지 인지를 못하는 경우가 많음
대구지역 대리운전 점유율, 1위 대구사랑 대리운전
대리운전 업계 내의
대구사랑 대리운전으로

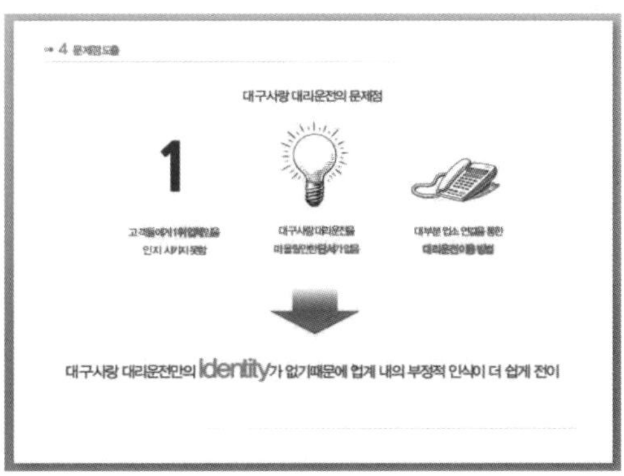
4 문제점 도출
대구사랑 대리운전의 문제점
1
대구사랑 대리운전만의 Identity가 없기때문에 업계 내의 부정적 인식이 더 쉽게 전이

5 새로운 제안
대구사랑 대리운전만의 Identity를 갖자!

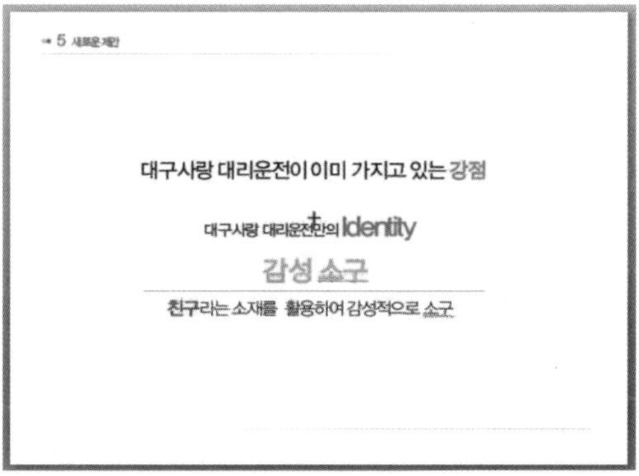
5 새로운 제안
대구사랑 대리운전이 이미 가지고 있는 강점
+
대구사랑 대리운전만의 Identity
감성 소구
친구라는 소재를 활용하여 감성적으로 소구

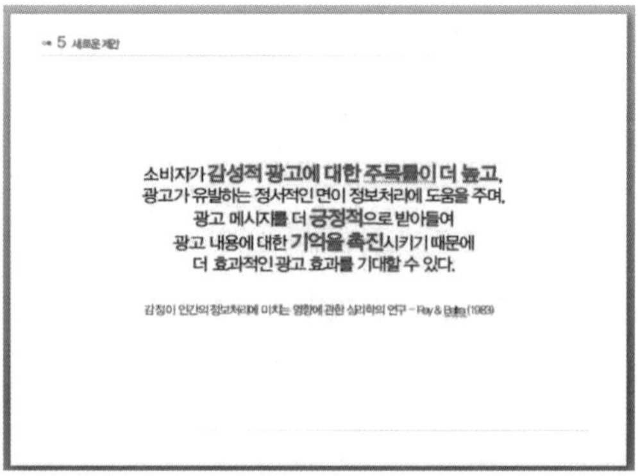
5 새로운 제안
소비자가 감성적 광고에 대한 주목률이 더 높고,
광고가 유발하는 정서적인 면이 정보처리에 도움을 주며,
광고 메시지를 더 긍정적으로 받아들여
광고 내용에 대한 기억을 촉진시키기 때문에
더 효과적인 광고 효과를 기대할 수 있다.
감정이 인간의 정보처리에 미치는 영향에 관한 심리학의 연구 – Ray & Batra (1983)

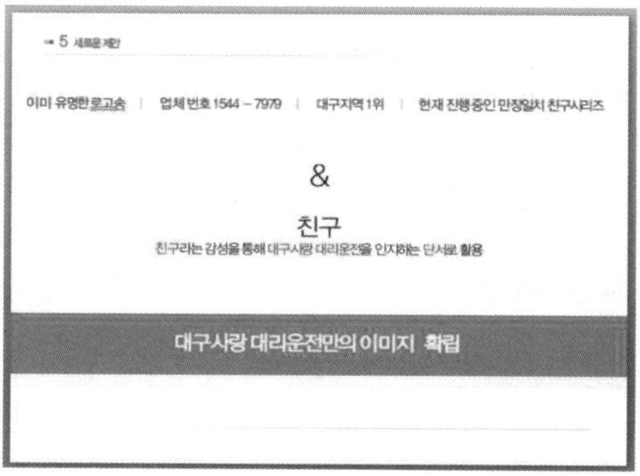
5 새로운 제안
이미 유명한 로고송 | 업체 번호 1544 – 7979 | 대구지역 1위 | 현재 진행 중인 만장일치 친구시리즈
&
친구
친구라는 감성을 통해 대구사랑 대리운전을 인지하는 단서로 활용
대구사랑 대리운전만의 이미지 확립

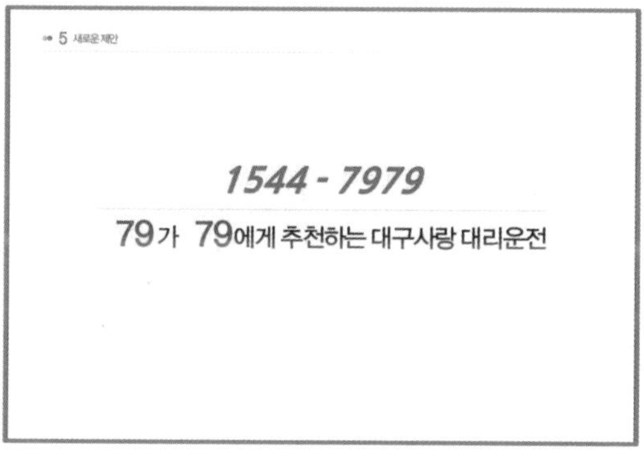
5 새로운 제안
1544 - 7979
79가 79에게 추천하는 대구사랑 대리운전

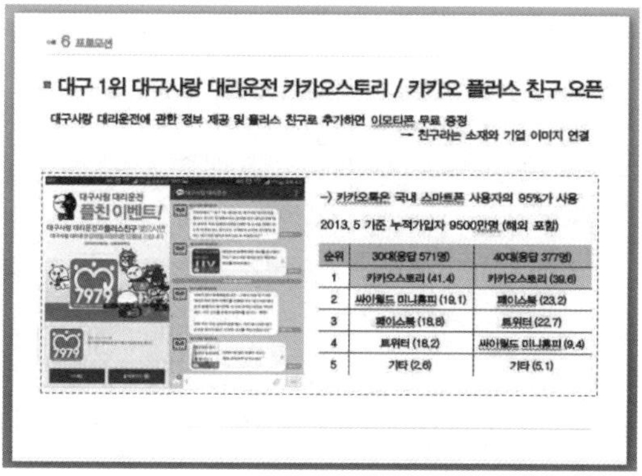
6 프로모션
대구 1위 대구사랑 대리운전 카카오스토리 / 카카오 플러스 친구 오픈
대구사랑 대리운전에 관한 정보 제공 및 플러스 친구로 추가하면 이모티콘 무료 증정
→ 친구라는 소재와 기업 이미지 연결
대구사랑 대리운전
플친 이벤트!
–) 카카오톡은 국내 스마트폰 사용자의 95%가 사용
2013. 5 기준 누적가입자 9500만명 (해외 포함)
순위 | 30대(응답 571명) | 40대(응답 377명)
1 | 카카오스토리 (41.4) | 카카오스토리 (39.6)
2 | 싸이월드 미니홈피 (19.1) | 페이스북 (23.2)
3 | 페이스북 (18.8) | 트위터 (22.7)
4 | 트위터 (18.2) | 싸이월드 미니홈피 (9.4)
5 | 기타 (2.6) | 기타 (5.1)

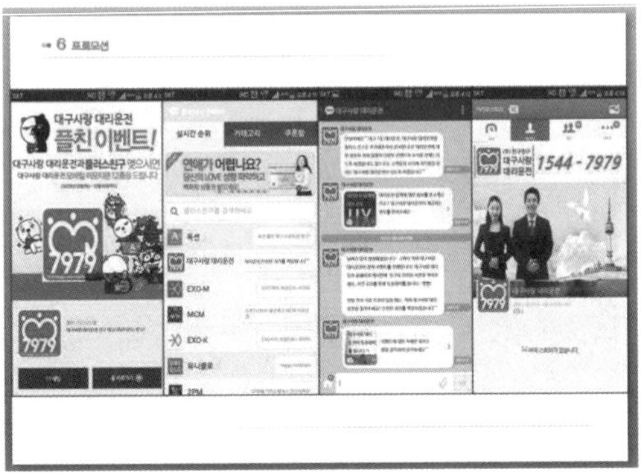
6 프로모션
대구사랑 대리운전
플친 이벤트!
1544 - 7979

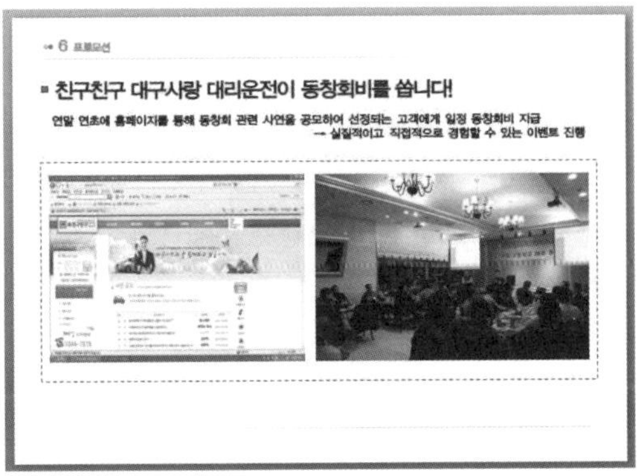
6 프로모션
친구친구 대구사랑 대리운전이 동창회비를 쏩니다!
연말 연초에 홈페이지를 통해 동창회 관련 사연을 공모하여 선정되는 고객에게 일정 동창회비 지급
→ 실질적이고 직접적으로 경험할 수 있는 이벤트 진행

6 프로모션
사연 공모
1544-7979

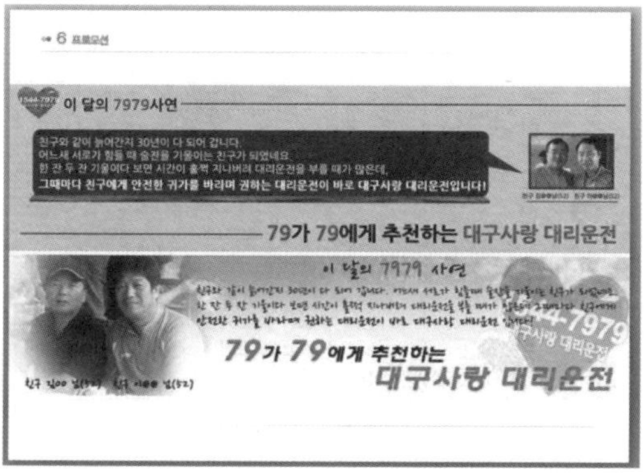
6 프로모션
이 달의 7979사연
친구와 같이 늙어간지 30년이 다 되어 갑니다.
어느새 서로가 힘들 때 술잔을 기울이는 친구가 되었네요.
한 잔 두 잔 기울이다 보면 시간이 훌쩍 지나버려 대리운전을 부를 때가 많은데,
그때마다 친구에게 안전한 귀가를 바라며 권하는 대리운전이 바로 대구사랑 대리운전입니다!
79가 79에게 추천하는 대구사랑 대리운전
이 달의 7979 사연
79가 79에게 추천하는
대구사랑 대리운전

6 프로모션
7979 사연 공모 및 신문 광고 게재
엽서와 홈페이지를 통해 친구와 관련된 고객들의 사연을 공모하여 신문 광고에 싣는다.
→ 일반인(고객)을 신문 광고에 실음으로써 친근감 확보
이 달의 7979사연
79가 79에게 추천하는 대구사랑 대리운전
79가 79에게 추천하는
대구사랑 대리운전

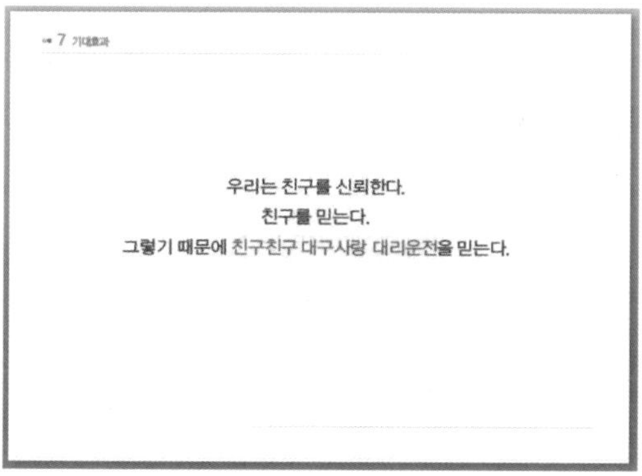
7 기대효과
우리는 친구를 신뢰한다.
친구를 믿는다.
그렇기 때문에 친구친구 대구사랑 대리운전을 믿는다.

감사합니다
대구사랑 대리운전
소비자 조사 및 마케팅 전략 제안

2013
계명대학교
캡스톤디자인
작품전시회

〈사진1〉 캡스톤디자인 전시회 테이프 컷팅식

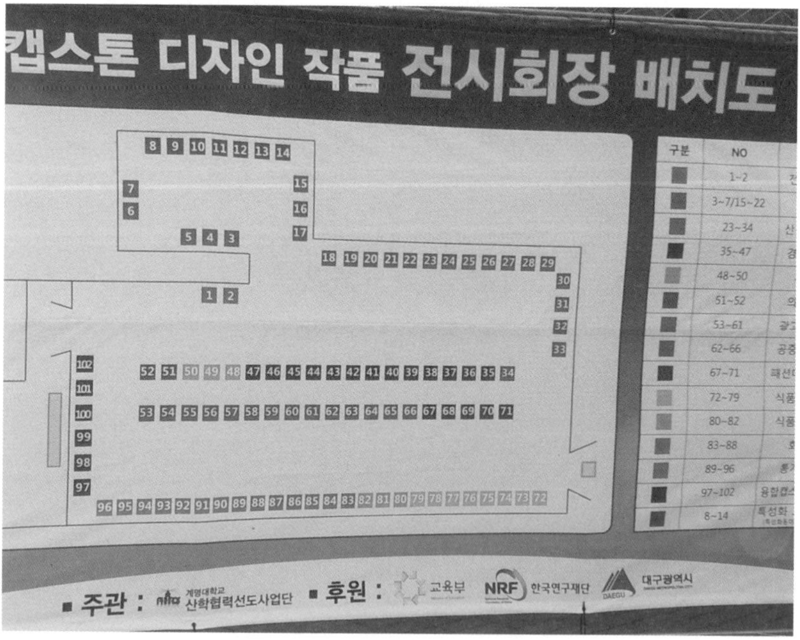

〈사진2〉 캡스톤디자인 전시회장 배치도

〈사진3〉 광고홍보캡스톤디자인 전시장 부스

〈사진4〉 광고홍보캡스톤디자인 작품설명

참고문헌

남승규(2009). 소비자 분석, 서울 : 학지사

리대룡, 김충기(1983), 제품과 시장과 광고, 서울 : 대학문화사

송용섭, 이대룡(1996). 현대광고론, 서울 : 무역경영사

신강균(2011). 광고기획론, 서울 : 한경사

양근우, 이호형(2013), 전자무역학 캡스톤디자인, 대구 : 계명대학교 출판부

유종숙(2003). 광고기획의 기술, 서울 : 커뮤니케이션북스

이승엽(2013), 스마트 광고효과 측정지표 개발 관련 업계 동향, 『트렌드 포커스』, 서울 : 정보통신연구원

임현태(2011). 인터넷광고 이기는 전략, 서울 : e비즈북스

조건희(2008). 광고대행사 AE가 알아야 할 50계명, 서울 : 늘봄

조정식 외(1997). 텔레비전 광고 시청률과 프로그램 시청률의 차이 분석, 광고연구 봄

한광석 · 백승록((2012). 광고론, 서울 : 글로벌

한국광고주협회, 광고주-광고회사 파트너십 가이드라인(2010)

한컴, Hancomm 2013 Social Lifestyle Report(2013)

Colley, Russel H., 조한웅 · 윤선영 옮김(1987), 효과적인 광고관리, 서울 : 열린책들

Chetan Sharma., Joe Herzog, and Victor Melfi, 김태훈 옮김(2011). 모바일광고, 서울 : 연암사

Dunn. S. W. and A. M. Barban(1978), Advertising : It's Role in Marketing, (Illinois : The Dryden Press).

Wells, William, John Burnett & Sandra Moriarty, Advertising : Principle and Practice(Englewood Cliffs, New Jersey : Prentice-Hall, 1986)